民办职业院校分类管理
配套政策的耦合机制研究

朱 浩 陈 娟 ◎著

科学出版社

北 京

内 容 简 介

2017 年 9 月 1 日正式实施的《中华人民共和国民办教育促进法》，第一次在法律层面确立营利性民办教育的合法性，这意味着民办教育分类管理改革的国家顶层设计基本完成。民办高等职业院校分类管理有利于鼓励和规范社会力量办学，为不同类型的民办高等职业院校提供真正公平的政策环境，也为进一步完善各项配套政策和分类扶持措施提供法律依据，我国民办学校分类管理既是我国依法治教的一项重大举措，也是民办高等职业教育发展的必然选择。

本书以建立合理的营利性与非营利性民办职业院校分类管理配套政策体系为目标，以总结他国的政策依据和我国政策特点来分析营利性与非营利性民办职业院校分类管理配套政策的理论基础为切入点，按照"历史考证—他国经验—理论构建—问题分析—机制构建"的路线展开。

本书可供职业教育政策的制定者、职业教育研究者、高等职业院校管理者参阅。

图书在版编目（CIP）数据

民办职业院校分类管理配套政策的耦合机制研究 / 朱浩，陈娟著. —北京：科学出版社，2022.6
ISBN 978-7-03-072162-4

Ⅰ.①民⋯　Ⅱ.①朱⋯　②陈⋯　Ⅲ.①高等职业教育民办教育–民办高校–教育管理–教育政策–研究–中国　Ⅳ.①G719.2

中国版本图书馆 CIP 数据核字（2022）第 071170 号

责任编辑：崔文燕 / 责任校对：杨　然
责任印制：徐晓晨 / 封面设计：润一文化

科学出版社 出版
北京东黄城根北街 16 号
邮政编码：100717
http://www.sciencep.com

北京虎彩文化传播有限公司 印刷
科学出版社发行　各地新华书店经销
*
2022 年 6 月第　一　版　开本：720×1000　1/16
2022 年 6 月第一次印刷　印张：16
字数：260 000
定价：99.00 元

前　言

　　在我国改革开放 40 多年的发展历程中，高等职业（简称"高职"）①教育已经逐渐发展成为现代高等教育体系中不可或缺的重要组成部分，民办高职院校作为重要的举办形式，承担着为国家培养高技能人才的重要使命。但是长期以来，我国民办高职教育领域中投资办学和捐资办学不分、法人地位不清、"合理回报"监管不顺、政府财政资助顾虑重重等问题还有待解决，这些问题已经成为我国民办高职教育发展的瓶颈。2016 年修正的《中华人民共和国民办教育促进法》第一次在法律层面确立了营利性民办教育的合法性，这意味着民办教育分类管理改革的国家顶层设计基本完成。民办高职院校分类管理有利于鼓励和规范社会力量办学，为不同类型的民办高职院校提供了真正公平的政策环境，也为进一步完善各项配套政策和分类扶持措施提供了法律依据。我国民办学校分类管理既是我国依法治教的一项重大举措，也是民办高职教育发展的必然选择。我们必须清晰地认识到民办学校分类管理制度改革是对原有民办教育体系制度的重构，是一个复杂而艰难的过程，顶层设计好并不代表其他配套机制就会自然生成，相反在过渡阶段会暴露出很多问题。民办高职院校分类管理并不是简单地区分办学属性，而是需要充分发挥各自的优势来满足民众对优质高职教育的需求，因此必须根据两类管理政策体系制定良好耦合机制策略，这正是本书研究目的之所在。

---

　　① 本书中，民办职业教育主要考察的是民办高职教育，在行文中并未对"民办高职院校""民办职业院校""民办高职教育""民办职业教育"进行强行统一，特此说明。

本书以建立合理的营利性与非营利性民办职业院校分类管理配套政策体系为目标，以总结他国的政策依据和我国政策特点来分析营利性与非营利性民办职业院校分类管理配套政策的理论基础为切入点，按照"历史考证—他国经验—理论构建—问题分析—机制构建"的路线展开。

第一，本书从历史考证的视角详细地分析了晚清时期私立实业教育体系的源起与形成、民国时期私立职业教育的递嬗与发展、新中国民办高职教育的发展与变革三个历史阶段民办高职教育（每个阶段称谓不一致）的发展特点、联系和区别，进而分析推进民办高职院校分类管理政策具有历史发展的必然性。第二，深入比较分析美、英、澳三国私立高职教育分类管理政策。对三个国家私立高职教育发展尤其是政府监管与扶持体系的演变进行深入分析，就此点研究可以得出无论是我国还是美、英、澳三国，对于分类管理制度改革都不是一蹴而就的结果，都经历过各方利益相关者的相互博弈和妥协的过程。虽然我国与美、英、澳三国在政治形态、经济环境、文化背景以及民办教育的定位等方面各有不同，但是三国的部分监管和政府资助的方式具有借鉴意义。第三，在纵向历程分析和横向比较借鉴的基础上，构建营利性与非营利性民办职业院校分类管理配套政策的理论依据，采用新公共治理理论、利益相关者理论和耦合理论三个理论构建适合我国民办高职院校分类管理的理论体系，证明理论体系与民办高职院校分类管理配套政策的逻辑关系。以"规范有序、有出有进、良性循环"为原则，在民办高职院校分类准入机制与资产管理、分类扶持政策、教育经费分类筹措与资金管理、分类监管政策、分类退出机制五个方面进行深入的政策分析，通过比较中央政府和各地方政府已出台的相关法律政策，观察政策的落实情况结合民办高职院校举办者的诉求，分析各项政策存在的主要问题，进一步提出完善建议和耦合机制策略。

分类管理制度改革已经进入落实阶段的关键期，这更需要各项配套政策的出台、调整和支持。在预期的未来，我国民办高职教育必将更加体现出公益性事业的特征、更加契合人民对优质教育的向往、更加满足不同举办者的发展诉求，构建更加完善的营利性与非营利性民办职业院校分类管理配套政策体系是实现这一切的制度保障。

本书力求在四个方面有所创新：

　　一是构建民办职业院校分类管理的理论体系，探讨不同类型民办职业院校管理的理论支撑框架。

　　二是系统分析和比较美、英、澳三国私立高职院校分类监管和差别化扶持的政策体系与实践措施。

　　三是系统分析民办职业院校分类管理前后的政策变化，结合实际分析阻碍政策落实的问题，使研究有明显的指向性和实用性。

　　四是从整体分析民办职业院校分类管理配套政策体系，不仅促进两类职业院校合理分流，而且强调两者之间的协同合作，以形成良性耦合机制。

　　笔者在编写过程中难免出现疏漏，请读者多多指正。

目　　录

缩 略 语 表①

AACC	American Association of Community Colleges	美国社区学院协会
AAJC	American Association of Junior Colleges	美国初级学院协会
ACBSP	Accreditation Council for Business Schools and Programs	商业学校和课程认证委员会
ACE	American Council on Education	美国国家教育委员会
AIBT	Australian Institute of Business and Technology	澳大利亚商业和技术研究所
ANTA	Australian National Training Authority	澳大利亚国家培训署
AQF	Australian Qualifications Framework	澳大利亚国家资格证书框架
AQTF	Australian Quality Training Framework	澳大利亚质量培训框架
ARF	Australian Recognition Framework	澳大利亚国家培训认证框架
ASQA	Australian Skills Quality Authority	澳大利亚技能质量署
AUQA	Australian Universities Quality Agency	澳大利亚大学质量保障署
BBP	Bureau of Budget and Planning	预算和规划局
BEOG	Basic Educational Opportunity Grant	基本教育机会助学金项目
BLS	Bureau of Labor Statistics	美国劳工统计局

---

① 由于相关研究中对英文的翻译有所不同，本书特设缩略语表，以便读者检索相关外文资料。

BPSS	Bureau of Proprietary School Supervision	营利性学校监督局
CBE	competency based education	以能力为基础的教育
CCCSE	Community College Student Engagement Center	社区学院学生参与中心
CHEA	Council for Higher Education Accreditation	高等教育认证委员会
CNAA	Council for National Academic Awards	全国学位授予委员会
CRICOS	Commonwealth Register of Institutions and Courses for Overseas Student	海外学生院校及课程注册登记
CTE	career and technical education	生涯与技术教育
CWS	College Work-Study	高校勤工助学
DEDP	Distance Education Demonstration Program	远程教育示范项目
DEEWR	Department of Education Employment and Workplace Relations	教育、就业和劳动关系部
DEST	Federal Department of Education, Science, and Training	联邦教育、科学和培训部
FFELP	Federal Family Education Loan Program	联邦家庭教育贷款项目
GAO	General Accounting Office	美国审计总署
GNVQ	General National Vocational Qualification	普通国家职业资格证书
HECS	Higher Education Contribution Scheme	高等教育贡献计划
HECS-HELP	Higher Education Contribution Scheme Help	高等教育成本分担救助计划
HEFA	Higher Education Facilities Act	《高等教育资助法案》
HEPPP	Higher Education Public-Private Partnership	高等教育公私合作计划
HERA	Higher Education Reconciliation Act	《高等教育协调法案》
ICMS	International College of Management Sydney	悉尼国际管理研究中心
IEDA	Indigenous Education Direct Assistance	原住民教育直接援助项目

IFS	Institute of Financial Studies	金融研究所
IPEDS	Integrated Post-secondary Education Data System	中学后教育综合数据系统
MCVTE	Ministerial Council for Vocational and Technical Education	国家职业和技术教育部长委员会
NACIQI	National Advisory Committee on Institutional Quality and Integrity	国家机构质量和诚信咨询委员会
NAM	National Association of Manufacturers	全美制造业者协会
NCACS	North Central Association of Colleges and Schools	中北部大学与学院协会
NCES	National Center for Education Statistics	美国国家教育统计中心
NCLC	National Consumer Law Center	全国消费者法律中心
NCVER	National Research Center for Vocational Education and Training	国家职业教育与培训研究中心
NCVQ	National Council for Vocational Qualifications	国家职业资格委员会
NDSL	National Defense Student Loan	国防学生贷款
NGAF	National Management and Responsibility Framework	国家管理与职责框架
NQF	National Qualifications Framework	国家资格证书框架
NTF	National Training Framework	国家培训框架
NTQC	National Training Quality Council	国家培训质量委员会
NVQ	national vocational qualification	国家职业资格证书
NVSLI	National Vocational Student Loan Insurance Act	《全国高职学生贷款保险法》
NYSE	New York Stock Exchange	纽约证券交易所
ODLQC	Open and Distance Learning Quality Council	英国开放大学在线教育质量保证委员会
OFSTED	Office for Standards in Education	英国教育标准局
OIG	Office of Inspector General	总监察办公室

OQER	Office of National Qualifications and Examination Regulation	国家资格证书及考试条例办公室
OS-HELP	Overseas Study: The Higher Education Loan Program	海外学习：高等教育贷款计划
PFI	Private Finance Initiative	私人融资倡议
PPP	Public-Private Partnership	公共-私营合作制
QAA	Quality Assurance Agency for Higher Education	（英国）高等教育质量保障署
QCA	Qualifications and Curriculum Authority	资格与课程署
RPL	Recognition of Prior Learning	学习者能力认证
SCAA	School Curriculum and Assessment Authority	学校课程与评价局
SPRE	State Post-secondary Review Entity	州中学后教育评估机构
SSAF	Student Services and Amenities Fee	学生服务及设备费用补助
SSC	Sector Skills Council	行业技能委员会
SSIG	State Student Incentive Grant	州立学生激励助学金
TAACCCT	Trade Adjustment Assistance Community College and Vocational Training	贸易调整援助社区学院和职业培训
TAFE	technical and further education	职业技术与继续教育
TEQSA	Tertiary Education Quality and Standards Agency	高等教育质量与标准署
TP	training package	培训包
UGC	University Grants Committee	大学拨款委员会
VA	Veterans Administration	退伍军人管理局
VET	Vocational Education and Training	职业教育与培训
VIE	Variable Interest Entities	可变利益实体

第一章

绪　论

一、本书研究的政策依据

改革开放以来，我国民办教育发展虽然取得了令人瞩目的成就，但是一直处于投资办学与捐资办学不分、学校财产界定模糊、法人地位不清、政府资助犹豫等制度的困扰中，这对我国民办教育的健康发展极为不利。因此，探索对民办学校实施营利性与非营利性分类管理，是我国政府对民办教育体系的一次深层次改革，甚至可以理解为对民办教育体系的一次重构。2016 年修正的《中华人民共和国民办教育促进法》（以下简称《民促法》）颁布之前，我国政府已经在一系列政策中提出对民办学校"分类管理"，法案颁布之后又进行了一轮修正，这都为本书进一步深入探讨提供了政策依据。

2010 年发布的《国家中长期教育改革和发展规划纲要（2010—2020 年）》（简称《教育规划纲要》）提出，"积极探索营利性和非营利性民办学校分类管理"，"开展对营利性和非营利性民办学校分类管理试点"。同年 12 月，根据该纲要的部署，《国务院办公厅关于开展国家教育体制改革试点的通知》明确，在上海、浙江等地区探索营利性和非营利性民办学校分类管理办法。2013 年，《教育部关于鼓励和引导民间资金进入教育领域促进民办教育健康发展的实施意见》提出，完善民办教育相关政策和制度，调动全社会参与教育的积极性，进一步激发民办教育体制机制上的优势和活力，满足人民群众多层次、多样化的教育需求，探索完善民办学校分类管理的制度、机制。《教育部 2015 年工作要点》明确提出，出台鼓励社会力量兴办教育的政策文件，召开全国民办教育工作会议，研究制订民办学校分类管理配套政策。2015 年，《中华人民共和国教育法》（简称《教育法》）

和《中华人民共和国高等教育法》（简称《高等教育法》）进行修订，分别删除"任何组织和个人不得以营利为目的举办学校及其他教育机构"和"设立高等学校不得以营利为目的"的政策条文，为营利性民办教育合法性提供法理基础，进而为民办学校分类管理提供法律依据做准备。

2016 年 11 月 7 日，第十二届全国人民代表大会常务委员会第二十四次会议正式通过《民促法》第二次修正，营利性民办学校正式拥有了合法地位，民办学校分类管理制度正式确立，这标志着我国民办教育进入了一个新的发展时期。2016年 12 月，《国务院关于鼓励社会力量兴办教育促进民办教育健康发展的若干意见》（以下简称《若干意见》）和《营利性民办学校监督管理实施细则》先后颁布。之后，为进一步落实《民促法》，中央政府先后颁布《民办学校分类登记实施细则》《国务院办公厅关于同意建立民办教育工作部际联系会议制度的函》《中华人民共和国民办教育促进法实施条例》等一系列配套政策，民办学校分类管理改革的顶层设计和法律依据基本完成，民办学校分类管理制度改革进入具体落实阶段。2018 年 12 月 29 日，第十三届人民代表大会常务委员会第七次会议正式通过《民促法》第三次修正，进一步明确和解决第二次修正案实施过程中出现的现实问题。2021 年 5 月 14 日，国务院正式发布《中华人民共和国民办教育促进法实施条例》（以下简称《民促法实施条例》），标志着 2016 年《民促法》颁布以来，民办教育顶层文件的配套已经完成。从以上政策梳理中，我们不难发现政府对民办学校实行"分类管理、差别化扶持"的政策体系是必然趋势，而民办高职院校作为民办教育体系的重要组成部分，其发展更具有与市场、产业以及资本接轨的特殊性，落实分类管理政策更需要研究其配套政策的系统性。

二、国内外研究现状述评

（一）国内研究现状

我国对营利性与非营利性民办职业院校分类管理的理论研究大致可分为四个阶段。第一阶段（20 世纪 90 年代中期至 21 世纪初）：国内理论界对该问题的研究属于起步阶段，主要围绕社会力量办学分类管理的必要性探讨。项秉健的《社会力量办学宏观管理问题研究》①首次在公开学术论文中提出分类管理原则。其他相关论著如吴停风的《我国社会力量办学若干问题探讨》②；林荣日和杜作润的《民办高校的"营利性"问题之我见》③；邵金荣的《中国民办教育立法研究》④；等等。第二阶段（21世纪初期到2010年）：随着《民促法》颁布，国内理论界对营利性与非营利性民办职业院校分类管理的学术研究取得了较大的突破。虽然《民促法》解决了市场资本合法准入职业教育的法律限制，但是在实际操作层面仍存在诸多问题，国内理论研究者主要围绕着民办职业院校分类的标准、筹资、治理、税收和产权等方面做了大量研究。例如潘懋元和胡赤弟的《民办高校产权制度改革的若干问题》⑤；贾西津的《对民办教育营利性与非营利性的思考》⑥；阎凤桥的《从非营利组织特性分析我国民办学校的产权和治理结构》⑦；王建华的《我国独立学院制度：问题与转型》⑧；等等。第三阶段（2010年至2018年《民促法》修正并颁布）：《教育规划纲要》为营利性和非营利性民办学校分类管理提供了政策依据，国内理论界对该问题也进入更深层次研究。一方面，国内理论研究者加强民办教育分类管理的理论根据研究，例如周波和张彤的《营利性教育的经济学解释》⑨、胡赤弟和田玉梅的《高等教育利益相关者理论研究的几个问题》⑩等；另一方面，国内理论研究者也加强对民办分类管理实施层面的研究，例如周守亮和赵彦志的《民办高等教育分类管理实施路径与策略研究》⑪、郭滨辉等的《民办高校营利性与非营利性的界定研究——以温州试点为例》等⑫。第四阶段（2018年《民促法》颁布至今）：随着2018年《民促法》的修正和颁布，两类民办学校分类管理制度开始全面实施，国内理论工作者开始研究民办学校分类管理的配套

---

① 项秉健. 社会力量办学宏观管理问题研究. 教育研究，1995（12）：51-56，28.
② 吴停风. 我国社会力量办学若干问题探讨. 教育研究与实验，1995（1）：1-6.
③ 林荣日，杜作润. 民办高校的"营利性"问题之我见. 成才与就业，1996（6）：43.
④ 邵金荣. 中国民办教育立法研究. 北京：人民教育出版社，2001.
⑤ 潘懋元，胡赤弟. 民办高校产权制度改革的若干问题. 大众商务，2002（1）：27-31.
⑥ 贾西津. 对民办教育营利性与非营利性的思考. 教育研究，2003（3）：47-53.
⑦ 阎凤桥. 从非营利组织特性分析我国民办学校的产权和治理结构. 民办教育研究:教育版(民办教育研究)，2006（1）：35-40，107-108.
⑧ 王建华. 我国独立学院制度:问题与转型. 教育研究，2007（7）：46-49，83.
⑨ 周波，张彤. 营利性教育的经济学解释. 教育研究，2010（5）：49-55.
⑩ 胡赤弟，田玉梅. 高等教育利益相关者理论研究的几个问题. 中国高教研究，2010（6）：15-19.
⑪ 周守亮，赵彦志. 民办高等教育分类管理实施路径与策略研究. 教育研究，2014（5）：58-64.
⑫ 郭滨辉，高玉莲，聂秀萍，等. 民办高校营利性与非营利性的界定研究——以温州试点为例. 科教文汇，2015（16）：105-106，109.

政策研究或推进措施研究,例如周海涛等所著的《民办学校分类管理政策研究》①、周海涛等所著的《民办教育分类管理政策实施跟踪与评估研究》②、董圣足所著的《民办学校分类管理推进策略研究》③等。

(二)国外研究现状

国外学术界的研究起步较早,取得了较为丰富的研究成果,大致也可以划分为三个阶段:第一阶段即 20 世纪 90 年代之前,在这一阶段营利性私立高等教育机构在办学规模和招生人数都十分有限,国外理论研究者对其关注十分有限、研究成果甚少。具有代表性的研究成果多以历史沿革的角度进行分析,例如托马斯的《在哪里接受教育,1898—1899》④、鲁道夫的《美国大学和学院的历史》⑤等。第二阶段即 20 世纪 90 年代到 21 世纪初,随着证券交易市场的私人资本大量进入营利性高等教育机构,新型的营利性私立大学得到迅猛发展,对营利性高等教育机构的研究也成为国外理论界的热点问题,相关著作和评论文章相继出现。在这一阶段,专门以营利性高等教育机构为研究对象的学术专著开始出版,例如布雷内曼⑥、鲁克⑦等的专著。国外理论研究者一方面积极探索政府如何实施合理的政策扶持和制度管理,例如弗斯特和拉索⑧、祖玛塔⑨等。另外,国外理论研究者开始加强营利性高等教育机构和非营利性高等教育机构的比较研究,例如拜莱⑩等的研究。除此之外,国外理论研究者逐渐从宏观层面探讨转向微观层面的个案研究,

---

① 周海涛,等. 民办学校分类管理政策研究. 北京:经济科学出版社,2016.

② 周海涛,等. 民办教育分类管理政策实施跟踪与评估研究. 北京:经济科学出版社,2019.

③ 董圣足. 民办学校分类管理推进策略研究. 上海:华东师范大学出版社,2020.

④ Thomas G P. Where to Education, 1898-1899. Charleston: Nabu Press, 2010. (翻印)

⑤ Rudolph F. The American College and University: A History. Cambridge: Cambridge University Press, 1962.

⑥ Breneman D. Higher Education: On a Collision Course with New Realities. Washington, DC: Association of Governing Boards of Universities and Colleges, 1993.

⑦ 理查德·鲁克. 高等教育公司:营利性大学的崛起. 于培文译. 北京:北京大学出版社,2006.

⑧ Furst L G, Russo C. The Legal Aspects of Nonpublic Schools:A Casebook. Berrien Springs: Andrews University Press, 1993.

⑨ Zumeta W. State policies and private higher education:Policies,correlates,and linkages. The Journal of Higher Education, 1992: 363-417.

⑩ Bailey T. For-Profit Higher Education and Community Colleges. National Center for Post-secondary Improvement, 2002.

例如鲁埃切^①的研究等。第三阶段即 2008 年至今，随着全球经济危机的爆发，营利性高等教育机构快速发展背后的问题渐次显现，低毕业率、高辍学率以及违规招生等问题开始引起各国的重视，国外理论研究者开始着重研究更合理的监管制度。例如麦圭尔^②和哈金^③等的研究。

（三）国内外研究现状中存在的问题

通过文献的梳理，笔者认为学者提出了许多真知灼见，但是还有进一步研究的必要性：①目前国内研究在他国经验借鉴方面比较单一，不利于全面总结各国共同的认识基础和实践经验，从而吸取对我国有益的经验。②目前的研究缺乏系统的理论体系，并未将营利性与非营利性民办职业院校纳入同一个分析框架探寻分类管理政策的耦合机制以促进两类职业院校的合理组合。

三、本书研究的意义

（一）实践价值

2010 年以来，我国政府出台了一系列促进营利性与非营利性民办职业院校分类管理的政策，但是其发展仍然面临一些障碍，需要继续出台具有操作性的配套政策，例如保障政策、税收优惠政策、资助政策和教育质量监督政策等。①私立大学分类管理是全世界高等教育面临的共同问题，充分分析和总结各国的共同认识和实践经验有助于我国全面吸取有益的经验。②通过研究提供前瞻性的专题思辨，实现营利性民办职业院校与非营利性民办职业院校协调发展，促进政策驱动与市场原动力的有效对接，具有重要的现实指导意义。③通过研究民办职业院校分类管理政策的耦合机制，提供完善的相关配套政策制度安排，构建现有民办职

---

① Rutherford G F. Academics and Economics: The Yin and Yang of For-Profit Higher Education. A Case Study of the University of Phoenix (Arizona). The University of Texas at Austin，2002.

② McGuire M A. Sub-Prime Education: For-Profit Colleges and the Problem with Title Ⅳ Federal Student Aid. Duke Law Journal. March, 2012.

③ Harkin T. For-Profit Higher Education: The Failure to Safeguard the Federal Investment and Ensure Student Success. United States Senate Health, Education, Labor and Pensions Committee, 2012.

业院校合理分流路径，具有重要的决策参考意义。

（二）理论意义

当前，由于我国民办职业院校发展十分迅猛，其理论研究远远落后于实践的发展和需求。现阶段，我国民办职业院校的研究主要集中于组织的内涵及相关概念，背景、意义、现状、趋势及对策等方面，以及院校产权、治理政策等方面的研究。本书立足民办高职教育的发展历程和国外有益经验的分析，结合我国的实际切实了解民办职业院校分类管理的困境，根据实际情况探究解决途径的可操作性，有利于弥补当前理论研究的不足。

四、研究重点和基本思路

本书拟对三个国家的私立高职院校分类管理经验进行系统梳理，现有文献资料中对该问题的研究较少，大多数研究只针对某一方面展开，缺少系统性，因而对我国民办职业院校分类管理的借鉴意义有限。笔者已对美国营利性与非营利性私立大学进行过系统研究，并取得一定成果。本书对美国、英国和澳大利亚三国私立高职院校分类管理经验与我国实际情况进行对比，设计两类民办职业院校分类管理的配套政策和保障机制，以促进两类民办职业院校形成良好耦合机制，以期本书的政策建议更具说服力和操作性，这是本书的重点。

民办高职院校分类管理并不是简单地区分办学属性，而是需要充分发挥两类民办职业院校的优势来满足民众对优质高职教育的需求，因此必须根据两类民办职业院校管理政策体系制定良好耦合机制策略，这正是本书目的所在。本书以总结民办高职院校的历史规律和他国的私立高职院校监管与资助政策经验为依据，构建适合我国营利性与非营利性民办职业院校分类管理配套政策的理论依据，进而分析我国现行政策的特点和优待完善之处，提出相应完善建议，形成两类民办职业院校分类管理配套政策耦合机制。简言之，本书按照"历史考证—他国经验—理论构建—问题分析—机制构建"的路线展开。

五、研究方法

本书内容具有内在的逻辑性，彼此之间既相互联系，又相对独立。本书采用了以下研究方法。

（1）历史分析法：民办高职教育在不同时期肩负着不同的历史使命，是一个动态变化发展的过程，只有从不同发展阶段加以联系和比较，才能弄清其实质，揭示其发展趋势。中国职业教育的发展源于晚清①社会发展的实际要求，从"治人之术"的传统教育转向"治事之技"的新式教育，可谓中国学校教育价值观的一场教育变革。本书以晚清时期私立实业教育体系为研究的逻辑起点，将本书研究按三个历史阶段进行划分，探讨各阶段的特点及其联系，因为只有追根溯源，弄清它的来龙去脉，才能提出符合实际的解决办法。

（2）文献分析法：本书建立在前人研究的基础上，不仅对美英澳三国不同私立高职教育机构的发展历史、法律法规、监管方式、资助政策等方面进行系统梳理，还对我国民办职业院校研究成果进行梳理。

（3）比较分析法：私立高职院校分类治理并不是我国所特有的问题，而是一个世界性问题，虽然国情各有不同，但是发达国家的经验对我国具有一定的借鉴意义。当然，我们也必须认清认识到，并不是所有经验都适用于我国，因此，通过比较，我们既可以发现与其他国家私立高职院校治理之间的差距，也可以思考我国民办职业院校分类管理实施的问题和改善途径，发现我国民办职业教育体制的特殊性，从而加速民办职业教育改革，推动教育事业的发展。

（4）理论分析法：各种理论从不同的层次、不同的侧面、不同的角度反映客观世界的本质和规律，民办高职院校分类管理配套政策亦不例外，政策的制定涉及多方面的因素和利益，但是最直观的是政府和利益相关者。政策制定者需要将反映客观事物本质和内部联系的认识，按照一定的逻辑进行必要的整理，使其条理化、系统化为一个严整的体系。

（5）访谈法：民办高职院校分类管理的现行政策落实情况最直接的感受者应该是学校的举办者，因此本书根据举办者的资产过户意愿、营利性非营利性（简称"营非"）选择、政府扶持力度、政府年度检查效果、税收优惠情况等方面了解分类管理政策的落实情况，进而找出政策实施中存在的问题，提出合理化建议。

① 我们通常将第一次鸦片战争（1840年）到宣统皇帝溥仪颁布退位诏书（1912年）界定为晚清时期。

第二章

中国民办职业院校发展的
历史进程与分类管理

在我国改革开放 40 多年的发展历程中,高职教育已经逐渐发展成为现代高等教育体系中不可或缺的重要组成部分,而民办高职院校作为重要的举办形式,其承担着为国家培养高技能人才的重要使命。根据教育部公布的《2020 年教育统计数据》显示,2020 年我国本科层次职业学校总数为 21 所,其中民办本科层次职业学校达到 20 所;高职(专科)院校总数为 1468 所,其中民办高职(专科)院校达到 337 所。[①]由此可见,无论是民办高职院校数量还是办学层次都达到新的高度。综观我国民办高职院校的发展也不难发现,一些民办高职院校早已从追求规模增长转向内涵式发展,通过合并重组、联合办学等方式形成集团化办学已经日益成熟,校企合作订单式人才培养模式也在普遍实施,但民办高职院校仍然存在一些问题:有新时期面临的新问题,如民办高职院校如何落实营利性与非营利性分类管理政策等;也有发展中存在的固有局限性,如观念障碍所致使的生源质量困境、办学经费来源单一等系列问题。通过对我国民办高职院校发展的纵向历程进行分析,从历史的角度慎思其发展不同阶段所形成的阶段性特征,有助于我们寻求民办高职院校发展的历史逻辑,实现历史传承与现实转化相统一,此为理性分析我国民办高职院校发展现状的必要基础。

回顾中国民办职业院校发展的历史进程,晚清洋务运动时期所形成以"实业教育"为目的的学堂体系无疑是一个重要的发展阶段,其构成我国近代职业教育体系的初创阶段。以"职业教育"这一称谓在我国的由来,即可分析出"实业教育"与"职业教育"之间的相关性。"实业教育"是由日本译介于英语,后传入

---

① 高等教育学校(机构)数. http://www.moe.gov.cn/jyb_sjzl/moe_560/2020/quanguo/202108/t20210831_556353.html. (2021-08-30) [2022-03-25].

于我国，晚清的"实业教育"源于"西艺"新学堂的拓展，以 1896 年江西蔡金台等呈请张之洞后设立江西高安蚕桑学堂为开端，在全国范围内起自下而上发展起授人"治事之技"的新式教育，以培养各种实业所需的技能型人才，主要是以工、商、农为主。1903 年，清政府颁布的《奏定实业学堂通则》中第一次正式承认实业教育的合法性。1904 年，山西农林学堂首任总办姚文栋就提出"职业教育"的重要性，他曾撰文写道："论教育原理，与国民最有关系者，一为普通教育，一为职业教育，二者相成而不相背……本学堂兼授农林两专门，即是以职业教育为主义。"[1]山西农林学堂是晚清最早的一批实业学堂，设有农、林两科，而姚文栋是晚清最早根据外国教育经验提倡发展职业教育的代表。

到中华民国时期，学术界对重视"职业教育"的呼声越来越强烈，尤其是中华书局创办人陆费逵先生和近代实用主义教育家黄炎培先生都曾撰文呼吁"职业教育"的重要性。1913 年 10 月，黄炎培先生发表于《教育杂志》上的文章《学校教育采用实用主义之商榷》中，批判封建教育专重文字、空疏无用、脱离现实生活，提倡实用主义教育主张，进而呼吁"职业教育"的重要性。1917 年 5 月 6 日，黄炎培联合蔡元培、梁启超等 48 位中国教育界知名教育家在上海成立中华职业教育社，此为中国职业教育发展史上的重要标志，中国学术界正式使用"职业教育"这一称谓。1922 年 11 月，中华民国北洋政府施行的"壬戌学制"正式使用"职业教育"，替代了晚清"癸卯学制"中的"实业教育"。"实业教育"到"职业教育"的转变并不是简单的称谓变换，而是对教育的内涵和价值取向以及要求等都产生着变化。1917 年 11 月，黄炎培在《教育与职业》发表文章《职业教育析疑》，从学理上对"实业教育"与"职业教育"的关系进行阐明，明确了两者之间的联系和区别，"二者皆以解决生计问题为目的，然其范围不同""东方实业教育，亦仅限于农、工、商三种，而医生、教师等不与焉。职业教育则学成后可以直接谋生者皆是。故论其阔，又可谓不及职业教育者"[2]。同年，民国初期教育家朱元善先生译述的《职业教育真义》中对外国职业教育进行分析，推及我国教育实际，进而分析两类教育的联系与区别。

新中国成立后，"职业教育"这一称谓又经历过"专业教育""技术教育""职业技术教育""职业教育""高等职业技术教育"等变化，不同称谓代表着不同时期人们对此类教育的不同定位与期盼。民办职业院校的发展同样也体现出

---

[1] 转引自陈英杰. 中国高等职业教育发展史研究. 郑州：中州古籍出版社，2007：11.
[2] 黄炎培. 职业教育析疑. 教育与职业，1917（2）：8-11.

一种曲折上升的历史规律。

第一节　晚清时期私立实业教育体系的源起与形成

前文已经简略介绍晚清实业教育与民国职业教育之间的联系，实际上前者偏重技术学理的研习，后者强调职业技能的训练，如果我们将两者的教育目标结合起来就可以看到，现行职业技术教育实为两者的结合体，当然其内涵并不等同于简单的相加，而是结合新时代要求的调整。

一、私立实业教育产生和发展的时代背景

中国古代社会的生产力水平远高于同时代的欧洲社会，随着秦汉之后文教政策与选士制度的稳固，逐渐形成了一个以儒家经典为主要内容的学校教育体系。职业技能教育作为"治事"在历朝历代的文教政策中有所不同，但总体而言，在中国古代高度严格的封建等级制度下，其工艺和技术被认为难登大雅之堂，也难以成就"学而优则仕"的传统教育价值取向。因此，古代职业技能教育难以成为学校教育的主流，局限于部分古代行政机构附属的劳动技能教育，更多的是由民间私学、家学和作坊间师徒相授的学徒制承担。简言之，中国古代社会的职业技能教育是在缺乏稳定和有机衔接的制度保障环境成长起来的。

中国职业教育的发展源于晚清社会发展的实际要求，从"治人之术"的传统教育转向"治事之技"的新式教育，可谓中国学校教育价值观的一场教育变革。学校教育领域中从形式到内容都发生着变化，这种变化是为了适应晚清的社会转型和生产方式变化的需要，并且在特殊的历史时期下，清政府推动了现代意义上中国职业教育的源起和发展，形成了由外而内、自下而上的发展路径。

（一）晚清政治危机的需求

晚清时期，中国进入近代史阶段，也是中国半殖民地半封建社会的形成阶段。晚清政府的政治危机源于鸦片战争失败后清政府所面临的内忧外患：一方面，外

国列强不断利用先进的政治制度、强大的军事力量和经济手段浸入我国封建王朝，使统治者阶层和民众开始有民族危机意识和新的世界意识；另一方面，连绵不断的战争失利和不平等条约签署，进一步加剧清政府内部矛盾加剧和对内压榨，最终导致农民运动动摇清王朝的统治根基。

从鸦片战争到甲午战争，民族危机意识仍局限于部分社会精英阶层和有识之士，大多数民众和一般官员对鸦片战争的失败并没有深刻的体会和认识。一些有识之士和官员试图通过著书立说推动清政府的社会改良，在教育领域中将问题的矛头直接指向了延续 1300 多年的科举选士制度和学校、书院所教育内容的空疏，例如陈寿祺（1771—1834 年）的《科举论》、包世臣（1775—1855 年）的《圣寄书大司寇书》以及缪艮（1766—1835 年）的《学堂通弊记》等。随着西方列强对中国文化侵略的通道打开，西方传教士的传教活动由中国的港口城市深入中国内陆，不少传教士通过创办书局出版图书、发行报纸、创办学校来培养在华代言人、兴办各种所谓慈善事业以笼络人心等形式宣传西方文明的先进性，例如 1843 年英国传教士麦都思（Walter H. Medhurst，1796—1857 年）等在上海创办墨海书馆，这是上海地区最早的现代出版社，出版了大量关于西方政治、经济、科技以及宗教等专著，并且培养了中国最早一批研究西学的学者。中国同文学会（后更名为广学会）的创办者威廉森（Alexander Williamson，1829—1890 年）曾说："很早以来中国最大的特征就是注重学问以及他们为之所树立的荣誉。他们的英雄人物不是武士，甚至也不是政治家，而是学者"[1]。美国传教士狄考文（Calvin W. Mateer，1836—1908 年）更是直言不讳："如果我们要对儒家的地位取而代之，我们就要训练好自己的人，用基督教和科学教育他们，使他们能胜过中国旧式士大夫，从而能取得旧式士大夫所占的统治地位。"[2]

随着西学影响的深入，中国出现了一批倡导学习西学的知识分子，他们对传统教育进行反思的同时，主张改革学校教育，推崇西学的经世致用，这也进一步推动晚清政府的政治文化变迁，也促成统治集团内部形成所谓的洋务派，其中以龚自珍与魏源的思想影响最大。魏源根据林则徐的《四洲志》，进一步撰写《海国图志》，作为中国最早研究西方社会发展的著作对中国社会了解西方列强有着

---

① 威廉森. 同文书会实录//宋原放. 中国出版史料（近代部分）（第 1 卷）. 武汉：湖北教育出版社，2004：205.

② 转引自顾长声. 传教士与近代中国. 上海：上海人民出版社，1980：232.

重要意义，其中又以《海国图志·筹海篇三议战》影响最为深远，他在书中明确提出，"然则欲制外夷者，必先悉夷情始。欲悉夷情者，必先立译馆，翻夷书始……未款之前，则宜以夷攻夷；既款之后，则宜师夷长技以制夷。夷之长技三：一战舰，二火器，三养兵练兵之法"[①]。此观点触发清政府集团内部两大阵营的争论：一方面，以文渊阁大学士倭仁等为代表的保守派认为此为"奇技淫巧"，对新事物新观点持反对和否定态度；另一方面，以恭亲王奕䜣、曾国藩、左宗棠、李鸿章和张之洞等洋务派支持适应新形势下的巨变，推动一系列"自强""求富"的改革运动，其中开办工业技术学堂是其中重要举措之一。最初的工业技术学堂伴随着近代学习西方工业发展孕育而生，福建马尾造船厂、上海机器制造局、天津电报局等相继出现，培养制造业所需的专门人才；张之洞、李鸿章、左宗棠等以工厂为基础附设学堂；这些实质上是中国近代实业教育的开端，但是又不能算真正意义上的实业教育。一方面，洋务派创办的工业技术学堂缺乏整体性。此时所创办的学堂是为了缓解晚清政治危机，而实施的"师夷长技以制夷"的办学目的仅聚焦能与西方列强一较长短的工业与军事学堂，并非整体性的实业教育体系。另一方面，洋务派创办的工业技术学堂缺乏系统性和普遍适用性。工业技术学堂已经具备较强的实践性，并且学堂内部也拟定了章程，包括组织制度、入学条件、学制和课程等，但是总体而言仍然处于零散的非系统状态，学堂之间缺乏联系和衔接。除此之外，工业技术学堂隶属特定机构，并非纳入正规的学校教育体系，没有得到清政府的认可。

甲午战争失败之后，洋务派所推动的自强运动也宣告失败，晚清政府的政治危机进一步加剧，国民对民族危机意识有了更加清晰的认识，"实业救国"的强大思潮在社会各阶层涌动，也成为晚清政府的救命稻草。洋务派创办的工业技术学堂为实业教育奠定了较好的实践基础，并且实业学堂的办学也从非系统的零散阶段发展到制度化办学阶段。一批新兴资产阶级改良派主张发展民族工商业来挽救晚清的民族危机，他们提倡"农、商、矿、林、机器、工程、驾驶，凡人间一事一艺者，皆有学"[②]，一批实业教育性质的学堂超越洋务学堂的局限性，在军事学堂和工业技术学堂之外发展起与民族工商业息息相关的各类农、工、商、矿等实业学堂，其中最具代表性的是创建于光绪二十二年（1896年）的江西蚕桑学堂，

---

① 转引自璩鑫圭. 鸦片战争时期教育. 上海：上海教育出版社，2007：438.
② 康有为. 请开学校折//陈学恂. 中国近代教育文选. 北京：人民教育出版社，2001：109.

为中国私立实业学堂之始。自此，中国各地出现的实业学堂的办学主体和类别各不相同，但办学目的皆是解决工商业人才短缺问题。黄炎培（1878—1965年）先生曾对此现象做出评论，"在此期间，学制初未颁布，大中小各级学堂都未成立，乃竟有职业教育性质之学校，率先举办；且其门类，包括农、工、商、铁路、电报各种。想见当时事实所迫，不得已起而因应。原来一部教育史，全发于人群生活上之需要，不足异也"[①]。

1901年，在慈禧太后的默许下，清政府开始实施改革，史称庚子新政。教育改革是一系列改革中的重头戏，不仅废除延续一千三百多年的科举选士制度，而且将实业教育摆到一个极为重要的地位。同年，湖广总督张之洞和两江总督刘坤联合立宪派张謇等上奏《江楚会奏变法三折》，第一折就着重提出"育才兴学"，建议在各省建立实业学堂培养实业人才和学习外国新技术人手。此奏折得到清政府高度重视，光绪皇帝于当年就颁布《兴学诏书》，鼓励各地兴办实业学堂，并于1903年设立商部，下设保惠司专门管理全国实业学堂。1902年5月，由管学大臣张百熙主持，制定我国第一部以政府名义的学制——《钦定学堂章程》，虽然这部学制并未得以实施，但是其第一次将各类实业学堂统称为实业教育，承认实业教育的合法地位。之后，张之洞会同罗振玉、荣庆等效仿日本学制，以《钦定学堂章程》为基础，修订了《奏定学堂章程》，其中《奏定学堂章程·实业学堂通则》明确将实业教育定位于"实业学堂所以振兴农工商各项实业，为富国裕民之本计"。除此之外，张之洞等在设计学制中充分学习国外实业教育经验，将实业教育划分为初、中、高三个层次，使其形成明确的衔接关系，为晚清实业教育从形式化教育走向制度化教育奠定了基础。

（二）经济结构变化的需求

第一次鸦片战争前，中国一直是以自给自足的自然经济为主要经济结构，加之长期以来所形成特有的农耕文化，虽然在明朝中期出现"机户出资、机工出力"的资本主义经济的萌芽，但总体上仍然是以农业和手工业相结合的自然经济占据统治地位，于是"重农抑商"成为历代封建王朝所奉行的基本国策。鸦片战争后，中国的自然经济结构随着西方列强的经济入侵逐渐瓦解，特别在中国沿海沿江地

---

① 中华职业教育社编. 黄炎培教育文集（第一卷）. 北京：中国文史出版社，1994：127.

区尤为明显，中国传统的手工业受到外来经济冲击最大。文献资料显示，1842 年《南京条约》到 1895 年《马关条约》期间，在华的外资企业从 4 家增长到 142 家，仅上海一地就有外国商家 78 家、银行 11 家、经纪商 13 家、商店 14 家等共计 140 家。①《马关条约》签署之初，两江总督张之洞就发现关于日本在通商口岸设厂条款的危害性，这势必助长外资工厂的发展，进而冲击传统手工行业。1895 年 4 月在《马关条约》即将签署之时，张之洞急电请奏清廷："改造土货，中国工商生计，自此尽矣！……可否敕下王大臣等迅速会议，设法扑救？"②《马关条约》签署后，外资企业进一步取得在华设厂的合法性，西方国家对华经济侵略变成资本输出为主，大量传统手工业者受到外国资本和先进技术的冲击。以纺织行业为例，1897 年，中国全国年产纱锭 395 000 锭，外资纱厂就占据 40%，共计 158 000 锭。1895—1916 年，中国增加外资工厂 337 家，平均每年增长 15.3 家。③在外资经济的刺激下，中国近代资本主义工商经济艰难起步，伴随着当时"实业救国"思潮，"振兴工商"的国策得到洋务派官员的一致认可，迫于特殊的历史背景，晚清经济体制出现多种经济形式并存的社会现象——外资经济、洋务经济和民族资本主义经济，而传统的自然经济逐步瓦解。

客观而言，外资经济的冲击对我国民族工商业的发展是起到了促进作用，但是无论是洋务企业或者是民营资本企业在与外资企业竞争的过程中，专业人才和技术人才的匮乏是限制其竞争力的最主要瓶颈。虽然清政府采取选派幼童留学欧美和高薪聘请外国人担任教习等方式，但是效果和受众都极为有限。1872—1875 年，在洋务派代表曾国藩和李鸿章等人的推动下，清政府先后挑选 120 名幼童分四批到欧美国家学习先进的文化技术，这是我国官派留学制度的开始。但是，这批留学生中真正攻读矿冶、机械和工艺等专业的人数较少，留学归国后从事相关实业工作或在洋务企业工作的人数仅占总数的 30%左右。洋务学堂所聘请的"洋教习""洋工匠"，郑观应（1842—1922 年）在《盛世危言》中就早有评论，"各制造局洋匠纵有精通，然贪恋厚资，未免居奇而靳巧。至者未必巧，巧者不能致，能致之巧匠，又或不肯传，洋师之难得如此"④。相较于洋务企业，民营资本企业

---

① 孙毓棠. 中国近代工业史资料（1840—1895）第一辑（下）. 北京：科学出版社，1957：16.
② 转引自张玉法. 清末民初的外资工业. 中央研究院近代史研究所集刊，1987：132.
③ 张玉法. 清末民初的外资工业. 中央研究院近代史研究所集刊，1987：134.
④ 转引自高时良，黄仁贤. 洋务运动时期教育. 上海：上海教育出版社，2007：32.

的处境更为艰难，虽然在甲午战争后晚清政府为增加税源而有意识地放宽民间资本企业的限制，但民营资本企业不得不面对外资企业和洋务企业的内外夹击，无论是资本、设备还是技术、管理人才都十分有限。此时，中国的实业工人大多数是随着自然经济解体而失业的手工业者或失去土地的农民，他们既没有经历过系统的专业知识培训，也没有胜任机器大生产的能力，致使我国民族资本企业与外资企业竞争中一直处于不利的地位。

实业教育是实业竞争的必然产物，也是晚清经济结构变化的需求，更是"实业救国"思想的重要组成部分。就实业学堂的办学类型而言，晚清出现的实业性质的学堂可以大致划分为三类：第一类是由外国教会或者外资企业创办的实业性质学堂，这实际上是中国最早的实业性质的学堂，它是为了满足外资企业对技术工人的需求而附设于外资工厂的短期培训学堂；第二类是由清朝政府为满足实业发展而创办的实业学堂，但是由于晚清政府的财力限制，官办实业学堂并不能完成满足实业发展对技术人才的需求；第三类是由地方士绅、行会商会所创办的私立实业学堂，这类实业学堂在晚清实业学堂体系中占据重要地位。

（三）传统教育改革的需求

中国传统教育中占据统治地位的儒家教育是强调人的道德理性和人文精神相结合，追求一种真善美相统一的和谐思想境界，培养的是"修身、齐家、治国、平天下"的士大夫。鸦片战争前，这种教育价值取向处于封建大一统的中央集权社会，加之自给自足的自然经济结构，又有科举取士制度作为保障，拥有着强大的生命力和吸引力。随着鸦片战争的爆发，中国传统教育所依存的政治制度和经济基础都发生了巨变，尤其西学东渐的文化冲击加速了中国传统教育在教育观念、教育制度和教育内容等方面的必然转型。

晚清时期，清政府所沿用的传统教育体制与社会实际需求之间矛盾日益加深，学校教育彻底沦为科举制度的附庸，教育内容空疏无用，甚至正常的教学活动也无法保证，即使是当时最高学府国子监也取消"坐监"制度，社会各界人士对学校教育名存实亡的批判不绝于耳。严复在《论治学治事宜分二途》中指出，"自学校之弊既极，所谓教授训导者，每岁科两试，典名册，计赀币而已，师无所谓教，弟无所谓学，而国家乃徒存学校之名，不复能望学校之效"①。甲午战争失利后，严复、梁启超、康有为等将问题的矛头直指"八股取士"制度，为后来的晚清科举制度改革奠定了基础。1895年5月，严复在《救亡决论》中开头第一段就指出，"天下理之最明而势所必至者，如今日中国不变法则必亡是已。然则变将何先？曰：莫亟于废八股。夫八股非自能害国也，害在使天下无人才。其使天下无人才奈何？曰：有大害三。其一害曰锢智慧，其二害曰坏心术，其三害曰滋游手"②。在反思旧教育空疏无用的同时，近代教育改革思想在萌芽，无论是洋务派主张的"中学为体、西学为用"，还是资产阶级改良派所提倡的"设师范、分科学、撰课本、定章程，其事至繁，非专立学部，妙选人才，不能致效也"③。实际上，两者都是在通过学习国外现代化教育制度来改良传统教育，这也是中国教育现代化的萌芽。

甲午战争之后，在"实业救国"的思潮推动下，维新派思想家更是提出"兵战不如商战，商战不如学战"的呼声，进一步推动学习西方教育尤其是日本的教育制度，这对实业教育走向制度化阶段起到了关键作用。《奏定学堂章程》中将"尚实"作为教育宗旨对传统教育是一个重要改良措施，也促成实业教育体系和制度正式诞生。在实业教育制度化发展的过程中，私立实业性质的学堂和民族资产阶级改良派思想家起到了重要的推动作用，实业教育思想的形成和传播对晚清实业教育制度化过程产生了直接影响。

二、晚清时期私立实业教育的发展概述

晚清时期实业教育的发展与中国近代的生产方式变迁有着必然联系，它既符合时代发展的客观要求，也符合新兴民族资产阶级的主观诉求。分析其发展的历程后发现，晚清实业教育思想与洋务运动、维新运动、民主革命运动有着千丝万缕的联系，可谓近代职业教育发展的第一次高潮。晚清实业教育运动发展的过程中，民族资本家的实业教育实践活动和实业教育思想起到了重要的推动作用，这

---

① 转引自王炳照，郭齐家，刘德华，等. 简明中国教育史. 北京：北京师范大学出版社，2007：247.
② 转引自汤志钧，陈祖恩，汤仁泽. 戊戌时期教育. 上海：上海教育出版社，2007：3.
③ 汤志钧，陈祖恩，汤仁泽. 戊戌时期教育. 上海：上海教育出版社，2007：112.

也为中国近代职业教育思想的形成奠定了基础。

（一）晚清实业教育的思想演进

晚清实业教育思想源于对中国传统教育的反思，也是对"经世致用"教育思想的延续，既有外部环境的推动也有内部因素的蜕变，最终形成近代职业教育思想。正如黄炎培在阐述职业教育思想的起源时所说："职业教育者，盛行于欧洲，渐推于美国，而施于东方，万非本社所敢创，更万非本社能所得私。"①

鸦片战争前，龚自珍、魏源、冯桂芬等倡议学习西方技艺，进而强调论学应以"学以致用"为宗旨，"凡有益于国计民生者皆是，奇技淫巧不与焉"，魏源所提出的"师夷长技以制夷"和"以实事程实功，以实功程实事"的思想，对清朝统治集团内部的洋务派产生影响。第二次鸦片战争后，洋务派提出"自强求富"的口号，学习西方先进技术创办中国近代第一批洋务企业和工厂，培养与之相适应的专门人才，晚清实业性质的工厂附设学堂由此诞生，实业教育思想也随之发展起来。洋务运动时期，早期改良主义思想家冯桂芬（1809—1874年）提出"中学为体，西学为用"的口号，此观点深得张之洞的肯定，并在《劝学篇》中对此观点进行了深入阐释。因此，"中学为内学、西学为外学、中学治身心、西学应世事"的观点成为洋务派学堂的办学宗旨，也对晚清实学思想的形成产生影响。甲午战争后，早期资产阶级改良派代表郑观应、盛宣怀和周学熙等不仅继承洋务派已有的实业教育思想萌芽，也吸收西方发达国家的教育实践和教育制度，并且其自身有着丰富的实业实践经验，加之其亦贾亦儒的红顶商人身份，对晚清实业教育发展起到的作用非同一般，尤其"兵战不如商战，商战不如学战"的思想和构建较为完整的实业教育体系，对实业教育制度化发展起到关键作用，《奏定学堂章程》的制定也充分吸收了他们的实业教育思想，并将"尚实"作为重要的教育宗旨，此为中国封建教育中的一大进步。

晚清实业教育思想的发展以清政府颁布《奏定实业学堂通则》达到高峰，推动了晚清实业教育实践的制度化发展，并为近代职业教育思潮的产生奠定了思想基础。纵观晚清实业教育的思想演进我们不难发现，晚清实业教育思想的发展是

---

① 转引自李继延，等. 中外职业教育体系建设与制度改革比较研究. 上海：复旦大学出版社，2014：277.

在西学东渐的大背景下逐步形成的，以学习西方先进科学技术教育为核心，肩负着"自强求富""救亡图存"的历史重任。在实业教育思想演变的各个阶段，我们都可以看到民间力量的推动作用，为实业教育制度化发展提供了丰富的理论支撑和实践经验，并对中国"实业教育"向"职业教育"转变提供了先导。

（二）晚清实业教育制度的政策分析

光绪二十八年七月（1902年8月），管学大臣的张百熙（1847—1907年）上疏《进呈学堂章程折》，详细阐释了中国近代教育史上最早制定的学校制度《钦定学堂章程》（壬寅学制），虽然该学制未得以正式颁布，但清政府官方以日本学制为蓝本，第一次正式拟定了一套较为系统的三级实业教育制度，包括3年学制的简易实业学堂、4年学制的中等实业学堂和5年学制的高等实业学堂。毫无疑问，《钦定学堂章程》的拟定对晚清实业教育制度化发展起到推动作用，并且为后来《奏定学堂章程》（癸卯学制）的颁布奠定了基础。但是张百熙等在制定这样一份重要教育制度文本过程中，对"实业教育"与"实业学堂"的概念边界认识不够清晰，对"实业学堂"概念的界定过于狭隘。一方面，在简易实业学堂和中等实业学堂的学科仅局限于农、工、商实业学堂，不利于其他实业领域人才的培养；另一方面，"实业学堂"的界定并未将实业师范和各地传习所等纳入实业学堂范围，不利于民间力量创办实业学堂。除此之外，此制度文本也缺少对非实业学堂进行实业教育的阐述，不利于实业教育的外延扩展。

光绪三十年十一月（1904年1月），张之洞、张百熙和荣庆等在《钦定学堂章程》的基础上，重新拟定更加系统详备的《奏定学堂章程》，其中包括《奏定实业学堂通则》《初等农工商实业学堂章程》《实业补习普通学堂章程》等23个教育制度文本，对实业教育制度的设计更加完备。在《钦定学堂章程》对实业教育制度设计的基础上，《奏定学堂章程》沿用将实业教育划分三级的做法，增加了五类划分：实业教员讲习所、农业学堂、工业学堂、商业学堂、商船学堂五类，合称为实业教育三级五类制度。除此之外，其进一步明确各级各类实业学堂之间的衔接制度、师资标准、入学要求、师资标准以及奖励制度等方面的规定，其中最值得关注的是，在《实业学堂通则》中提出"学成后各得治生之计""以无恒产人民皆能以微少资本自营生计为成效"等教育目的观，这在强调教育社会本位论的传统下，开始提倡和关注受教育者未来生计和职业发展的个体本位论思想，此为该制度文本拟定过程中极大的思想进步。

在特定的历史背景下，晚清政府实施《奏定学堂章程》的兴学运动缺乏必要的财政基础，各地官员对推广实业教育的力度和民众对实业教育的认识都不尽相同，致使各地实业教育的区域性差异极大。为鼓励地方官员和绅士创办实业学堂，民众能够更多地参与实业教育，清政府颁布了包括《奏定各学堂奖励章程》在内的一系列激励措施，例如《奏定各学堂奖励章程》中规定"高等实业学堂毕业生考列最优等者、优等者和中等者，可作为举人，分别以知州、知县和州同尽先选用"，"中等实业学堂毕业奖励，考列最优等者、优等者和中等者，可分别作为拔贡、优贡和岁贡，升入高等实业学堂肄业"。[①]除激励实业学堂学生之外，清政府还颁布一系列制度激励地方士绅和商人捐资创办实业学堂，例如光绪二十四年（1898年），总理衙门颁布的《振兴工艺给奖章程》明确规定，"如有独捐巨款兴办学堂，能养学生百人以上者，特请恩赏给世职或给卿衔。能养学生五十人以上及募集巨款能养学生百人以上者，请给世职或郎中实衔。募捐能养学生五十人以上者，请赏给主事中书实职，其学堂请颁御书匾额，以示鼓励"。虽然戊戌变法失败后《振兴工艺给奖章程》也以夭折而告终，但以奖励出身、许以官职和爵位的措施仍继续推行，这在很大程度上激励了地方士绅和商人捐资兴办实业学堂，虽有卖官鬻爵之嫌，但是在特定的历史环境下，此类奖励制度拓展了办学经费来源，促进了私立实业学堂的发展。

（三）晚清私立实业学堂的运行情况

《奏定学堂章程》颁布后，各地迅速响应，各类实业学堂纷纷创办，中国近代早期实业人才得以培养，但师资力量较为匮乏。根据《第一次中国教育年鉴·丙篇》统计显示，1907—1908年，高等实业学堂从7所增至13所，入学人数从908人增至1890人；中等实业学堂从41所增至51所，入学人数从3133人增至4317人；初等实业学堂从66所增至88所，入学人数从2742人增至4504人。到1909

---

① 转引自璩鑫圭. 中国近代教育史资料汇编-实业教育师范教育. 上海：上海教育出版社，2007：10.

年，晚清各类实业学堂的就读生源快速增长，而与之相匹配的具有从教资历的教员人数相距甚远。[①]根据《宣统元年分第三次教育统计图表》显示，实业学堂教员人数共计达到 2712 人，其中未毕业未入学堂经历的教员人数达到 742 人，而此时各类学堂入学人数达到 38 958 人。[②]晚清社会各界在"实业救国"的思潮推动下，迅速地完成对实业教育的思想构建和制度建设，并且得到晚清社会各个阶层和群体的大力支持，形成多元办学主体。

庚子新政之后，除隶属各部的实业学堂之外，地方上实业学堂大致可以划分为三类：第一类，由地方上封疆大吏积极兴办和支持的官办实业学堂。在晚清时期，代表中央集权的皇权逐渐衰弱，而地方上的督抚或总督的权限不断提升，不仅掌管地方军务政务，而且掌管地方学务的提学使也归地方督抚节制，因此地方封疆大吏的个人的态度直接影响着地方教育事业的发展。作为手握军政大权的地方督抚，他们之中不乏有识之士，对于民族危机有着更深刻的认识，并且能体会到实业人才匮乏的危害，他们在地方上力推实业学堂的发展，其中最具有代表性的人物首推张之洞、刘坤一和岑春煊等。第二类，由地方士绅和实业家筹集或捐资兴办实业学堂，这类属于民办官助型的私立实业学堂。"士绅兴学"在我国由来已久，晚清地方实业学堂的发展，尤其在初、中等实业学堂的发展中，地方士绅起到了举足轻重的作用。士绅群体拥有特殊的社会地位和地方影响力，其在地方官员、商人和地方百姓间起到了重要的桥梁作用。一方面，他们游说地方官员支持兴办私立实业学堂；另一方面，清末地方兴学推行"官督绅办"的筹资办学模式，地方士绅的角色尤为重要。除此之外，地方士绅还需要对实业学堂进行广泛宣传，鼓励就学。除了地方士绅，清末时期推动实业教育发展还有一个特殊群体，即新兴的民族资本家或实业家，最具有代表性的张謇和周学熙被中国近代实业发展史上称为"南张北周"。这批近代实业家在与西方外资企业的竞争中，对"商战"有着深刻的认识，但碍于清代实业人才的匮乏，有感于"之所以一蹶而不能起者，可一言以蔽之，曰不学无术"，清末各地出现了很多实业家兴办实业学堂，加之他们拥有"红顶商人"的身份，对地方实业教育的发展起到重要作用。

---

① 民国教育部. 第一次中国教育年鉴. 上海：开明书店，1935：178.
② 张海荣. 清末三次教育统计图表与"学部三折". 近代史研究，2018（2）：153-159.

除了地方封疆大吏、地方士绅和实业家兴办实业学堂之外，还有一股重要力量不可忽视——由商会和行会兴办形式多样的私立实业学堂，它可以被划分为第三类。随着晚清民族工商业的发展，"重农抑商"的社会传统被"重商主义"所替代，促使"士农工商"的社会结构发生巨变，商人的社会地位和作用大大提升。在与外资企业竞争的过程中，晚清商人开始自发形成以商会、行会为代表的组织形式，在维护自身权益的同时，兴办实业教育成为商会、行会培养商家子弟的重要途径。时任上海商务总会协理王霞曾指出，"处于各国商战之时代，欲在商战之场获胜，必须有商场中久练之兵，而欲练兵，必储商业人才于学堂"[①]。兴办实业学堂成为晚清各地商会的重要活动内容，甚至在商会章程中就明确提出，例如天津商务总会成立时章程中提出，"本会拟妥善经费，设立商务学堂，造就人才，以维商务"。商会、行会创办的实业学堂多以服务本行业为主，生源主要来自行业系统内部的子弟或学徒，较之官办或公办实业学堂，这种实业学堂在实践性上更具优势，学员毕业后的职业更具保障。除创办私立实业学堂之外，当时不少商会、行会及企业还设立半工半读的艺徒和半日制的学堂，以提高工人的职业能力。

由于晚清政府的财政一直处于危机之中，兴办实业学堂经费不足是发展官办实业学堂的瓶颈，因此，晚清政府主要投入在高职学堂，对中等和初等实业学堂采取开放和鼓励民间力量兴学，商会和行会力量在一定程度上有助于缓解清政府的办学经费压力。此时，实业学堂的办学主体已经由晚清政府向民间力量转移，社会力量成为实业学堂发展的主要推力。

三、晚清时期私立实业教育的发展特点

正如前文所述，私立实业学堂的发展是在晚清特殊时代背景下的产物，从高安蚕桑学堂到中华民国成立，私立实业学堂从无到有再到欣欣向荣的发展势头，离不开清政府的新政推动，更离不开地方士绅、民族资本家、商会和行会所起到的重要作用，此时逐渐形成了私立实业教育的发展特点，这对后世私立职业教育的发展具有启示意义。

---

① 转引自王先明，邵璐璐. 清末实业教育述论. 晋阳学刊，2008（3）：90-96.

（一）绅商阶层以"捐资办学"的模式兴办私立实业学堂

自 19 世纪 60 年代，晚清洋务运动在引进西方技术和生产方式创建近代军工业的同时，开始意识到创办民族工业发展民生的重要性，例如李鸿章在开办轮船招商局时就提出"古今国势，必先富而后能强，尤必富在民生，而国本乃可益固"。洋务派在推动民用工业发展时，除了少数的官办企业之外，还采取了官督商办和官商合办等形式，洋务企业的负责人中有一部分是官员身份或者致仕后从商，这就使得"绅"和"商"走向融合，形成晚清的"绅商阶层"。甲午战争后，民族工商业与外资企业的"商战"加剧，提高了商人的社会地位和政治影响力，更重要的是为了凝聚力量和保护行业权益，商人之间以地域为界限形成商会和行会，绅商阶层的组织性得到加强，其社会和政治影响力进一步提升。

随着绅商阶层的社会地位提升，他们所肩负的社会责任也增大。就捐资办学而言，清末的绅商阶层已经从"乐善好施"上升到"实业救国"的高度，他们或是出于对民族危亡的担忧，或是对与外资企业竞争中对实业教育重要性的直观认识，通常以个人名义出资创办实业学堂，作为"报效"国家的公益行为。最具代表性的人物是"状元实业家"张謇，他对实业教育有着深刻认识，并直接影响到中国近代职业教育思想的形成，他一生兴办各类实业学堂 20 余所，将实业发展与实业教育紧密结合。

非绅商阶层的商人也会出于各种目的"认捐"，其中各地商会和行会起到重要的组织作用。出于为本行业造就储备人才和提升在职人员的工作技能，商会和行会根据需要筹资兴办实业学堂。据记载，商会和行会兴学的办法、科目、学级等悉遵《奏定初等小学堂章程》，办学经费由同业各户照店面大小按月认定，不足部分由业董捐足。学堂只收本业子弟和各店学徒，定额 40 人，学费概免，膳食住宿操衣诸费照缴。另设补习班两个，由各店学徒隔日轮流到校授业。[1] 商会和行会的发展对绅商阶层捐资兴办起到了规范和监督作用，由个人名义捐资办学转变为有组织的筹资办学，并且在管理模式上也引入西方校董制的集体决策模式。

---

① 吴玉伦. 清末实业教育制度变迁. 北京：教育科学出版社，2009：113.

（二）私立实业学堂的办学模式更具现代教育特征

私立实业学堂的生源结构较之官办实业学堂的招生更加宽松，培养对象进一步扩大。根据《奏定学堂章程》对实业学堂的招生对象有着明确的规定，是以招收中学堂、高等小学堂和初等小学堂毕业生，并且对年龄有着要求，分别为 18 岁、15 岁和 13 岁。科举制度废除前，官办实业学堂严格按照要求进行招生，并且高等实业学堂更倾向招收有功名的生源和绅商子弟。相对于政治地位较低的商人，绅商阶层捐资兴办实业学堂对招生对象更加开放，并不以出身进行限制，而主要以血缘关系、地缘关系和业缘关系进行招生，受教育者的受益面较封建教育而言明显扩大。

由于私立实业学堂很少或基本上没有得到清政府的经费资助，因此在办学上能够具备更多的自主权。商会和行会所兴办的实业学堂更是采用"官办分离"的管理体制，商会聘请知名士绅和专业人员进行管理，甚至引用西方学校的校董制度进行集体决策，这更加凸显管理的民主性和专业化。更值得关注的是，私立实业学堂为培养行业竞争所需要的实业人才，在一定程度上突破了《奏定学堂章程》的限制，"中学为体、西学为用"的教育方针使各类学堂尤重考核学生品行，要求"读经以存圣教"，课程体系中经学课程占比较大。私立实业学堂虽然也保留了修身读经类课程，但更重视实践和实用课程，教学更加联系实业生产，这是商人和商会具有的办学优势。

第二节　民国时期私立职业教育的递嬗与发展

中国近代意义上的私立实业学堂发轫于晚清绅商兴学，成为近代职业教育体系的重要基础，到民国时期实业教育向职业教育转轨，职业教育思想推动职业学校体系得以迅速发展。1912 年 1 月，南京临时政府正式成立，孙中山（1866—1925年）宣誓就任中华民国临时大总统，改用民国纪年，中国社会进入一个新的历史发展时期。政体嬗变必然推动教育的除旧布新，伴随着实业救国思想的延续，实用主义教育思潮在民国教育改革中占据主导地位，民国政府对私立教育采取更加宽松的扶持政策，并首次将公立教育与私立教育在法律制度上进行区分，确立私

(2

立职业教育的合法性。

一、民国时期私立职业教育发展的时代背景

中华民国时期是中国历史上一个大动荡、大转折的时期，代表新兴资产阶级的政权登上中国政治舞台，进一步加剧资本主义生产方式和思想在中国的传播。然而，社会的动荡和政府的更替使得各种政策基本上不具有延续性，其中包括对教育政策的影响。社会的动荡必然推动私学兴起，民国时期也不例外，各个政权对私立教育都报以扶持态度，并且加以管理和引导，私立学校在这个时期得以快速发展，私立职业学校尤为显著，究其原因是其满足了这个时期的社会要求。

（一）民族资本产业增长与实用人才供应不足的矛盾需求

民国初期政治环境相对稳定，在继承了晚清实业发展的基础上，民国政府出台了一系列扶持民族工商业的政策，加之恰逢第一次世界战争爆发之期，西方各国政府无暇东顾为中国发展民族资本提供了契机。虽然民国时期中国经济增长整体上较为缓慢，但是城乡差距日益扩大，这就造成中国社会结构两个重要变化，同时也推动近代职业教育进一步发展：一方面，中国社会的城市化进程在机器大生产和商业金融聚集的背景下明显增速，政治和经济的中心由传统的内陆交通要道转移到沿海沿江城市；另一方面，民族资本经济得以发展进一步瓦解传统的自然经济，大批破产的农民涌入城市。无论是城市化进程还是农民涌入城市，都对职业教育提出了新要求。

民族资本经济的迅速崛起必然推动产业结构的调整，在晚清形成的农、工、商等实业的基础上，交通、金融等新兴产业得以一定程度的发展。晚清所形成的实业教育体系已经不能够适应于产业结构的变化，对实业教育进行改革成为实业家与教育家共同呼吁，也反映出新兴产业增长与实用专业人员短缺的矛盾日益激化。中国部分教育家纷纷提出改良实业教育的呼声，蒋维乔（1873—1958 年）在《职业教育进行之商榷》中提出"就实际观之，今日不特普通中学毕业生，无谋生之地，即甲乙种实业学校毕业生，亦多无谋生之地……盖其原因，一方面在社会事业之萧条，一方面在实业学校之课程仍属纸片教育，学生毕业，无相当之谋

生能力"①。

与中国社会的城市化进程息息相关的是城市人口的变化，随着乡村自然经济的解体，大批农民难以维持基本生活需求，从而被迫或主动向城市流动以谋生。根据中国银行1932年度的调查，以一个三口之家、耕种40亩田的农户为例，一年辛勤劳动后的收入仅为314元，而各项支出费用却需要330元，尚欠16元，一年之胼手胝足所得，尚不能以敷饥饱。②大批青壮劳力涌向城市，但是并不具备从事机器生产的劳动技能，造成劳动力浪费，从而成为一个影响极大的社会问题。这就促使实业教育面临新的要求——不仅要发展提供职业教育的实业学堂，更要扩大教育对象，发展社会各种短期职业培训机构，以适应劳动力职业能力培训。另外，大量女性进入城市，同样需要提升劳动能力以适应轻工业的需求，这也要求原有实业教育体系进行改革，以适应新的变化，其中私立职业学校首先满足了女性接受职业教育的要求。《第一次中国教育年鉴》数据显示，仅湖南省就有12所女子职业学校③，由此可见民国时期女子接受学校教育程度要高于晚清时期，而私立职业学校起到重要作用。

（二）实利主义教育宗旨和实用主义教育思潮的影响

1912年1月9日，中华民国临时政府正式成立教育部，蔡元培（1868—1940年）被任命为南京临时政府首任教育总长。一系列对学校教育进行除旧布新的改革就此开始，实业教育改革更是此次教育改革的重中之重。同年，教育部在继承清末鼓励私人办学的经验上颁布《专门学校令》，明确提出"凡私人或私法人筹集经费，依本令之规定设立专门学校，为私立专门学校"；次年颁布《实业学校令》，第六条规定"实业学校，以私人或私法人设立者，为私立实业学校"④，此为第一次在法律层面明确私立实业学校的合法地位。

实业教育的改革源于教育方针的更替，晚清的实业学堂是在癸卯学制中以"尚实"教育方针下发展起来，得到当时社会各界的认同，但是"尚实"必须服从服务于"忠君""尊孔"为核心的封建教育宗旨，这就与民初的政治主张相违背，

① 璩鑫圭. 实业教育师范教育. 上海：上海教育出版社，2007：238.
② 张庆军. 民国时期都市人口结构分析. 民国档案，1992（1）：130-137.
③ 民国教育部. 第一次中国教育年鉴. 上海：开明书店，1935：258.
④ 熊明安. 中华民国教育史. 重庆：重庆出版社，1997：28.

所谓"忠君与共和政体不和，尊孔与信教自由相违"①。蔡元培主持民初的学校教育改革首先就提出"五育并举"的教育方针，即"军国民教育、实利主义教育、公民道德教育、世界观教育、美感教育皆近日之教育所不可偏废"。其中，实利主义教育是解决社会经济发展和人民的生计的问题，即所谓的"事计"和"人计"，实现其教育主张的关键是发展实业教育。蔡元培在其文章《对于新教育之意见》中提出，"实利主义之教育，以人民生计为普通教育之中坚。其主张最有利者，至以普通学术，悉寓于树艺、烹饪、裁缝及金、木、土工之中……实利主义之教育，固亦当务之急者也"②。同年2月，中华书局创始人陆费逵（1886—1941年）发表文章《民国教育方针当采实利主义》，支持蔡元培主张的"实利主义教育"，称之为"今日教育方针，亟采实利主义，以为对症之药"③。在1913年颁布的"壬子癸丑"学制中，实业教育在整个教育体系中的地位大大提升，要求在普通教育中引进有关实业教育的内容，改变传统学校教育中与社会实际分离的弊端，推动实业教育的范围进一步扩展。

除实利主义教育思想对实业教育的推动作用外，同一时期，实用主义教育思潮对实业教育的发展起到关键作用。蔡元培的得意门生黄炎培（1878—1965年）于1913年在《教育杂志》上发表的文章《学校教育采用实用主义之商榷》，深刻批判了学校教育脱离实践、脱离实际生产的现状，提倡教育回归实际生活，应以实用为归旨。黄炎培可谓在中国宣传实用主义教育的第一人，其文章观点引起民初教育学界的广泛关注。1919年，杜威应邀访华，行遍当时11个省，进行了200余场学术报告，在中国教育界、学术界中将学习和运用实用主义教育理论推向高潮。之后，实用主义教育思想进一步影响学校的教材和教学方法的改革，尤其对当时师范教育影响尤为明显。

实用主义教育思想和实利主义教育思想并行不悖，因为有着共同的批判对象，即批判封建教育的空疏无用，以及学校教育与实际社会生活生产相脱离。对于实业教育而言，两种教育思想对教育理论的完善都起到了推动作用，实利主义教育是将实业教育放到社会经济发展和人民生计的宏观层面思考，而实用主义教育是将其放在学生实际生产和生活能力的微观层面，两种教育思想都推动实业教育与

① 谢长法. 中国职业教育史. 太原：山西教育出版社，2011：79.
② 中国蔡元培研究会. 蔡元培全集（第2卷）. 杭州市：浙江教育出版社，1997：9.
③ 吕达. 陆费逵教育论著选. 北京：人民教育出版社，2000：118.

普通教育相结合，进一步拓展了实业教育的应用范围，并为职业教育思想的萌生奠定了重要的理论基础和提供了实践经验。

（三）实业教育向职业教育转变的需要

近代中国职业教育思想的形成基于晚清实业教育体系，也是学习西方教育的产物。随着政权的更替，近代中国在学习西方教育的模式也从学习日本模式转向学习美国模式，实用主义教育思潮和实利主义教育思想对实业教育向职业教育过渡提供了思想契机。"职业教育"在中国近代社会的萌生，可追溯到早年出使日本、德国等国家、后担任山西大学堂首任督办姚文栋（1853—1929 年）于 1904 年的《添聘普通教习文》中写道："论教育原理，与国民最有关系者，一为职业教育，一为普通教育，二者相成而不相背。"[1]继姚文栋之后，又有不少学者发文引入西方职业教育思想，此时对于西方的职业教育已经具备一定的认识。"癸卯学制"颁布后，"实业教育"正式确立，实质上实业学堂是实践着职业学校的功能而得到认可，此时无论是学界还是民众很少再提及"职业教育"，直至民国初年，民间对"职业教育"的呼吁再起。黄炎培曾撰文《职业教育析疑》，对当时并行的"实业教育"与"职业教育"从概念内涵进行深入分析，"实业教育与职业教育，二者皆以解决生计问题为目的，然其范围不同。实业教育之高焉者，高等专门实业亦属之；其下焉，仅为职业之预备者亦属之。故论其长，可谓过于职业教育……职业教育（vocational education）则凡学成后可以直接谋生者皆是。故论其阔，又可谓为不及职业教育"[2]。

1911 年 6 月，陆费逵为中央教育会起草《中央教育会章程》中就明确提出，"提倡男女补习教育及职业教育"乃中央教育会的注意事项之一。[3]次年 6 月，天翼在《官立学校宜注重职业教育》一文中，就对已设立的公立学校应加强技术与职业方面的训练，发出了严正的呼吁。[4]1913 年，陆费逵发表《论人才教育、职业教育当与国民教育并重》，呼吁职业教育与人才教育和国民教育三者并重的关系，"职业教育，则以一技之长，可谋生活为主，所以使中人之资者，各尽所长，

---

① 转引自谢长法. 中国职业教育史. 太原：山西教育出版社，2011：95.
② 黄炎培. 职业教育析疑. 教育与职业，1917（2）：8-11.
③ 谢长法. 中国职业教育史. 太原：山西教育出版社，2011：96.
④ 天翼. 官立学校宜注重职业教育. 进步，1912（2）：10-13.

以期地无弃利，国富民裕也……以吾国今日情状言之，人才教育、职业教育、殆较国民教育为尤急……非职业教育兴盛，实业必不能发达，民生必不能富裕"[①]。继陆费逵和天翼之后，黄炎培、郭秉文和陶行知等都发文介绍国外职业教育的发展或宣传职业教育的重要性，也有对职业教育和当下新教育进行反思的学者，如贾丰臻在《实施职业教育之注意》中提出，"职业教育者，非抛去精神而专务实质之谓也。非抛去精神科学而专务职业技能之谓也"[②]。无论是从正面宣传还是从反面反思，当时教育学界都清楚认识到"职业教育"是从西方教育理论中引入的"舶来品"，这个阶段仍属于借鉴和学习西方教育经验的译介阶段，真正发展中国的职业教育人需要实践来检验，而这个阶段实业家所创办的私立职业学校起到关键作用。

二、民国时期私立职业教育的发展概述

民国时期职业教育的发展可以以"壬戌学制"的颁布为分界点，该学制颁布之前，南京临时政府仍然沿用晚清"实业教育"的称呼，但是在"壬子癸丑学制"中已经对实业教育进行了诸多改革。"壬戌学制"颁布后，"职业教育"正式替代了"实业教育"，并且总体而言，民国时期仍处于中国社会的动荡阶段，而此时的职业教育发展可谓一大亮点，尤其是私立职业学校的发展更为突出。

（一）民国时期私立职业教育的政策变迁

民国时期私立职业教育的发展是继承清朝末年提倡实业家创办实业学堂的传统而发展起来，由于清政府的财政匮乏，社会力量兴办的私立实业学堂的数量超过官办实业学堂的数量。在政策层面上，清政府没有对官办实业学堂和私立实业学堂进行区分，而是在"三段七级"学制之外设立独立的三级实业学堂体系，并选派生员出国留学和创设实业教员讲习所来解决实业教育师资短缺的问题，除此之外还采取奖励优秀高等实业学堂毕业生的做法，将毕业生的成绩与科举功名挂钩，保障毕业生的就业出路。由于清政府对实业学堂采取鼓励发展的政策，辛亥

---

① 陆费逵. 论人才教育、职业教育当与国民教育并重. 中华教育界，1914（1）：21-25.
② 贾丰臻. 实施职业教育之注意. 教育杂志，1917（3）：14-20.

革命之前全国职业学校达到254所，为民国时期职业教育的发展奠定了基础。

中华民国临时政府成立后，继续鼓励私人团体和社会力量发展职业教育，并且逐渐从政策上将公私立学校加以区分，1912年颁布《公、私立专门学校规程》，后教育部颁布《专门学校令》，其中第五条规定，凡私人或依本令之规定设立专门学校，为私立专门学校。1913年，教育部进一步颁布《实业学校令》，规定实业学校，以私人或私法人设立者，为私立实业学校。中华民国临时政府第一次从法律层面确立私立实业学校的合法性，为其发展提供了法律保障。同年8月，教育部颁布《实业学校规程》将实业学校划分为农业、工业、商业、商船四大类，并将各类实业学校分为甲、乙两种。甲种实业学校依省立为原则，分农业、工业、商业、商船四种，每种都分设预科及本科；预科1年毕业，本科3年毕业。乙种实业学校依县立为原则，但城镇、乡及私人亦可设立，同样划分为农业、工业、商业、商船四种，一般为3年毕业。由此可见，民国初期私立实业学校在法律上得以肯定的同时，对办学要求也提出了要求，主要集中于乙种实业学校的设立。

鉴于民初《壬子癸丑学制》存在的诸多问题，全国教育会联合会提出新学制草案，并在第七届年会上进行深入讨论，最终形成《学制系统草案》。新学制充分借鉴欧美国家的教育经验，尤其是美国的"新教育"理念，建立适应于当时中国社会的教育需求，其中最为引人注目的教育改革是废除原有的实业教育制度，建立符合于世界教育趋势的职业教育制度。1922年11月，北洋政府教育部正式以大总统黎元洪的名义颁布《学校系统改革草案》，即"壬戌学制"，官方正式规定将"实业学校"改为"职业学校"。新学制中对于职业教育的改革主要集中于两个问题："一是独立职业学校和专门学校；二是附设于高级小学、初中、高中的职业科以及大学的专修科。这样既注意了普通教育与职业教育的沟通，又加重了职业教育在教育体制中的比重。"[①]至此，在多方推动下，中国社会的职业教育体系最终成形并且具有合法性。在民国初年，私立职业学校并未在数量上有极大的增长，但是对社会的贡献显著，尤其是对女子职业教育影响极大。随着民主和平等的思想渐入人心，女子进入学校接受教育的机会不断增多，其中女子职业教育的发展是民国初期的一大亮点，私立女子职业学校则起到了重要作用。

1927年4月，南京国民政府成立，政局相对稳定，国民政府将职业教育摆到

---

① 曾燕. 民国时期私立职业学校述论. 西南大学学报（社会科学版），2009（2）：196-199.

一个突出的地位，不仅制定一系列促进职业教育发展的教育政策，也出台了一系列规范私立学校发展的法律制度，这一时期国民政府大力推动私立职业学校的发展，使之在学校的办学类别、层次以及办学数量上都有着长足的发展。1931—1945年，私立职业学校数从 77 所增长到 205 所，私立学校学生总数从年招生 14 026 人增长到年招生 29 328 人。[①]1928 年 5 月 28 日，南京国民政府召开第一次全国教育会议，此次会议不仅修正了《中华民国学校系统案》，更通过近十项有关职业教育发展的议案。1928 年 5 月 28 日，《第一次全国教育会议宣言》中再次申明对职业教育的基本政策："我们认为中小学教育，均应以培养生产技能为中心，惟各省区市县应于可能的范围内，单独设立特种职业学校，专授直接生产的技能。至于职业学校的设置，以适应地方需要及利用其环境为原则；注重实习，增加技能的熟练，并施行职业指导，为青年升学或择业的补助。"[②]此宣言奠定了职业教育发展的政策基础。

1928 年，南京国民政府颁布《私立学校条例》和《私立学校校董会条例》，次年教育部紧接着颁布《私立学校规程》，一系列相关私立教育的政策颁布与实施，有助于国民政府加强对私立教育的引导与规范管理，从私立学校应遵循的总原则、内部管理制度、开办标准以及停办规定等方面进行明确规定，此举有利于近代中国私立学校制度化发展。随之，南京国民政府于 1932 年和 1933 年分别颁布《职业学校法》和《职业学校规程》，从职业学校的入学资格与培养目标、科目设置、专门的师资、实习环节等提出了全方位的明确指导意见。民国时期，南京国民政府对私立职业学校的政令从无到有、从粗到细，最终形成有法可依，指导私立职业学校发展，在抗战时期，私立职业学校仍然持续发展，这与早期的政策制定有密切关系。

（二）中华职业教育社与私立职业教育的发展

1917 年 5 月，在钱永铭、黄炎培、蔡元培、陶行知等 48 位教育界和社会各界知名人士的推动下，中华职业教育社在上海正式成立，并确立"谋个性之发展，为个人谋生之准备，为个人服务社会之准备，为国家及世界增进生产力之准备"

① 曾燕. 民国时期私立职业学校述论. 西南大学学报（社会科学版），2009（2）：196-199.
② 谢长法. 中国职业教育史. 太原：山西教育出版社，2011：178.

为职业教育目的。中华职业教育社的成立是民国职业教育发展的里程碑，其创立之初就明确以倡导、研究和推行职业教育为职志，民国时期私立职业学校的发展与此关系密切。

中华职业教育社是以民间力量为主而成立的非政府组织，在经费来源上并未得到民国政府的财政资助，而更依赖于企业界的支持和捐款。从职教社的成员机构上看，金融界的宋汉章（1872—1968 年）、钱新之（1885—1958 年）、陈光甫（1881—1976 年），纺织界的穆藕初（1876—1943 年）、聂云台（1880—1953 年）、张謇（1853—1926 年），新闻界的史量才（1880—1934 年），机械界的刘柏生和南洋华侨陈嘉庚等都参与其中，他们不仅创办私立职业学校，而且为职教社捐款捐物。中华职业教育社创立之初就发表了《中华职业教育社宣言书》《中华职业教育社章程》两份纲领性文件。为实现"倡导、研究和推行职业教育"的创社愿景，中华职业教育社将事务划分为三类：第一类事务是宣传、研究职业教育以及调查与职业教育有关的社会状况。在这类事务中，教育界的学者是推广、研究职业教育的核心力量，而民族资本家起到了重要的经济支撑作用。创刊于1917 年的《教育与职业》杂志成为宣传、推广职业教育的重要阵地，各家观点对私立职业教育创办者是具有指导意义的，越来越多的民众也开始理解和认同职业教育观念。第二类事务是注重教育实践"举例示人"，试办职业指导所和实验农村改进。在众多教育实践基地中，中华职业学校由于办学质量突出成为民国私立职业学校的代表。除了中华职业学校之外，中华职业教育社还受委托代办职业学校，提供协助管理学校，据统计民国期间中华职业教育社代办了十四所私立职业学校和教育机构。第三类事务是在取得教育成效之后，进一步推广职业教育，扩大影响力。自 1926 年，中华职业教育社每年召开专家会议，邀请全国职业教育领域的资深专家就职业教育理论与实践发展方面进行讨论。对于其中存在的问题，专家们会进行研究并提出改进方案，呼吁政府改进。[①]除召开会议之外，中华职业教育社成员还进行了大量讲演，促进社会各界对职业教育的认识，提出"大职业教育主义"，进而推动职业教育和普通教育改革。

中华职业教育社作为近代中国社会第一个专门"倡导、研究和实践"职业教

---

① 米靖. 中国职业教育史研究. 上海：上海教育出版社，2009：194.

育的民间教育团队，在"大职业教育主义"理论指导下，从更广泛的视域研究和推广职业教育，其影响力在职业教育实践过程中与日俱增。其社员也从创社之初的 48 人，发展到 1927 年的 7215 人，并且组织结构也更加健全。在宣传研究西方职业教育经验的同时，中华职业教育社进行了大量国内调研活动，探讨职业教育理论的本土化，这不仅在制度层面上推动了"实业教育"向"职业教育"的转轨，也促进"大职业教育主义"教育思潮在民国时期广泛传播。在其职业教育实践中，其不仅积极创办和指导各类职业学校和培训机构，还大力倡导政府与民族资本家创办职业学校，尤其受委托代办职业学校，为推动私立职业学校的发展起到了极大作用，从而在民国时期中国职业教育史上具有异乎寻常的地位。

（三）民国时期私立职业学校的运行情况

辛亥革命后，民国政府教育部连续对各级各类学校进行改革，颁布了一系列教育制度，随后又推行壬子癸丑学制，形成了一个完整的学校系统。就职业教育而言，民国初期形成以公立实业学校为主体，私立实业学校为补充的职业教育体系，一批具有实力的实业家在经济相对发达地区举办适应于地方需求的实业学校，例如，张謇在南通开办了 20 余所实业学校，形成一个多层次、多学科的典型私立职业教育发展模式。在专业设置方面，私立实业学校办学更加灵活多样，它突破了传统公立实业学校主要开设农、工、商等大专业的限制，将专业设置与当地产业需求契合。随着国内各地工商业的发展和职业教育思潮的涌动，私立职业学校迎来快速发展的契机。中华职业教育社在 1926 年的统计显示，民国中等及以上职业学校中，私立职业学校数量已经达到 48%，[①]尤其私立女子职业学校数量超过公立女子职业学校的数量。

随着南京国民政府颁布一系列职业教育的政策，职业教育在 1927—1937 年得到快速发展，私立职业学校也随之发展起来，尤其在上海、广东和江苏等经济发达地区，私立职业学校的办学种类更多，这与沿江沿海地区对技术工人的需求有密切相关性。南京国民政府在鼓励私立职业学校发展的同时也加强了对私立学校的管理，私立职业学校除了必须遵守通行的教育法规之外，还必须遵守一系列专

---

① 王强. 民国职业教育史料汇编. 南京：凤凰出版社，2014：342.

门的私立学校法规，其管理趋于完善。随着高层次技术人员的需求，国民政府为办学优异的私立专科学校提供补助金，以鼓励其发展。

抗日战争全面爆发后，中国各级各类教育均受到战争影响。由于战争时期对技术人员的需求，国民政府于 1938 年颁布《推进九省农工职业教育计划》，各地纷纷响应国民政府号召。1936—1948 年，全国公私立专科学校共计 68 所，其中私立专科学校共计 26 所。[①]私立职业学校对一部分特殊专业人才的培养也起到了重要的作用，例如战争期间，国民政府教育部指定部分师资完备的职业学校培养急需的机械电机技术人员，其中指定的 12 所职业学校中，有 3 所是私立职业学校。需要水利科技术人员，指定的 5 所职业学校中有 1 所是私立职业学校。总体而言，在南京国民政府成立之后，私立职业学校逐渐从公办职业学校的补充转变为主要力量，在抗战期间，私立职业学校在特殊的环境中仍然得到发展。

三、民国时期私立职业教育的发展特点

民国时期的职业教育是在政局动乱、财政有限的特殊背景下发展起来的，历经从教育界到民众再到政府自下而上的推动过程，从力求学习西方经验的同时，不断探索适应本土发展，逐步实现职业教育制度化发展，成为民国时期教育发展的一个亮点。私立职业教育不仅是民国教育体系中不可或缺的组成部分，也在抗战时期起到重要的人才支撑作用，尤其在女子教育和满足地方产业对人才的特殊需求方面起到了重要贡献，总而言之，民国私立职业教育具有以下特点。

（一）民国私立职业教育办学主体多元化

较之清末的私人办学，民国时期的社会特征决定了办学主体更加多元化。在"职教救国"思想的号召下，民国时期诸多知识分子、工商界人士、各阶层的社会团体和仁人志士都参与创办私立职业学校，加之民国政府对私人办学采取积极鼓励的态度，职业教育思潮就此进入新的发展阶段。这些私立职业学校的办学者

---

① 刘时英. 民国时期私立职业学校发展研究. 华东师范大学硕士学位论文，2017.

极力构建适合当时中国社会需要的职业教育模式，不仅推动私立教育取得合法地位，更不断完善私立职业教育制度化发展。

民国时期，教育团体和知识分子积极参与创办私立职业学校，他们不仅注重将职业教育理论与实践相结合，更重视提炼办学特色，形成具有推广意义的职业教育理论。近代教育家陶行知、黄炎培和晏阳初等创立的乡村建设育才院（1940年）、中华工商专科学校（1943年）等，更是根据自己的教育理念将其作为农业职业教育的基地，培养乡村建设人才，树立"以讲求实用，为发展生产，发展民族经济服务"的范例。[①]清末时期和民国时期，工商界人士捐资助学或直接办学的传统蔚然成风，其中既有民族工商业发展的现实需求，也与民国政府的政策引导不无关系。基于民国政府教育财政预算空前拮据，且经常挪作他用，民国政府为支持职业教育发展，专门采用职业教育经费的分担机制和鼓励社会团体、个人捐资办学，通过颁布法令和嘉奖来鼓励私人办学。1929年，民国政府颁布《捐资兴学褒奖条例》根据捐资数量嘉奖捐资办学者；民国政府教育部于1936年颁布的《补助职业学校办法》和于1947年颁布的《拟定私立职业学校备案办理立案补充办法》都对私人兴办学校设立政策优惠和费用减免，对其校舍和实验设备予以打折。[②]工商业人士参与办学更注重产业特征和行业发展的需求，例如张謇、陈嘉庚、荣德生等在南通、福建和无锡等地创办各级各类私立职业学校，将培养职业技术人才与当地社会经济产业密切结合，突出私立职业学校的办学自主性优势。除了教育界人士和工商业人士外，民国其他社会团体和有识人士，也会代表一定的群体利益出力出资创办私立职业学校，例如中华职业教育社、上海商务总会、广东女界联合会和立信会计事务所等对民国时期私立职业学校的发展起到极大的推动作用，不仅将职业教育理论与社会实践相结合，还根据自身的实际需要调整职业教育目的。

民国时期私立职业学校办学主体的多元化是在特殊的社会环境中所造就的，众多仁人志士寄希望"实业救国""职教救国"的愿望，通过各自的方式不断优化职业技术人才的培养，带动地方经济与社会的发展。客观上，在社会动荡、财

---

① 屠良章. 中华工商专科学校. 上海文史资料选集第59辑，1987：447.

② 刘艳春. 民国时期职业教育经费政策研究. 南京邮电大学硕士学位论文，2018.

政竭蹶、民族产业萎靡不振的大背景下，私立职业学校发展困难重重，许多学校因为缺乏经费而停办，但是民国私立职业教育办学主体多元化这一特征还是为现代职业教育的发展提供了宝贵的经验。

（二）民国私立职业教育管理制度化

近代职业教育的发展是一个曲折前行的过程，从清末实业教育的引入、实业学校系统的形成，到西方职业教育思想的引入和职业教育理论中国化构建，再到职业教育制度的确立，各级各类职业学校的教育实践呈现波浪式发展。私立职业教育作为民国教育体系中一个重要组成部分，不仅具有一般职业学校的特点，而且其管理体制更具有时代特征，是从自下而上的自发行为到自上而下的制度化过程，也是不断探索的过程。

民国私立职业教育的制度化发展与民国时期两次学制改革有着密切联系，在壬子癸丑学制中，民国职业教育的发展路径选择是在美国模式和德国模式之间徘徊，最终是以综合两者之间的长处来确立职业教育与普通教育融合发展，同时鼓励各地方根据实际需要设立职业学校，并将私立教育亦纳入学制之中。民初独立的私立职业学校相对有限，除了特殊的社会环境之外，更主要是此时新学制更鼓励普通教育与职业教育的融合，私立职业学校发展空间受限。随着壬子癸丑学制的弊端逐渐显现，中华职业教育社着力提高职业教育体系的相对独立性，在壬戌学制中职业教育逐渐形成独立体系，私立职业学校也逐年增多。南京国民政府一方面对私立职业学校进行严格监管，颁布一系列有针对性的法令，促使其有序发展；另一方面，通过扶持和嘉奖鼓励社会力量创办私立职业学校，例如南京国民政府教育部于1947年颁布私立职业学校立案补充办法，以鼓励私人创办私立职业学校，补充各种紧缺的实业人才。

除外部环境制度化发展之外，在内部组织管理上，私立职业学校也吸取国外学校的管理经验，在私立职业学校实施董事会管理机制，这既可以为学校争取更多社会力量成为学校董事，以解决办学经费短缺问题，也可以避免有人利用学校营私舞弊，从而保障教育的纯粹性。虽然董事会管理制度对私立职业学校的发展起到了促进作用，但是办学资源受限是私立职业学校发展的主要瓶颈，使得私立职业学校的社会声誉受到影响。

（三）民国私立职业教育课程实用化

不同于公立职业学校开设专业和课程的趋同化，私立职业学校的专业设置和课程开设更为灵活，其办学通常能够反映办学所在地的社会发展需求，适应当地民族产业的发展趋势，也能够根据需求的变化及时进行调整。南京国民政府教育部颁布《职业学校各科课程表、教材大纲、设备概要汇编》（1934年）之前，私立职业学校各科课程都是由学校自行确定的，没有统一的课程标准。除了开设必要的普通学科之外，私立职业学校会根据实际情况开设具有地方特色的专业和课程。例如，筹建于1927年的私立广东统计学校，就是在国内最早开设统计学、商业簿记等课程的学校之一，旨在培养民国早期的统计专业人才；创建于1929年福建省莆田县的私立莆田职业学校根据当地产业需求，开设高级公路科、驾驶专修科等特色专业，将专业设置与地方社会需求紧密结合。

除课程实用化之外，私立职业学校较之公立职业学校具有更好的实习实训条件，可以安排学生到校董的企业中进行实训。根据《职业学校各科课程表、教材大纲、设备概要汇编》的要求，"凡职业学校每周教学四十到四十八学时，以职业学科占百分之三十；普通学科占百分之二十；实习占百分之五十为原则"[1]。私立职业学校通常会安排充分的实习时间以保证专业人才的技能养成，这也是私立职业学校的特色所在。

第三节　新中国民办职业教育的发展与变革

新中国成立后，在继承民国职业学校体系的基础上，为适应国家的工业化发展需求，政府极力推动中等职业教育发展。1949年12月，教育部召开的第一次全国教育工作会议就明确提出发展中等技术学校，以补充我国中级和初级技术人才的短缺，由此，大量中等专业学校和技工学校在全国范围内得以创办。1949—

---

① 曾燕. 民国时期私立职业学校述论. 西南大学学报（社会科学版），2009（2）：196-199.

1956年，我国对民国时期保留下来的私立学校、教会学校等进行全面改造，于是在20世纪50年代中期，私立职业学校已基本退出中国的历史舞台。直至改革开放，国家经济建设急需大量高层次职业技术人才，但既有的教育体制无法满足这种需求，民办高职教育于是在教育体制改革中逐渐成长起来。

一、民办高职教育的宏观政策演变

我国民办高职教育伴随着社会经济发展的要求而不断动态调整，政府出台了一系列政策法规为民办高职教育发展提供政策支持。总体而言，国家出台推动民办高职教育发展的政策法规可以划分为三个阶段。

（一）1978—1992年：民办高职教育恢复与探索期的政策变化

从新中国成立到党的十一届三中全会召开，国家职业教育政策重点发展中等职业技术学校，专科教育也有一定程度的发展，但无论是办学体制还是培养模式，都是按照普通高等教育的标准实施的，高职教育的特殊性难以得到充分体现。其间，国家受"左"倾政策和"文革"的影响，原有的职业教育体系遭到破坏，高职教育的发展戛然而止，并且办学主体较为单一。

1980年，根据邓小平同志的指示，国务院批转了教育部和原国家劳动总局《关于中等教育结构改革的报告》，开始对全国中等教育结构进行调整，重点是大力发展职业技术教育，促进高中阶段教育结构更加适应社会主义现代化建设的需要。改革开放初期，我国高层次技术人才资源短缺与经济社会发展需求之间形成矛盾，1980年，我国高等教育的毛入学率为1.2%，到1991年也仅上升至3.5%。[①]为了缓解这一矛盾，教育委员会批准建立无锡职业大学、江汉大学等13所职业大学，此举是我国高职教育发展的探索实践。值得注意的是，同年教育部、国家劳动总局颁布《关于中等教育结构改革的报告》，明确提出要根据发展生产和服务性行业的需要，广开学路，举办各种职业(技术)学校，这类学校除由各行各业举办外，

---

① 教育部发展规划司. 中国教育统计年鉴（2008）. 北京：人民教育出版社，2009：15.

集体和个人也可以办。这为集体和个人参与创办职业教育机构提供了政策支持，允许社会力量办学的举措影响深远。1982 年颁布的《中华人民共和国宪法》明确规定，"国家鼓励集体经济、国家企事业组织和其他社会力量依照法律规定举办各种教育事业"，为我国民办教育确立了合法地位。1982 年，第五届全国人民代表大会第五次会议提出，要试办一批花钱少、见效快、可收学费、学生尽可能走读、毕业生择优录用的专科学校和短期职业大学。同年，由聂真、张友渔等我国著名教育家创办的中华社会大学（2005 年更名为北京经贸职业学院）获北京市成人教育局批准成立，它是我国第一所集体所有制性质的民办高校，标志着我国民办高职教育进入恢复与探索发展阶段。此后，北京海淀走读大学、浙江树人大学、西安培华女子大学等民办高校陆续创办。

经过 1978 年之后的职业教育调整与政策引导，1985 年 5 月，《中共中央关于教育体制改革的决定》发布了我国职业教育体系的基本框架。该决定明确"调整中等教育结构，大力发展职业技术教育"的教育方针，并为职业教育体系构建提出指示，"发展职业技术教育要以中等职业技术教育为重点，发挥中等专业学校的骨干作用，同时积极发展高职技术院校……逐步建立起一个从初级到高级、行业配套、结构合理又能与普通教育相互沟通的职业技术教育体系"。在办学性质上贯彻落实宪法规定，提出"发展职业技术教育，要充分调动企事业单位和业务部门的积极性，并且鼓励集体、个人和其他社会力量办学"，"社会力量办学"得到国家政策上的肯定，并为市场力量介入民办高职教育提供了政策依据。该决定从宏观层面对民办高职教育提出一定的指示，随着配套教育政策的补充与实施，为新一轮民办高职教育确定了发展基调。1991 年，国务委员兼国家教委主任李铁映在全国职业教育工作会议上指出，"开展多种形式的锻体职业技术培训，要广泛发动和依靠各行各业、社会各种力量共同兴办职业教育，逐步形成多渠道、多层次、多形式的办学体制，采取灵活多样的办学方针"[①]。同年 10 月，国务院颁布《关于大力发展职业教育的决定》，提出"大家来办"的职业教育发展方针。

随着职业教育相关政策的不断完善，民办职业高等教育随之得到良好的发展契机，尤其 1992 年邓小平南方谈话之后，企事业单位和个人参与创办民办高等教

---

① 李继延. 中外职业教育体系建设与制度改革比较研究. 上海：复旦大学出版社，2014：319.

育的热潮掀起，仅 1992 年，北京就创建民办学校 500 余所，辽宁省筹办民办高等学校 11 所，全国各地设立民办高等学校 50 所以上。①在这一阶段，随着"社会力量办学"在各级各类指导职业教育发展的政策文件中出现，以及能够调动社会各界参与办学，解决经费短缺、师资不足、就业保障等关键问题的功能特性，民办高职教育逐渐突破制度障碍，但是接踵而至的问题是如何规范其发展。

（二）1992—2010 年：民办高职教育法治化的政策引导

党的十四届三中全会后，国内经济形势发生了重大变化，第二产业和第三产业的产值逐年上升，劳动力市场的需求也不断增大，高职教育的重要地位凸显。1993 年 2 月颁布的《中国教育改革和发展纲要》（简称《发展纲要》）中提出，职业技术教育是现代教育的重要组成部分，是工业化和生产社会化、现代化的重要支柱。各级政府要高度重视，统筹规划，贯彻积极发展的方针，充分调动各部门、企事业单位和社会各界的积极性，形成全社会兴办多形式、多层次职业技术教育的局面。②1993 年后，国家又先后颁布了一系列推动中国教育体制改革的重要政策，围绕提升地方政府教育管理自主权、深入推动社会力量办学和加强民办高等教育的制度保障等方面，推动高职法治化发展。

随着教育体制改革的深入，地方教育行政部门开始拥有更多教育管理权，可以根据自身的发展需求和经济条件发布地方教育政策，以引导辖区内教育的发展，其中包括民办高职教育。1994 年，《国务院关于〈中国教育改革和发展纲要〉的实施意见》明确提出"探索部门所属院校由各省、自治区、直辖市政府领导或实行中央部委和各省、自治区、直辖市政府之间多种形式的联合办学"，标志着中央逐步向地方下放教育行政管理权。自此，地方教育行政部门的自主权得以保障，各地纷纷创办省市级民办高职院校。除了地方政府教育管理自主权扩大外，国家发展职业教育的定位开始从中等职业教育转向高职教育。1994 年，李鹏总理在第二次全国教育工作会议中明确指出，"今后一段时期，适当扩大规模的重点是高

---

① 陈金秀. 民办高等职业教育管理体制研究——以山东省为例. 山东师范大学博士学位论文, 2014.
② 吴高岭. 高等职业教育多元化办学体制研究. 武汉：华中科技大学出版社, 2013：46.

等专科教育和高等职业教育"。①1995 年，国家教委专门成立高职教育协调小组，督办、协调、解决各地方发展高职教育过程中存在的各类问题。自此，我国高职教育在政策引导下进入快速发展期。

为保持中国职业教育发展的势头，国家陆续出台了一系列法规和规章。1996年，《中华人民共和国职业教育法》（简称《职业教育法》）明确职业教育的根本任务和办学体制，提出"国家鼓励事业组织、社会团体、其他社会组织及公民个人按照国家有关规定举办职业学校、职业培训机构"，从法律层面上再次明确社会力量办学的合法性，也为民办高职教育的发展提供了法律依据和合法性。1997年，国务院颁布《社会力量办学条例》，进一步规范和管理社会力量办学，采用"积极鼓励、大力支持、正确引导、加强管理"十六字方针，由此国家对社会力量办学不仅仅是鼓励和呼吁各界参与，更重要的是加强规范引导。1998 年颁布的《高等教育法》进一步明确了高职教育的法律地位、办学体制以及与普通高等教育之间的关系等。2003 年颁布的《民促法》替代《社会力量办学条例》，自此，政府将民办教育纳入我国法律体系进行法治化和规范化管理，而不是仅用单纯的行政管理来处理民办教育发展中的问题。2010 年，《教育规划纲要》中指出"建立健全政府主导、行业指导、企业参与的办学机制……鼓励行业组织、企业举办职业学校"，更进一步提出"积极探索营利性和非营利性民办学校分类管理"，"开展对营利性和非营利性民办学校分类管理试点"。

总之，党的十四届三中全会后，高职教育被充分重视，一系列教育体制改革措施促使地方政府与高校的办学自主权扩大，社会力量办学和制度保障得到进一步完善，民办高职教育已经发展成为高等教育体系中不可或缺的重要力量。我国逐渐形成"政府主导、依靠企业、充分发挥行业作用、社会力量积极参与、公办与民办共同发展"的多元办学格局和"在国务院领导下，分级管理、地方为主、政府统筹、社会参与"的管理体制。②

---

① 王浒. 发展高等职业教育需要政策支持. 中国职业技术教育，1995（3）：30-31.
② 吴霓，等. 中国民办教育发展报告. No.2.——民办高等职业教育. 北京：社会科学文献出版社，2019：70.

（三）2010 年至今：民办高职教育规范化发展期的政策支持

《教育规划纲要》颁布前，国家政策层面主要是进行职业教育法治化建设，明确职业教育的教育任务、管理体制和办学体制的宏观性和原则性的要求，但在具体操作层面仍缺乏统一、具体的标准和指导，其中包括民办职业高等教育的国家标准。2010 年后，国家关于职业教育的政策特征主要是，将宏观性和原则性的法规转化为可操作性的具体措施和规范职业教育体系建设。

2011 年，地方政府与中央各部委根据《教育规划纲要》的要求，围绕具体操作化问题发布一系列配套政策，以鼓励高职教育改革和深入发展。2012 年，《教育部关于鼓励和引导民间资金进入教育领域促进民办教育健康发展的实施意见》印发，在充分发挥民间资本推动教育事业发展、扩宽民间资本参与教育事业发展渠道、制定完善促进民办教育发展的政策、引导民办教育健康发展和健全民办教育管理与服务体系等方面做出明确指示，其中明确提出"鼓励发展民办职业教育，积极支持有特色、高水平、高质量民办高校发展"。2013 年，国家出台文件进一步强调现代职业教育体系建设的重要性并有针对性提出管理措施改革，《中共中央关于全面深化改革若干重大问题的决定》中提出"深入推进管办评分离，扩大省级政府教育统筹权和学校办学自主权，完善学校内部治理结构……健全政府补贴、政府购买服务、助学贷款、基金奖励、捐资激励等制度，鼓励社会力量兴办教育"。政府从"办"教育向"管理与服务"转变，强化科学评价机制建立，扩大学校办学自主权等具体措施推动高职教育更规范化地发展。

国家在强化民办高职院校规范管理的同时，也极力推动民办教育享有同公办教育同等的法律地位，创建公平竞争的制度环境。《现代职业教育体系建设规划（2014—2020 年）》再次强调，"建立政府、企业和其他社会力量共同发挥办学主体作用，公办和民办职业院校共同发展的职业教育办学体制……各类主体兴办的职业院校具有同等法律地位，依法公平、公开竞争"。2016 年，《中华人民共和国国民经济和社会发展第十三个五年规划纲要》中进一步提出，"建立分类管理、差异化扶持的政策体系，鼓励社会力量和民间资本提供多样化教育服务"，不仅对完善民办职业高等教育体系具有指导性意见，还对 2016 年修正的《民促法》

产生了影响。2019 年国务院印发的《国家职业教育改革实施方案》，对职业教育体系有重要影响，强调"经过 5—10 年左右时间，职业教育基本完成由政府举办为主向政府统筹管理、社会多元办学的格局转变，由追求规模扩张向提高质量转变，由参照普通教育办学模式向企业社会参与、专业特色鲜明的类型教育转变"，"支持和规范社会力量兴办职业教育培训，鼓励发展股份制、混合所有制等职业院校和各类职业培训机构。建立公开透明规范的民办职业教育准入、审批制度，探索民办职业教育负面清单制度，建立健全退出机制"。这一阶段我国颁布的一系列职业教育政策，是对法治化阶段相关政策的落实，也是应对新时期经济变化的调整，促进了高职教育规范化发展。

二、民办高职教育四大转变的概述

我国民办高职教育历经反复和曲折的发展过程，通过时间的积淀，无论在办学规模上还是在培养质量上，都力求满足民众对高职教育多样化和高质量的需求，承担着培养高素质技能型人才的重要任务，是我国国民教育体系不可或缺的组成部分。在新时代背景下，我国民办高职教育在各方面都发生着显著变化，从而改变着人民群众对民办高职教育的认识。

（一）民办高职教育从规模增长向内涵建设转变

1985 年，《中共中央关于教育体制改革的决定》颁布，肯定"社会力量办学"的合法性和政策基础，民办高职教育得以快速地恢复和发展，到 1996 年《职业教育法》实施，民办高职教育发展的外部环境呈现出国家大力推动、引导社会力量参与、民办高等教育规模快速扩张的特点。随着高职院校规模的快速增长，2010—2019 年，民办高职院校的数量虽有波动，但整体而言仍趋于平稳。2010—2019 年，民办高职院校的数量从 308 所增长到 325 所，其间最低点是 2015 年，降低到 306 所，最高点在 2018 年，增长到 330 所。因此，我国民办高职教育发展已经从规模扩张转向保持规模稳定和内涵发展并重。

1991 年发布的《国务院关于大力发展职业技术教育的决定》提出，职业教育要扩大招生规模，职业技术学校在加强德育和智育的同时，还要重视美育、体育和卫生教育，全面提高教育质量，即通常所说的走内涵式发展的道路。1993 年颁布的《发展纲要》提出，职业教育在政府统筹管理下，主要依靠行业、企事业单位、社会团体和公民个人举办，鼓励社会各方面联合举办。1999 年，国务院发布《中共中央、国务院关于深化教育改革，全面推进素质教育的决定》，指出要进一步解放思想、转变观念，积极鼓励和支持社会力量以多种形式办学，形成以政府办学为主体、公办学校和民办学校共同发展的格局。一系列政策密集出台，既是对我国职业教育发展经验的总结，也将市场机制引入职业教育的办学中，进而推动民办高职教育在招生、培养、课程、就业等方面的改革。

2010 年，我国高职教育发展明确"发展有质量的职业教育"和培养"高素质技能型人才"的目标，开展高职教育改革，确立教学标准化建设。2010 年，教育部印发《中等职业学校专业目录（2010 年修订）》；2011 年，教育部印发 18 个大类 410 个专业的《高等职业学校专业教学标准（试行）》，正式启动职业学校专业教学标准制定工作。[1]2019 年 1 月，国务院印发的《国家职业教育改革实施方案》中进一步提出"发挥标准在职业教育质量提升中的基础性作用。按照专业设置与产业需求对接、课程内容与职业标准对接、教学过程与生产过程对接的要求，完善中等、高等职业学校设置标准，规范职业院校设置；实施教师和校长专业标准，提升职业院校教学管理和教学实践能力"，持续推进校企全面深度合作是我国高职教育发展经验的继承，在工学结合、校企合作、半工半读等人才培养模式的基础上，现有政策更强调如何深入合作和科学扶持。该实施方案还提出"在开展国家产教融合建设试点基础上，建立产教融合型企业认证制度，对进入目录的产教融合型企业给予'金融+财政+土地+信用'的组合式激励，并按规定落实相关税收政策。试点企业兴办职业教育的投资符合条件的，可按投资额一定比例抵免该企业当年应缴教育费附加和地方教育附加。厚植企业承担职业教育责任的社会环境，推动职业院校和行业企业形成命运共同体"。

民办高职教育的内涵发展受多种因素影响，受国家政策导向的影响更为明显，

---

[1] 王继平. 中国教育改革大系·职业教育卷. 武汉：湖北教育出版社，2016：54.

从追求规模扩张转向追求质量提升，从推动中等职业教育转向推动高职教育发展，从政府办教育转向由社会力量推动高职教育，这些转变都推动着民办高职院校内涵式发展。

（二）民办高职教育管理从行政化干预向法治化建设转变

民办高职教育的治理经历了从行政化治理到法治建设的过程，法治建设也经历了从不健全到逐步完善的过程，通过相关方针政策和行政法规对民办高职教育的办学宗旨、发展方向、办学性质以及基本任务等原则问题进行明确规范。其中，方针政策和行政法规是构建民办高职教育法治的基础。

1996 年 9 月 1 日正式实施的《职业教育法》是我国第一部专门规范职业教育的教育大法，是我国职业教育法治建设的里程碑。它不仅为之后我国职业教育事业的改革和发展提供了强有力的法律保障，而且为各级政府和有关部门制定职业教育配套法规、规章提供了法律依据。[1]为了保障《职业教育法》的顺利实施，国务院、各部委以及地方政府从实际出发，相继颁布了一系列配套条例和实施办法。1998 年，国家教委、国家经贸委和劳动部联合印发《关于实施〈职业教育法〉加快发展职业教育的若干意见》；2004 年，《教育部等七部门关于进一步加强职业教育工作的若干意见》印发；2005 年 11 月，《国务院关于大力发展职业教育的决定》印发；2014 年，《现代职业教育体系建设规划（2014—2020 年）》和《国务院关于加快发展现代职业教育的决定》印发；2019 年，国务院印发《国家职业教育改革实施方案》。这一系列政策和文件构成了以《职业教育法》为核心的职业教育法制体系，使我国职业教育发展步入依法治教、依法办学的发展轨道。

1997 年，国务院颁布《社会力量办学条例》，规定"凡企事业组织、社会团体及其他社会组织和公民个人利用非国家财政性教育经费，面向社会举办学校及其他教育机构的活动，都在社会力量办学范围之内"。民办高职教育隶属于社会力量办学，因而不仅需要遵照职业教育法制体系，还需要符合民办教育法的条例。为了推动教育体制从政府办学向社会力量共同办学的转变，政府同样出台了一系列民办教育相关方针政策和行政法规。从最早的《社会力量办学条例》到《民促

---

① 王继平. 中国教育改革大系·职业教育卷. 武汉：湖北教育出版社，2016：89.

法》，再到 2016 年第二次修正的《民促法》，进而到 2018 年第三次修正的《民促法》和 2021 年 9 月正式施行的《民促法实施条例》，以及与之相关的配套政策和实施办法构成民办教育法制体系。

由于经济基础不同，各地方政府制定配套政策和实施办法时还不能很好地做到"执法必严"。随着民办职业教育的发展，原有的法治体系会出现很多新的问题，并面临新的挑战，因此，民办高职教育管理法治化建设是一个不断更新和完善的动态调整过程。

（三）民办高职教育从政府举办向社会力量参与多元办学转变

虽然在新中国成立初期社会力量办学退出了历史舞台，但是在改革开放后，国家鼓励社会力量参与教育发展事业，开放社会力量办学是一个复杂的渐进过程，所以国家并未一蹴而就地开放限制。1985 年，《中共中央关于教育体制改革的决定》首次提出将"社会力量办学"引入教育事业。1993 年，《发展纲要》明确提出，"充分调动各部门、企事业单位和社会各界的积极性，形成全社会兴办多种形式、多层次职业技术教育的局面"。1995 年，《职业教育法》进一步提出，"国家鼓励事业组织、社会团体、其他社会组织及公民个人按照国家有关规定举办职业学校、职业培训机构"，进而在法律层面肯定了"社会力量办学"的合法性，为民办高职教育发展奠定了基础。1998 年国务院机构改革之前，职业院校主要由行业部门和企业部门举办，社会力量办学极大地推动了职业教育工学合作、校企合作。机构改革后，职业院校的纽带被隔离，造成当时"政府主导、行业指导、企业参与的办学机制"得不到落实，"学历证书"与"资格证书"的不能互通。

虽然社会力量办学已经具备合法性和合理性，但仍然存在具体的操作规范问题。国家为了更好地发展社会力量办学，将其纳入国家法律体系加以规范。国务院于 1997 年颁布《社会力量办学条例》，提出"积极鼓励、大力支持、正确引导、加强管理"的方针。一方面，政府仍然对社会力量办学采取积极鼓励的态度，并从法律层面确定政府扶持的合法性，进而发展更多的社会资源参与到教育事业中；另一方面，政府通过行政法规来规范其发展。2003 年《民促法》的颁布，标志着国家开始进入民办教育法治化阶段，不再是单纯地对其进行行政手段干预。

随着改革的深入和法治化的推进，引导非财政性教育经费办教育需要政府在人力、物力、技术等方面提供多种保障政策的支持。2005 年颁布的《国务院关于大力发展职业教育的决定》提出，"加大对民办职业教育的支持力度，制定和完善民办学校建设用地、资金筹集的相关政策和措施"。2014 年颁布的《现代职业教育体系建设规划》中，对民办高职教育的扶持政策更加明确，提出"建立政府、企业和其他社会力量共同发挥办学主体作用，公办和民办职业院校共同发展和职业教育办学体制……各类主体兴办的职业院校具有同等法律地位，依法公平、公开竞争"①。以此政策为依据，民办高职院校可以在税收、国家奖助学金、中央财政专项等方面享有与公办职业院校同等的权利。

目前，为建设更加多元的办学格局，政府持续深化"放管服"改革，政府与社会力量分工更加明确。《国家职业教育改革实施方案》中明确提出"政府主要负责规划战略、制定政策、依法依规监管。发挥企业重要办学主体作用，鼓励有条件的企业特别是大企业举办高质量职业教育，各级人民政府可按规定给予适当支持"，并且提出"到 2020 年初步建成 300 个示范性职业教育集团（联盟），带动中小企业参与，尤其支持和规范社会力量兴办职业教育培训，鼓励发展股份制、混合所有制等职业院校和各类职业培训机构"。在监管方式上，除了"依法治教"之外，还采用了更为科学合理的第三方评估制度，这既符合国际惯例，也能够体现治理的专业性。《国家职业教育改革实施方案》中提出，"要按照在已成熟的品牌中遴选一批、在成长中的品牌中培育一批、在有需要但还没有建立项目的领域中规划一批的原则，以社会化机制公开招募并择优遴选培训评价组织，优先从制订过国家职业标准并完成标准教材编写，具有专家、师资团队、资金实力和 5 年以上优秀培训业绩的机构中选择"。我国实行的多元力量办学的格局就是高职教育不断改革发展的结果。随着新政策的实施，参与民办高职教育的社会力量必将日益增大。

（四）民办高职教育的人才培养多元化发展

职业教育在中国民众的观念中通常被视为"替代教育"，这不仅源于传统的

---

① 吴霓，等. 中国民办教育发展报告. No.2. ——民办高等职业教育. 北京：社会科学文献出版社，2019：72.

偏见，更因为长期以来多层次、多形式的现代职业教育体系建设有一定的滞后性，还不能满足人们对高质量职业教育的需要。虽然构建"职业技术教育体系"的政策可以追溯到 1985 年的《中共中央关于教育体制改革的决定》中，提出"逐步建立起一个从初级到高级、行业配套、结构合理又能与普通教育相互沟通的职业技术教育体系"。之后，一系列政策文件中也多次提及构建"职业教育体系"，但在职业教育的招生考试制度方面存在限制。《教育部、国家发展改革委关于下达 2006 年全国普通高等教育招生计划的通知》指出，高职院校对口招生规模不超过当年本省（区、市）中等职业学校应届毕业生的 5%。高职教育的学生也很难通过正规教育系统进入普通高等教育体系。[①]这不利于培养高层次技术技能人才。

随着现代职业教育体系建设的推进，各地方政府在国家政策的支持下陆续开展各种以中高职教育协调发展为核心的改革试点，其中较有代表性的是江苏省"文化基础+专业理论+专业技能"的免试对口考试升学制度，以及在上海、武汉等地进行的"中职、高职、应用技术本科"衔接模式试点等，为构建中高职业教育衔接、职业教育与其他教育相互融合提供了经验。2014 年，教育部发布的《现代职业教育体系建设规划（2014—2020 年）》提出，"到 2020 年，形成适应发展需求、产教深度融合、中职高职衔接、职业教育与普通教育相互沟通，体现终身教育理念，具有中国特色、世界水平的现代职业教育体系"。

概括而言，为完善职业教育体系的沟通衔接机制，国家采取了多种推进措施：一方面，完善"职教高考"制度，采用"文化素质+职业技能"的考试招生办法，优化中职与高职之间的衔接。以最早试点的山东省为例，到 2022 年，山东省计划将职教高考的本科招生计划由现有的 1 万名额增加到 7 万，并且仅针对中职职业学校的学生录取。另一方面，逐步推进本科层次职业院校试点工作。教育部于 2019 年颁布《国家职业教育改革实施方案》，同步公布全国 15 所试点"本科层次职业学校"。除此之外，国家将重点发展专业学位研究生培养模式，进而打通高层次技术技能人才培养渠道，形成中职教育、高职教育、应用型本科教育以及专业型研究生教育一体化培养模式，充分发挥职业教育培养体系的特色和优势。

---

① 王继平. 中国教育改革大系·职业教育卷. 武汉：湖北教育出版社，2016：89.

三、我国民办高职教育发展的影响因素

改革开放以来，我国民办高职教育发展几经沉浮，进入发展的快车道，市场化趋势日益成熟。民办高职教育在不同历史时期有着不同的发展特点，但整体而言，其发展与以下因素有密切关系。

（一）民办高职教育的发展与国家政策变化紧密相关

纵观我国民办高职教育发展过程，外部干预发展型特征尤为明显，即政府指令性文件引导民办高职教育发展。虽然现代职业教育发展已经从单纯依靠政府和行业部门的发展转向借助市场机制和社会力量办学体制，但是民办高职教育的发展与政府的政策引导和决策仍密切相关。

新中国成立初期，伴随全国第二轮院系高校调整，国内私立高等院校迅速被接管或转变办学性质，其中包括在民国时期形成的私立高等专科学校，私立高等教育暂退中国的历史舞台。党的十一届三中全会后，国内政治环境发生变化，高考制度恢复，最早的民办高校以提供教育补习和职业技能的形成自发出现，更类似校外补习机构和职业培训机构。1982年的《中华人民共和国宪法修正案》和1985年的《中共中央关于教育体制改革的决定》为民办高职教育的发展提供了法律和政策保障。针对民办教育市场依然存在混乱的现象，为推动政府监管制度，1987年，国家教委颁布《关于社会力量办学的若干暂行规定》，以规范教育市场。1992年后，国家出台了《发展纲要》等一系列教育体制改革的指导性文件，转变包办高职教育的传统做法，进一步推动社会力量办学，民办高职院校得以快速发展。随着《职业教育法》《民促法》的颁布以及对《民促法》的三次修正，我国政府进入民办高职教育法治化阶段。

我国民办高职院校发展的历史进程也是政府对民办教育认识与干预方式转变的过程，回顾我国政府出台相关民办教育政策的历史，其导向基本符合当时的实际需求，从限制到鼓励规范发展再到法治化阶段，政府干预方式也在不断完善，从直接干预转变为间接管理。虽然市场机制是民办高职教育发展的重要影响因素，但是市场调节需要政府通过资助、质量评估、信息披露等相关政策提供保证，使我国民办高职教育健康发展，这既符合我国实际，也符合国际惯例。

（二）民办高等教育发展与区域经济水平紧密相关

从民办高职院校的分布来看，其主要集中于我国东部和南部，西部和北部偏少，这与我国区域经济发展水平基本一致。根据 2020 年民办高职院校各省份分布情况，泛长江三角洲区域经济体和泛珠江三角洲区域经济体拥有的民办高职院校达到 43.8%，而陕甘宁青区域经济体和西部生态经济体仅分别有 9 所和 4 所。

经济体区域间民办职业高等院校除了数量上存在差异外，在财政拨款水平上也存在显著差异。《财政部 教育部关于建立完善以改革和绩效为导向的生均拨款制度加快发展现代高等职业教育的意见》指出，地方财政通过一般公共预算安排用于支持高职院校发展的经费。实际上，生均拨款是一种补贴形式。对全国各省生均财政拨款进行分析发现，最高的上海市与最低的四川省之间相差 3000 多元，这与区域经济发展水平有直接关系。

虽然民办高职院校在专业设置上趋向成本较低且招生稳定的专业（例如财经大类的专业、旅游类专业等），但是不同民办高职院校开设的专业具有一定的差异性。经济相对发达的区域为满足新兴产业的需求，其民办高职院校对制造大类专业和电子信息大类专业开设率更高。

（三）民办高职教育发展与民众认识观念紧密相关

我国民办高职教育几经沉浮，但相对于公办高等职业院校仍始终相对弱小，究其原因与民众对民办高职教育的认识有密切联系。民办高职教育兼具民办教育、高等教育和职业教育三种属性，同样面临民办教育与职业教育的发展困局。近年来，虽然我国涌现出一批具有办学特色的民办高职院校，但是在民众的观念中存在长久以来形成的不信任，他们仍然认为民办高等院校不如公办高职院校。

一种不信任是将高职院校定位为"替代选择"。我国民办教育在新中国成立后长期处于中断状态，直至 1992 年才得以长足发展，但是与普通高等教育相比，无论是办学层次还是生源质量都处于偏低水平，其生源大多是低分生源，学生掌握基础知识程度不高。近几年，国家大力发展公办高职院校，民办高职院校的生存空间面临挑战，招收不到好的生源成为其发展的瓶颈，因而民办高职院校被称为"替代选择"。

另一种不信任是在"重学轻术"的思想下对高职院校培养质量质疑。民办高职院校普遍存在专业设置与区域产业结构结合度偏低现象，加之专业同质现象严重，致使人才培养未能达到民众的期望。近年来，部分具有办学特色的民办高职院校为追求更大的发展空间和机遇，有强烈升级与转型的愿望，但是现有升级成功的民办职业院校规避职业教育向普通高校发展，易丢失原有的办学传统和特色，离真正意义上的应用技术型大学相距甚远。

第四节　中国民办职业院校分类管理的必由之路

2016 年修正的《民促法》，第一次在法律层面确立营利性民办教育的合法性，这意味着民办教育分类管理改革的国家顶层设计基本完成。民办高职院校分类管理有利于鼓励和规范社会力量办学，为不同类型的民办高职院校提供公平的政策环境，也为进一步完善各项配套政策和分类扶持措施提供了法律依据，因而我国民办高职院校分类管理既是我国依法治教的一项重大举措，也是民办高职教育发展的必然选择。纵观我国民办高职院校的发展历程，并非所有举办者都出于公益目的办学，不少举办者有营利的诉求。近 10 年，民办高职院校无论是在法律层面还是在社会舆论上，都存在营利性与公益性的冲突，究其原因，主要是我国政府长期以来并未明确对民办高职院校分类管理，而对社会力量投资办学的逐利性往往持否定态度，使得在法律层面上我国民办高职院校属于非营利性院校，实际上我国大多数民办高职院校仍然以投资办学为基本特征。一部分民办高职院校以注册教育集团的形式实现企业化经营，甚至在境外证券市场融资上市，而在办学性质上又高举非营利性的旗帜；另一部分非营利性民办高职院校办学中的市场化行为通常被视为营利性行为，这种矛盾在民办高职院校发展中屡见不鲜。因此，推进民办高职院校分类管理政策具有历史发展的必然性。

一、民办高职院校营利性与公益性的非矛盾性

从历史延续性角度来看，我国民办职业教育发展存在历史断裂性，并不是由清末私立实业教育发展而来的，而是党的十四届三中全会后作为公办职业教育的补充形式发展而来的。2016 年修正的《民促法》颁布之前，我国民办教育政策和教育法规制定都以"非营利"为大前提，例如《教育法》《高等教育法》《社会力量办学条例》等都明确提出"不得以营利为目的"，2003 年通过的《民促法》，采用"合理回报"来规避民办教育营利行为的合法性问题。虽然这些法律和政策并不是针对民办高职的，但是对民办高职院校同样具有约束力。

事实上，由于我国民办高职教育从一开始就是"投资办学"，作为资本的逐利性一直存在，伴随着我国民间资本介入教育市场更加深入，无论是举办者自身的营利性诉求还是教育行政部门规范民办教育的办学行为，都将推动民办教育分类管理，包括民办高职院校分类管理。《教育规划纲要》提出，"积极探索营利性和非营利性民办学校分类管理"，"开展对营利性和非营利性民办学校分类管理试点"。2013 年印发的《教育部关于鼓励和引导民间资金进入教育领域促进民办教育健康发展的实施意见》提出，"完善民办教育相关政策和制度，调动全社会参与教育的积极性，进一步激发民办教育体制机制上的优势和活力，满足人民群众多层次、多样化的教育需求，探索完善民办学校分类管理的制度、机制"。2014 年颁布的《国务院关于加快发展现代职业教育的决定》提出，"引导企业社会加大投入，制定积极政策，通过以奖代补、购买服务、金融支持等多种方式，鼓励行业、企业和社会筹措资金资源参与举办职业教育"。《教育部 2015 年工作要点》明确提出，"出台鼓励社会力量兴办教育的政策文件，召开全国民办教育工作会议，研究制订民办学校分类管理配套政策"。时至今日，无论是教育观念上，还是政策导向上，教育"非营利性"的传统已经被突破，但是民众对营利性民办教育认识上的观念障碍依然存在，这将影响分类管理政策的有效实施。

（一）民办高职院校的公益性

优化的高职教育资源供给结构应该是多维度、多样性、多组合的综合结构，

民办高职教育内部理应存在营利性与非营利性的划分与组合，这是一个长期而又普遍存在的问题。无论是非营利性民办高职院校还是营利性民办高职院校，都可以通过办教育实现其社会公益性。

其一，满足不同教育需求，提供多元的教育选择。现代化高职教育体系的重要特征就是能够满足不同家庭经济状况、地域、民族和文化程度受教育者的多元化需求。对于办学经费来源相对单一的民办高职院校而言，生源的学费收入和社会资金的支持是其发展的基础，其对社会和生源的需求更敏感，往往通过特色办学和宣传来吸引特定群体。受教育者的需求能够促进民办高职院校的特色发展和竞争力，美国著名经济学家弗里德曼（Milton Friedman，1912—2006 年）曾提出，只有使教育系统的大部分私营化，才能实现对教育的彻底重构，私立营利性机构才能提供更多样化的学习机会，并能形成与公立学校的有效竞争。[①]

其二，缓解政府财政压力，扩大受教育机会。近年来我国财政性教育经费支出逐年增加，仅 2019 年，中央财政教育支出就超过 1 万亿元。鼓励和引导社会力量举办或参与教育是我国教育政策中一个鲜明导向，一系列有关高职教育的政策中也有明确的条例。2019 年《国家职业教育改革实施方案》也提出，"发挥企业重要办学主体作用，鼓励有条件的企业特别是大企业举办高质量职业教育，各级人民政府可按规定给予适当支持"。由于民办高职院校主要依靠学费收入和社会资金来维持学校运转，政府对民办职业院校的生均投入远低于公办学校投入。"在政府对教育的财政投入和受教育者总数一定的情况下,民办教育在校生数量越多，公立学校的在校生将越少，公立学校生均教育经费将增加，教育质量可望得到提高。这显然是一种具有公益性的外部效应。"[②]

其三，推动公办高职院校改革，形成竞争机制。历经 40 余年的发展，民办高职院校从走规模扩张的外延式发展转向集团化办学的内涵式发展，不断形成自己的办学优势和特色，部分学校已经具备与公办学校相互竞争的能力。2015 年，《教育部关于深入推进职业教育集团化办学的意见》颁布，民办高职教育集团化办学成为促进民办高职院校与社会资源开放共享的重要举措，是内涵发展和质量提升的主要措施。根据《国家职业教育改革实施方案》的要求，2020 年初步建成 300

---

① 文东茅. 论民办教育公益性与可营利性的非矛盾性. 北京大学教育评论，2004（1）：43-48.
② 文东茅. 论民办教育公益性与可营利性的非矛盾性. 北京大学教育评论，2004（1）：43-48.

个示范性职业教育集团（联盟），带动中小企业参与。民办高职院校与公办高职院校的相互合作和竞争关系有利于推动高职教育体系更加具备国际竞争力和资源配置使用率，通过竞争机制可以提高公共教育资源在不同类型高职院校的合理分配，以实现资源分配的公平与效率原则。

（二）民办高职院校的盈利性与营利性

"营利"与"盈利"是一组经常被混淆使用的概念，实质上两词之间既有着联系也有着区别，也是进行民办高职院校分类管理需要首先明晰的核心概念。根据《现代汉语词典（第 7 版）》的注解，"营利"即"谋求利润"，强调的是通过企业单位或个人通过经营赚取利润的整个过程；"盈利"即"扣除成本后获得的利润"，强调的是企业单位或个人的收支结果。[①]经济行为产生的"盈利"对于任何企业或经营性组织都是重要的能力指标，对"盈利"的分配方式是区分营利性机构和非营利性机构的标准。《民促法》规定，"非营利性民办学校的举办者不得取得办学收益，学校的办学结余全部用于办学。营利性民办学校的举办者可以取得办学收益，学校的办学结余依照公司法等有关法律、行政法规的规定处理"。

民办高职院校由于不属于义务教育学校，所以应该实现盈利。1993 年国务院颁布《发展纲要》以来，中国非义务教育阶段的学校已经逐步实现由政府办学向多元办学的转变，非财政性教育经费占教育经费总投入的比例逐年增大，民办教育领域更是如此。但是，民办高职院校办学经费主要依靠学费收入来维持，缺少更多元的经费来源渠道，因而民办高职院校更需要"盈利"。从理论层面，民办高职院校是可以实现盈利的。从消费角度，教育消费属于非理性消费，以未来可能产生的收益为基础，消费者并不是简单地基于成本做出决定，学校的制定学费标准通常是办学成本加上可能的盈利。从学校运作角度，民办高职院校通常依附于公办学校的部分资源，例如办学场所、设备或师资，尤其是专兼职师资成本可以极大地降低办学成本，进而实现盈利。从政府资助角度，虽然我国还未全面落实民办高职院校生均经费，但是部分经济发达地区已经逐步落实，并且通过奖学金、学生助学贷款以及减免税收等形式间接扶持民办高职院校发展。因此，无论是公办高职院校还是民办高职院校都有盈利的可能，都具有盈利性。

---

① 中国社会科学院语言研究所词典编辑室. 现代汉语词典（7 版）. 北京：商务印书馆，2018：1572.

民办高职院校是我国改革开放的产物，其发展历史较短，还未形成类似西方社会捐资办学的传统，大多数带有投资办学的性质，因而民办高职院校带有营利性特征一直都存在。《民促法》颁布之前，营利性民办教育在法律层面一直处于明令禁止的状态，直至 2003 年颁布的《民促法》提出的"合理回报"替代《社会力量办学条例》中的"不得以营利为目的"，民办高职院校的举办者才可以从办学结余中取得合理回报。所谓"合理回报"是规避"不得以营利为目的"的限制，既没有承认营利性民办教育的法律地位，又为民办教育营利提供法律空间。实际上，此种方式不利于民办高职院校的发展，也不利于推动民办高职院校分类管理，进而难以实现差别化扶持，"捐资"办学得不到真正的政策支持。另外，一些投资办学的举办者打着"非营利性"的幌子从事"营利性"活动。《民促法》不仅承认民办教育存在营利性行为，更重要的是为民办教育内部分裂提供法律保障，有利于鼓励和引导民间资本正确进入教育领域，促进我国"捐资"办学健康发展。

（三）民办高职院校的营利性与公益性并存

正如前文所述，无论是民办高职院校还是公立高职院校都具备公益性和营利性。"营利性"是民办高职院校的办学属性，但并不能否定营利性民办高职院校的公益性特征，而"非营利性"也不能保证民办高职院校有效地实现公益性的社会效应，归根结底还是要看民办高职院校的办学质量和学生的学业成就，因此民办高职院校的营利性与公益性并非一对矛盾，两者之间的区别在于办学经费来源和办学结余分配方式。

从促进我国民办高职教育持续发展的角度，必须厘清民办高职院校公益性与营利性的关系。长期以来，学校教育能否营利、能否成为商品，是一个争论不休且直接影响政策决策的重要议题。经济主义影响尚未形成前，政策制定更关注教育的本质属性，即教育是根据一定社会需求培养人的过程，不应当成为商品而损害其公平性，教育的公益性与营利性是一组不可调和的矛盾，这样的观念一直影响着相关政策制定和民众的舆论导向。

我国教育领域往往存在"投资办学"和"捐资办学"相互混淆的问题，政策法规与实际操作也存在一定程度的缺位，即使《民促法》颁布后，民办学校分类管理制度落实仍然存在一些观念障碍。实际上，民办高职教育与市场、产业接轨更加密切，更可能模糊教育与市场之间的界限，民办高职教育的营利性与公益性并不是非此即彼的单项选择，而需要通过宏观政策设计和具体引导形成兼容并包的高职教育体系。

从营利性高职院校发展角度，政府可以通过制度杠杆和引导行业自律等方式调和民办高职院校营利性与公益性之间的矛盾。综观各国针对营利性私立高等教育的监管政策，并非一味否定其存在的价值，而是通过各种政策和机制引导其规范发展，并且设立各类竞争性资助项目引导营利性高等教育机构与公立高等教育机构竞争，从而促进其公益性发展。从规模上，无论是从国外经验还是从国内实际来看，营利性高职教育在整个教育体系中占比很小，但是拥有合法地位就意味着政府和民众对其公益性和营利性有了新的认识，对其集团化办学、教育融资和提升办学层次有重要意义。

二、营造民办高职院校发展的政策环境需要

构建现代化高职教育体系首先要营造公平科学的政策环境，不仅涉及公办高职院校与民办职院在竞争中的政策公平性，也涉及随着民办高职院校内部分化后形成营利性民办高职院校与非营利性民办高职院校的公平问题。2016 年修正的《民促法》颁布后，虽然在舆论层面对营利性民办学校具有合法地位仍存有争议，但是已经在法律层面确立营利性民办教育的合法性，这也为民办高职院校公平竞争创建了政策环境。公平的制度环境必须考虑不同类型高职院校的特性与需求，在科学研判的基础上提供与之相适应的政策，只有这样，才能在真正意义上建立现代化高职教育体系，简言之，即实行"分类管理、差别化扶持"的政策体系。

（一）有利于推动非营利性民办高职院校发展

纵观我国民办高职教育发展历史，民办高职院校一直是公办高职教育的补充力量，带有投资办学的性质，举办者具有投资回报的诉求，"营利性"是民办高职院校分类管理政策实施的关键。教育政策的价值取向和外部观念往往淡化和回避我国民办高职院校营利性的事实，导致非营利性民办高职院校和营利性民办高职院校"一刀切"的政策取向。2016 年《民促法》颁布后，部分地方政府由于缺

乏教育财政的投入而采取限制学费标准提供一定的经济或政策补偿，并不是完全将营利性民办高职教育视为市场行为。

营利性民办高职院校已成为客观事实，这既是民办教育体系内部分化的结果，也是民办高职教育市场化改革的产物。但是，"纵观各国私立教育的立法及行政规制现状，当今世界私立学校的主流仍然是公益性的，商业化、营利性学校目前还不为多数国家法律所许可"[1]。营利性民办教育是现阶段我国民办教育以投资办学为主这一特征的现实需要，但是就教育长远发展而言，营利性民办教育并不适合成为主流。"无论从教育的性质、民办学校的发展、公众的期待还是社会公共利益最大化来说，民办学校还是以定位于非营利组织或说是第三部门为宜。"[2]分类管理政策为非营利性民办高职院校的发展提供了有力的政策支持，不仅与公办学校一样享受同等的税收优惠，更可以得到政府补贴、基金奖励、捐资激励等扶持措施，具有吸引力的政策优势有利于推动非营利性民办高职院校发展，鼓励投资办学向捐资办学转变。

（二）有利于促进民办与公办高职院校竞争与合作

我国民办高职院校与公办高等院校之间的校级公平性还有所欠缺，还无法形成校级之间的良性竞争与合作。我国高职教育逐渐从政府办学转向多元化社会办学，但公办高职院校仍占主体优势，无论是社会公信力还是师资力量或是政府扶持力度，都远大于同类民办高职院校。民办高职院校在近30年的发展中也逐渐形成了自身的优势，如灵活高效的运行机制、多样化和特色化的办学形式以及区域集团化发展模式等。我国高职教育体系的发展需要公办高职院校与民办高职院校优势互补，但在实际运作层面还有待进一步加强。

营造公平的政策环境是促进民办与公办高职院校良性竞争与合作的基础，公平的政策保障并不是"一视同仁"的政策措施，而应能够考虑到不同类型民办高职院校的诉求和明确校级之间的差异性，为分类管理奠定基础。目前，公办高职院校与民办高职院校之间通常只存在临时而短暂的合作，缺乏真正意义上的长期而稳定的合作基础，其中一个重要原因就是分类管理政策的缺位，使得民办高职

① 董圣足. 民办学校分类管理的制度框架: 国际比较的视角. 教育发展研究, 2013 (9): 14-20.
② 周海涛, 等. 民办学校分类管理政策研究. 北京: 经济科学出版社, 2016: 94.

院校一直处于弱势地位，非营利性民办高职院校更是困难重重。

在我国高职教育新的历史发展阶段中，公办与民办高职院校必然形成既相互竞争，又相互合作的新格局。随着 2016 年修正的《民促法》及其配套政策的实施，公办高职教育与非营利性民办高职教育之间的界限越来越模糊，未来对学校办学性质的分类将从传统的"公办与民办"分类转向"营利性与非营利性"分类，为两类高职院校公平合作奠定基础。除此之外，政府还需要推动建立良好的合作协调机制，搭建高职教育产业信息服务平台，通过第三方设立教育投资基金，探索科学合理的混合所有制，并且促进教育界与所在区域产业界之间合作，建立高职教育集团化发展。

三、促进民办高职教育持续发展的现实需求

民办学校分类管理政策的实施可谓我国民办教育发展进入了一个新阶段。一方面，分类管理政策可以有效缓解民办教育的内部矛盾。在我国民办教育领域，举办者投资办学和捐资办学混杂、学校办学性质营利性与非营利性并存、体系内的乱象降低了民办高职院校的公信力和办学质量。另一方面，如果民办学校营利性与非营利性法律界定不清，就会影响社会力量参与办学的动机，尤其对捐资办学的举办者不利，部分民办学校的行为失范可能影响到整个民办教育领域的声誉。因此，"分类管理、分类登记、差别化扶持"是突破民办高职教育发展瓶颈的现实需求。

（一）民办高职院校内涵式发展的实际需要

经过 20 余年的发展，我国高职院校规模持续扩大，从 2000 年的 46 所发展到 2020 年的 1423 所，其中民办高职院校 340 所，高职教育体系取得外延式扩充的同时逐渐向内涵式发展转变，其中理清民办高职教育体系内部关系成为关注的焦点之一。内涵式发展的关键问题不仅涉及我国民办高职院校需要培养什么样的人才，即培养目标定位问题；更涉及由谁来培养的问题，即教育承担者的问题，这都需要明确民办高职院校内部的差异性，不同的举办者的办学诉求、办学条件和政府态度等会产生不同影响，因而分类管理是民办高职院校内涵发展的实际需要。

就民办高职院校招生规模而言，虽然其在我国高职教育体系中仍占少数（这也符合民办教育发展的常态），但每年仍然保持 10 余所的增长。在民办高职教育发展早期，政府注重推动外延式扩张，并提供整体的扶持政策，但随着民办高职教育的规模到达一定的程度以及社会力量参与办学程度越来越高，政府开始关注民办高职教育体系的分化与差异性，采取有针对性的政策措施，先后三次修正《民促法》，与之相关的政策法规也应运而生。

就民办高职院校招生对象而言，其生源不同于普通高校。目前，民办高职院校的培养对象逐渐形成多元化，应届毕业生仍是主要部分，产业技术人员接受再教育或培训的数量不断增长，因而民办高职院校从单一的职前教育向职前与职后教育并存方向发展。要实现多样培养目标，就要形成多层次、交互式的民办高职院校结构，就必须以分类管理政策的落实为前提。

（二）民办高职院校多样化办学的必然要求

我国民办高职教育体系已经具备多样化发展的态势：从纵向来看，民办高职院校将形成高职专科教育、高职本科教育和研究生层次职业教育；从横向来看，民办高职院校不仅提供学历教育，也提供非学历教育。值得注意的是，高职院校不是简单的学历教育，更重视职业技能教育，学历证书并不代表职业能力，应采用"学历证书+若干职业技能等级证书"制度（即"1+X"证书制度）。除了生源多元化和办学层次多样化之外，民办高职院校还存在办学主体多样化、办学经费来源多元化、校产归属多样性以及运作方式多样化等特征。根据我国民办高职教育的实际情况与发展趋势，政府部门应依据其多样性提供有针对性的政策措施，因而民办高职院校分类管理是选择的必然。

现行的民办学校分类管理政策具有四个明确的价值取向：提供营利性民办学校合法地位、鼓励民办教育非营利性发展、对不同类型的民办学校提供差别化扶持以及推动民办教育整体发展。从法律层面肯定营利性民办教育与非营利性民办教育共同发展是我国教育法律法规的一大变化，一方面，承认营利性民办教育的合法性并不是引导民办教育完全走向投资办学市场化，而是为了将其纳入有法可依的规范管理；另一方面，明确营利性民办学校的合法地位有利于鼓励和引导非营利民办学校的发展。虽然在特殊的历史时期投资办学有助于提高我国教育的普及率和扩大教育的受益面，但是就教育的内在价值和社会认可度而言，学校教育应以非营利性教育为主体，私立教育发达的西方社会也是如此。针对不同类型的民办学校，需要实施不同的政策举措，这既可以为民办学校提供有效的政策保障，也可以引导其有侧重地特色发展，最大限度地满足民办高职院校多元化发展需要。

（三）民办高职院校办学资源配置的最佳选择

民办高职教育分类管理是实现有效利用社会资源配置的最佳选择，是逐渐构建多元化公共财政资助制度的基础。随着民办高职教育在我国教育体系中的重要性日益凸显，其办学规模逐年扩大，政府对民办高职教育的资助力度也逐年加大，主要是通过政府补贴、政府购买服务、助学贷款以及各类奖励激励制度。除了政府资助之外，民办高职教育办学资源还来源于教育投融资体制，如集资办学、企业投资、股份制、混合所有制办学以及直接上市融资等。2017年上半年，以可变利益实体（VIE）架构曲线在香港H股上市的国内教育机构就达4家，其中3家为高等教育机构或具有高教业务板块的教育集团。[①]

优化办学资源配置就是要效率优先、兼顾公平，民办高职院校的多样性必然带来办学资源的多元化。就政府资助而言，现阶段政府不可能对所有民办高职院校采取一致的资助方式，而是将有限的资源首先保障非营利性民办高职院校的发展，发挥其教育的公益性，并体现政策的吸引力，从而引导更多投资办学向非营利性转制，但并不意味着政府对营利性高职院校就不进行资助和引导，而是通过间接方式进行，例如采取政府购买服务和特定的项目委托来引导其公益性发展。因而分类管理政策是确保民办高职院校办学资源配置优化的最佳选择。

就高职教育市场而言，分类管理制度并不是简单地实现民办高职院校内部的分化，而是对现有教育市场一次重大改革，民办高职院校是吸引社会资本和拉动内需的重要领域，越来越多可供选择的教育资源供给将带动民办高职院校的发展，社会资本的逐利性必将流向回报率更高的领域和院校，因而必然促进民办高职教育的办学活力。

---

① 董圣足，等. 从有益补充到共同发展——民办教育改革发展之路. 上海：华东师范大学出版社，2018：52.

第三章

美、英、澳三国私立高职教育分类
管理政策的比较借鉴

　　随着新自由主义思潮以及高等教育市场取向改革运动的兴起，不少国家出现以营利为目的的高等教育机构，甚至一些国家法律明确允许营利高等教育机构的存在，因而营利性私立高等教育的发展已经成为国际现象，所带来的问题和争议也具有一定的普遍性。自20世纪90年代，随着世界范围中学后教育（post-secondary education）需求的快速增长，现有的公共教育资源无法满足供给，因而推动许多国家的私立高等教育显著增加，一些早期仅提供非学历教育或职业培训的营利性教育机构也跻身于学历教育，甚至提供硕士研究生或博士研究生课程，这成为私立高等教育领域近20年发展的最大增长点，也加速私立高等教育领域的内部分化，这一变化的背后伴随着政府通过政策杠杆的引导和控制。

　　民办教育分类管理政策并非我国教育改革中的产物，西方私立教育发达国家中，营利性私立教育与非营利性私立教育早已并存，但是其关注度长期存在局限性，主要有两个方面的原因：一方面，营利性私立高职院校长期处于教育体系的边缘，并不被主流学校系统接纳，直至20世纪90年代，美国营利性私立高等教育集团开始与资本市场联姻，并在证券交易所有出色表现，才引起人们的关注，但是仍然被视为"新生"事物，所以学者对其关注不够；另一方面，无论是西方国家还是我国，长期以来都认为教育应该是公益性的，公共教育服务是一种社会福利，谈及教育的营利性大都是从批判、否定的视角，因此营利性私立高等教育机构往往难以找准自身的定位。但是，随着西方开始推行"大市场、小政府"理念，人们开始接受营利性私立学校，政府也以政策和财政杠杆来规范其发展。美国、英国、澳大利亚政府在激发行业企业参与职业教育办学和职业教育分类管理的做法具有借鉴价值和共性趋势，例如差别化扶持政策、政府购买服务制度以及第三方质量监督机制等。

第一节　美国私立高职教育的历史演进与政府分类管理特点

美国的教育体系中并没有"高等职业教育"这个专门称谓，而是用中学后阶段"生涯与技术教育"（CTE），主要由社区学院和营利性私立高等教育机构实施。生涯与技术教育是美国教育系统中的重要环节，主要是为青年或成年人提供就业准备和职业能力提升的教育系统。有学者统计，全美大约有 9400 所中等后教育机构提供技术课程，这些机构包括社区学院、技术学院、技能培训中心或其他公立或私立两年制或四年制学院。[①]美国私立高职教育体系已经形成多元目标的发展态势，横向脉络强调"以能力为基础的教育"（CBE），课程设置的出发点是职位需求而不是学位需求，面向的不仅是应届高中毕业生，还包括需要职业能力提升的在职人员，体现了高职教育的开放性和大众化；纵向脉络重视"长期职业生涯发展"，在社区学院、技术学院或综合性大学获得副学士学位、学士学位甚至更高的学位教育。

一、美国社区学院办学职能转变的历史沿革与政府监管特点分析

美国南北战争到第一次世界大战期间，美国高等教育改革沿着两个方面发展，一方面积极吸收德国高等教育的办学经验，建立和发展以科学研究和研究生教育为办学定位的研究型大学；另一方面通过《莫里尔法案》（Morrill Act）建立农工学院，开始从精英高等教育向大众化高等教育过渡，这两个方向的协调与撞击产生了独具美国特色的初级学院。1901 年，美国伊利诺伊州的乔利埃特公立高中校

---

① 姜大源. 当代世界职业教育发展趋势研究. 北京：电子工业出版社，2013：345.

长布朗（J. Stanley Brown）和芝加哥大学的第一任校长哈珀（William Rainey Harper）联合创办美国历史上第一所社区学院——乔利埃特初级学院（Joliet Junior College），自此，社区学院逐渐成为美国高等教育体系不可或缺的力量，美国原总统奥巴马（Barack Hussein Obama Ⅱ）将其誉为"美国教育体系中的无名英雄"。2020 年美国社区学院协会（AACC）的年度报告显示，2020 年美国有社区学院 1050 所，其中公立学院 942 所、私立学院 73 所、种族学院 35 所。①

（一）美国社区学院办学职能转变的历史沿革

根据美国社区学院发展的不同阶段，其办学目标与理念有着突出的继承性与复杂性，但是通过梳理可以探寻其演进的基本规律和发展趋势。

1. 19 世纪末至 20 世纪 30 年代：作为中学教育的延伸

19 世纪后半叶，美国大学主要集中于大中城市，当时有大部分地处偏远地区的中学毕业生不愿远离家乡或无法负担昂贵的大学学费，但他们希望获得继续深造的机会，有些中学为了迎合这种社会需求而开设了一些"中学后"教育课程，后来就逐渐发展成附设于中学的"初级学院部"（junior college department）。加之，在德国高等教育理念的影响下，美国早期的初级学院（junior college）和现代的社区学院（community college）在培养目标上有明显区别，并不以职业技能教育为导向，而是为了保证传统大学能够更加集中精力进行科学研究和高深学问的教学，因此在大学一、二年级成立初级学院进行通识教育或者进行某种专业化的训练，并授予副学士学位（associate degree），然后选择优秀者进入高年级接受更为专业化的教育。正如美国学者赫兰所述，"初级学院在教育领域中占有一个独特的地位，受到中学和大学的全权委托进行过渡性教育"②。20 世纪初，初级学院发展缓慢，1910 年，全美国仅有 3 所公立初级学院，到 1914 年发展为 14 所公立初级学院和 32 所私立初级学院。③虽然部分初级学院为适应各州经济发展的需

---

① American Association of Community College. 2020 Fact Sheet. https://www.aacc.nche.edu/research-trends/fast-facts/. (2020-03-16)[2022-03-28].

② Helland P C. Establishment of Public Junior and Community Colleges in Minnesota 1914-1983. Saint Paul, MN: Minnesota Community College System, 1987: 1.

③ Drury R L. Community colleges in America: A historical perspective. Virginia Community College System, 2003(8): 1-6.

求开设了职业课程，但是大多数初级学院仍然以通识教育为主，培养对象也主要是为了进一步完成学士学位教育。

随着 20 世纪 20 年代美国公共教育系统的扩展、成人对社区教育的需求扩大以及职业教育运动的发展，初级学院的数量有显著变化。有数据显示，1922 年，美国 37 个州设立了 70 所公立初级学院和 137 所私立初级学院，有 1 万余名学生注册初级学院，到 1930 年，初级学院发展到 440 所，注册学生超过 7 万名。[①]1920 年，联邦政府教育总署促成美国初级学院协会（AAJC）成立，并于次年召开第一次年会，后来 AAJC 逐渐发展成全国性的组织机构——美国社区学院协会。初级学院协会的领导人库斯（Leonard Koos）和伊尔斯（Walter Eells）为初级学院引入职业课程做出极大的贡献，库斯教授是美国学术界最早将"终端职业教育"（terminal vocational education）这一概念引入当时以学术导向为主的初级学院的，并将此概念称为"半专业化训练"（semi-professional training）；伊尔斯是创刊于 1930 年的《初级学院学报》第一任主编，该杂志是促进初级学院开设职业课程的主要论坛。在这一时期，虽然初级学院的数量和注册人数有显著增长，并且转向职业技能教育的思想已成熟，但是大部分学生还较为抵制技能培训，因为他们更希望通过社区学院进入本科学院获得学士学位，因此，这一时期可以称为"中学教育的延伸"或者初级学院转向职业课程导向的准备期。

2. 20 世纪 30—50 年代：向职业技能教育转型期

20 世纪 30 年代初，美国爆发严重的经济危机，致使失业人口总数达到 830 万，再加上这一时期高中毕业生显著增加，使得初级学院的注册学生激增。1929—1939 年美国经济最困难的十年间，初级学院的注册学生从 5.6 万人上升到 15 万人。[②]这一时期，无论是美国政府的政策导向还是普通民众的意愿，都要求高等教育机构更多地提供职业技能教育，加利福尼亚州、伊利诺伊州等地区甚至立法要求高等教育机构扩大职业培训。1932 年，卡耐基基金会发布的一份研究报告对确立初级学院在美国高等教育体系中的地位有着重要意义，该报告以加利福尼亚高等教育机构为研究对象，首次对各类高等教育机构进行分层定位，明确提出初级学院向

---

① Cohen A M, Brawer F B. The American Community College. San Francisco: Jossey-Bass, 2003: 13.

② Cohen A M, Brawer F B. The American Community College. San Francisco: Jossey-Bass, 2003: 40.

普通民众提供一般性教育和半职业或者职业培训。[①]

20 世纪 30 年代初期，初级学院协会的成员对初级学院的办学定位达成共识，"双轨课程"（two-track curriculum）的概念获得广泛认同，即一方面继续开设通识课程为学生获得学士学位教育做准备，另一方面开设职业技术课程为学生就业做准备。在此期间，部分初级学院积极地探索职业技能教育的培养模式，例如位于加利福尼亚州的帕萨迪纳初级学院（Pasadena Junior College）在哈巴萨（John W. Habeson）出任校长期间，设立了由当地企业人士组建的咨询委员会，并且与企业建立了密切的合作关系；洛杉矶的威廉·斯奈德初级学院（William Snyder Junior College）在开设职业技能课程之前专门对当地企业进行调研以确保职业教育的市场需求，并且在美国高校中率先尝试向毕业生提供职业安置方案。[②]

1944 年，美国国会通过《退伍军人权利法案》，该法案授权联邦政府资助退伍军人的学费与生活补助来帮助他们完成高等教育以适应新时期的产业要求。在该法案的实施下，有 220 多万名退伍军人（其中包括 6 万多名妇女和大约 7 万名非裔美国人）接受联邦政府的资助，从而突破了美国民众接受高等教育的经济和社会阻碍，进一步推动初级学院发展职业技术教育。1947 年，美国第 33 任总统杜鲁门（Harry S. Truman）要求总统民权委员会进行研究报告（即《为了美国民主的高等教育》），报告呼吁美国建立以社区为基础的公共社区学院体系，采取少收学费甚至不收学费的方式来实现美国高等教育大规模扩张，从而服务于当地经济发展，总统民权委员会还提供了一个全面的课程体系，其中大部分是职业技术课程。该报告中使用了"社区学院"这一名称，此后初级学院纷纷开始更名，将美国社区学院带入一个新的历史发展阶段，同时其办学定位再次发生转变。

3. 20 世纪 50—70 年代：从初级学院转向社区学院

《为了美国民主的高等教育》出现"社区学院"这一名称，不仅意味着美国初级学院开始更名为社区学院，还代表着历经近半个世纪的发展，美国初级学院的办学定位开始从单一的、为学生提供更高层次的转学而进行的预备教育，转向更多元化的办学目标，以服务社区文化、经济和教育的要求为其发展核心。20 世

---

① Johnson W R, Brint S, Karabel J. The Diverted Dream: Community Colleges and the Promise of Educational Opportunity in America, 1900-1985. New York: Oxford University Press, 1989: 19.

② Drury R L. Community colleges in America: A historical perspective. Virginia Community College System, 2003(8): 1-6.

纪 50—70 年代，美国社区学院呈现倍数增长，到 60 年代公立社区学院发展到 457 所，而到 70 年代已经增长到 847 所。①

这一时期，美国社区学院能够快速发展是受益于两个方面的协力推动：一方面受益于美国联邦政府的政策导向，《为了美国民主的高等教育》肯定了社区学院在高等教育体系中的地位，并将其视为实现高等教育民主化和扩大高等教育机会的重要布局，1963 年美国联邦政府连续颁布了《高等教育设施法》（HEFA）和《职业教育法》为社区学院的发展提供了资金保障；另一方面得益于充足的生源保障，20 世纪 60 年代美国恰逢高等教育入学适龄人口激增，加之朝鲜战争和越南战争的退伍军人接受《退伍军人权利法案》的资助完成高等教育，这些都为社区学院的发展提供了充足的生源保障。此外，社区学院自身办学理念的调整为发展提供了内部动力。

博格（Jesse P. Bogue）和格利泽（Edmund J. Gleazer）被誉为这一时期美国社区学院协会发展的领军人物，他们在任期间，社区学院协会会员超过 500 所，协会的预算呈倍数增长。②1950 年，博格的专著《社区学院》成为这一时期初级学院转型的指导思想，也象征着两年制综合性社区学院开始代替传统的初级学院。在格利泽继任社区学院协会领导期间，他促成协会与许多大型企业建立密切合作，为社区学院的发展争取了大量的外部资源，其中最值得一提的是获得凯洛格基金会的捐赠。1960—1974 年，凯洛格基金会总共捐赠 438 万美元用于在 10 所知名大学建立培训中心，以培养社区学院管理者的领导能力，共有 485 人接受了培训课程。③该课程常常结合社区学院发展的前沿问题，不仅有利于促进初级学院的转型发展，更重要的是在 1968 年促成了社区学院创新联盟成立，为社区学院进一步向综合性社区学院发展奠定了基础。

4. 20 世纪 70—90 年代：向综合性社区学院迈进

20 世纪 60 年代末，作为一种减少高校招生歧视和促进弱势群体接受高等教育，开放式入学（open admission）被大力推广，纽约市立大学最早开始使用这种

---

①　Cohen A M, Brawer F B. The American Community College. San Francisco: Jossey-Bass, 2003: 13.

②　Geller H A. A Brief History of Community Colleges and a Personal View of Some Issues. George Mason University, 2001: 7.

③　Vaughan G B. The Community College in America: A Short History. Washington, DC: American Association of Community and Junior Colleges, 1985: 16.

招生方式。1974年4月，在美国社区学院协会主席格利泽推动下，协会成员在瓦伦西亚社区学院召开了"超越打开的门：开放式大学"（Beyond the Open Door：The Open College）的讨论会，自此美国社区学院广泛采用开放式入学的招生方式，这也成为美国社区学院发展的最大特点之一。20世纪70—80年代，美国社区学院招生快速增长，学生人数从160万增长到450万。①根据社区学院的招生政策，大量出身于低收入家庭、少数民族家庭和女性学生进入社区学院，为美国高等教育民主化进程做出了重大贡献。

20世纪80年代，美国社区学院协会提出"机遇超凡"的口号，即无论是通识教育还是职业教育，都向学生提供高质量的教育水平和最好的课程。实际上，在这个时期社区学院已经成为美国最主要的高职院校，为学员提供专业化的职业教育，为企业提供定制培训，设置高职导向的课程，虽然以升学为目的的学生占比仍然很大，但是每年能够顺利转学到四年制大学的比例呈下降趋势。1988年，美国社区学院协会发布《构建社区：新世纪的愿景》（Building Communities：A Vision for a New Century）的报告，该报告对"社区"这一术语进行了重新界定，认为社区不仅是对地理位置的划分，更应体现一种学习氛围，社区学院在未来发展中应建立更明确的社区意识，与区域内的其他机构建立伙伴关系，向民众开放现有教育设施。与此同时，社区学院与四年制大学进一步加强联系，开始承担补习教育（remedial education）的职责，为帮助大学新生更顺利地完成大学课程而提供基本的计算、写作和阅读等课程。②另外，受次贷危机的影响，联邦政府和美国各州政府开始削减每年社区学院的教育预算，致使社区学院在次贷危机后的十年里，收费价格保持在平均每年2.6%的增长速度。2015—2016学年，社区学院的平均收费为每人每年3435美元，这个收费价格是公立四年制高等院校收费价格的37%，是私立非营利性高等院校的11%。③虽然相较于其他类型的高等教育机构，美国社区学院的学杂费标准仍然最低，但是学费价格持续上升无疑是对美国一贯信奉"高等教育入学机会均等"理念的巨大挑战。除此之外，社区学院的教育质

① Drury R L. Community colleges in America: A historical perspective. Virginia Community College System, 2003(8): 1-6.

② Hussar W J, Bailey T M. Projections of Education Statistics to 2018 (Thirty-Seventh Edition). National Center for Education Statistics. 2009: 55.

③ Ma J. Trends in community colleges: Enrollment, prices, student debt, and completion. College Board Research, 2015(10): 1-23.

量也是饱受争议的焦点，美国社区学院协会的一项调查显示，在社区学院就读的学生中有60%的学生是以获得学位或职业证书为目标，只有28%的学生在3年内顺利毕业并获得副学士学位，有45%的学生在6年内仍然没有完成学业，这一比例高于同类型四年制高等院校150%。①并且，随着美国企业信息化和产业效能的提升，其就业结构不断发生变化，社区学院的教育供给出现滞后现象。

基于20世纪90年代以来美国社区学院所面临的发展瓶颈，加之以美国政府为首的发达国家在金融危机之后推行"再工业化"战略对技能型人才的需求，奥巴马政府执政以来出台了一系列扶持政策，以引导社区学院的变革。一方面，促进美国社区学院重视生涯与技术教育的办学定位，以项目资助促进校企建立合作伙伴关系。20世纪90年代以来，美国社区学院按照综合性发展路径进行多元的办学定位，逐渐弱化其职业教育的核心地位，致使"技能危机"（skill crisis）成为美国产业界普遍关注的问题而对社区学院的办学定位质疑。2012年4月，美国社区学院协会发布《重塑美国梦：21世纪委员会关于社区学院未来的报告》，其核心内容之一就是重塑社区学院的定位，即满足多元化的培养目标，同时重新聚焦与劳动力市场需求相协调的职业技能教育。另一方面，提升社区学院的办学定位，发展学士学位教育，以满足高层次技能型人才的需求。美国"再工业化"战略并不是简单地回归传统制造业，而是构造技术创新的制造业推动机制，这要求现代制造业、技能型人才和职业教育在产业经济日益知识化的过程中形成共同体。美国社区学院发展学士学位教育并不是要与专业学科教育和传统高等教育机构竞争，而是为了满足新经济模式下对高技能劳动力的需求。2014年，美国50个州中已有23个州允许社区学院授予学士学位，在1123所社区学院中有65所已经开始提供学士学位教育，这一趋势在全美范围蔓延。②除此之外，美国政府大力推进社区学院免费化，以吸引优秀生源就读社区学院。2014年，美国田纳西州州长哈斯勒姆（Bill Haslam）推行《田纳西承诺》和芝加哥市市长伊曼纽尔（Rahm Emanuel）实施免除社区学院学费计划，两位美国地区领导人都在努力推行免费社区学院，并且效果斐然。受其影响，美国总统奥巴马也积极推动《社区学院承诺计划》，

---

① Center for Community College Student Engagement. The Heart of Student Success: Teaching, Learning and College Completion. The University of Texas at Austin, Community College Leadership Program, 2010: 27.

② American Association of Community College. Community Colleges Expanded Role into Awarding Bachelor's Degree. Education Commission of the States, 2015.

声称两年制社区学院将向符合条件的学生免除学费，帮助他们获得副学士学位和必要的劳动技能。在奥巴马政府的推动下，美国社区学院在办学定位、办学模式以及资助方式上的改革力度较大，这意味着社区学院新一轮变革随之展开，并拟定了社区学院未来发展的方向。

（二）美国社区学院面临的发展瓶颈

纵观美国社区学院的发展历史，从首次招生仅有 6 名学生的初级学院发展到 2020 年在美国高等教育生源市场占据 46% 的综合性社区学院，其发展过程中不断面临着各种机遇与挑战，培育出强烈的危机意识不断调整办学目标与理念以适应美国社会发展的需要。在金融危机的冲击下，以美国为代表的发达国家先后出台"再工业化"的扶持政策以寻求重振实体经济，这意味着在未来的国际竞争中，技能型人才将成为影响国家竞争力的关键因素。事实上，中高端制造业的回流为美国社区学院的发展提供了一次难得的机遇，也是巨大的挑战。

1. 美国社区学院的教育质量饱受质疑

自 1974 年 4 月，美国社区学院广泛采用"开放式入学"的招生方式，但是随着社区学院的发展，生源质量成为制约其发展的主要因素之一。AACC 的统计数据显示，2014 年美国社区学院秋季总共招收大约 730 万学生，全日制学生仅约 280 万人，非全日制学生约 450 万人，其中少数民族生源占 51%，第一代大学生占 36%，低收入家庭（家庭年均收入低于 2.5 万美元）的学生占 44%，年龄超过 24 岁的学生占 50.3%。[①]大部分社区学院学生（包括应届高中毕业生）需要参加补习教育课程来提升阅读能力、计算能力和写作能力，并且整体学习能力也较欠缺。美国社区学院学生参与中心（CCCSE）于 2010 年发布《学生成功的核心：教学、学习和大学完成》，该报告反映的社区学院教育质量令人担忧。数据显示，37% 的全日制社区学院学生每周仅用不到 5 小时复习上课所学内容；69% 的学生在上课之前没有预习的习惯。[②]

---

① American Association of Community College. 2016 Fact Sheet. https://www.aacc.nche.edu/AboutCC/Documents/AACCFactSheetsR2.pdf. (2016-11-16)[2022-03-28] .

② Center for Community College Student Engagement. The Heart of Student Success: Teaching, Learning and College Completion. The University of Texas at Austin, Community College Leadership Program, 2010: 27.

随着民众对美国社区学院教育质量的关注，社区学院学生的学业成就成为一项重要指标，其中包括就业率和收入等，但是这些指标难以跟踪，于是大学完成率成为衡量社区学院学业成就的核心指标。美国社区学院协会的一项调查显示，社区学院学生中有60%以获得学位或职业证书为目标，但是只有28%的学生在3年内顺利毕业并获得副学士学位，有45%的学生在6年内仍然没有完成学业，这一比例高于同类型四年制高等院校150%。①另外，值得关注的现象，美国低收入家庭的学生选择社区学院的跟踪调查显示，这类弱势群体顺利完成学业，或升入更高层次就读的学生比例则更低。大部分学生花数年的时间既不能完成学业，还要背负沉重的助学贷款，这无疑是对美国一贯信奉"高等教育入学机会均等"理念的巨大挑战。

除此之外，虽然美国社区学院通过学分互认和转移系统实现普职融合，学生通过学分互认和转移系统可以实现普通教育与职业教育的衔接，获得职业技能的同时也有机会继续深造获得更高的专业学位，但是能够顺利获得学士学位的学生占比却不容乐观。美国社区学院学生参与中心的一项跟踪调查数据显示，虽然81%的社区学院学生表示希望获得学士学位或更高学位，但是其中只有33%的学生成功转移到四年制高等院校，而这部分学生中有42%的学生在6年内获得学士学位，换言之，只有不到14%的社区学院的学生在6年内成功获得学士学位。②

2. 美国社区学院的招生面临挑战

2000—2010年，美国的社区学院和营利性高等教育机构的招生都得到迅速增长，美国国家教育统计中心（NCES）发布的调查数据显示，社区学院在此期间招生人数从270万增加到790万，其中全日制入学人数从200万增加至330万，生源市场占有率增长4%。但是，营利性高等教育机构招生的增长速度更加显著。1998—2008年，美国营利性高等教育机构的录取总人数增长了27.1%（年增长率14%），接近2000万，而美国大学整体录取的总人数只增长了32%（年增长率

---

① Ma J. Trends in community colleges: Enrollment, prices, student debt, and completion. College Board Research, 2015(10): 1-23.

② Jenkins D. New Measures of Institutional and State Effectiveness in Helping Community College Students Attain Bachelor's Degrees. Community College Research Center, 2016: 6.

2.8%），营利性高等教育机构所占据的高等教育市场份额从 2.7%增长到 7.6%。[①]自 2010 年，美国社区学院的招生呈持续下降趋势，根据全美学生交流中心的最新统计报告，与 2011 年社区学院秋季招生总人数相比，2012 年招生总人数减少了3.9%，2013 年招生总人数又减少了 3.1%，2014 年更是经历了近年来最大跌幅，比 2013 年招生总人数减少了 6.9%，2015 年社区学院的招生下降趋势有所缓解，但是仍然减少了 2.4%。[②]

与美国社区学院招生人数呈下降趋势相对应，美国联邦政府和州政府对社区学院的财政拨款也持续下降，社区学院的学杂费则呈持续攀升趋势。正如密苏里堪萨斯大学杜鲁门公共事务学院的柯戴尔（Cory Koedel）教授所言，"当人们在权衡高等教育选择时，学费和获得就业机会是最为重要的影响因素，社区学院应该获得更多的政府财政支持以发挥更大的作用"[③]。另外，由于社区学院招收对象的特殊性，2015—2016 学年，社区学院的平均收费为 3435 美元，是公立四年制高等院校收费的 37%，是私立非营利性高等院校的 11%。[④]对比而言，社区学院的收费价格并不算高，但是在 2000—2010 年，社区学院的收费保持在平均年龄超过 24 岁的学生占 50.3%；经济独立的学生占 59%，学费开支只占其年度预算的20%，而生活成本对大多数学生来说是一个重要问题。

美国教育部的统计数据显示，社区学院对美国联邦政府和州政府的财政拨款的依赖性极强。有研究发现，2000—2001 学年，美国联邦政府和州政府对社区学院的财政拨款所占比例是社区学院办学经费来源的 62%，2011—2012 学年，社区学院的办学经费来源中，美国联邦教育拨款占 38%，各州政府教育拨款占 12%，总占比降到 50%。社区学院办学经费不足，于是选择把这种经济压力转嫁到学生学费，而学生通过联邦助学贷款和其他机构助学贷款来完成学业，毕业后背负沉重的还贷压力，一旦无法顺利完成学业，后果将不堪设想，这是学生权衡高等教育选择的重要影响因素。

---

① Hussar W J, Bailey T M. Projections of Education Statistics to 2018 (Thirty-Seventh Edition). National Center for Education Statistics, 2009: 55.

② Juszkiewicz J. Trends in Community College: Enrollment and Completion Data, 2016. Washington, DC: American Association of Community Colleges, 2016: 3.

③ Hurst N. Community college and for-profit college graduates earn same hiring interest from employers. Journal of Policy Analysis and Management, 2015(24): 30.

④ Ma J. Trends in community colleges: Enrollment, prices, student debt, and completion. College Board Research, 2015(10): 1-23.

3. 美国社区学院的教育供给与市场需求错位

纵观美国高职教育的发展历程，产业结构的变化必然导致美国高职教育的社会化功能不断调整，从最早的赠地学院满足工农业发展的需求，到初级学院帮助美国进行社会分流，再到社区学院服务于区域经济发展的需要，高职教育与现代产业之间保持着一种协同发展、互动促进的关系。随着美国企业信息化和产业效能的提升，其就业结构不断发生变化，但社区学院的教育供给出现了滞后现象。2011 年，伊曼纽尔（Rahm Emanuel）当选芝加哥市市长后了解到，在未来 10 年，芝加哥市的区域企业将提供 20 多万个新的就业机会，但芝加哥市的社区学院毕业生只有不到 30%能够有资格获得这些就业机会，在部分具体领域中又出现供大于求的现象，例如医疗健康类职业的人才供给率达到 125%。

在美国社区学院发展成为综合性社区学院的过程中，没有较好地平衡其多元培养目标，缺乏一致的机构使命就会导致教育供给与市场需求错位。自 1988 年美国社区学院协会发布题为《构建社区：新世纪的愿景》（Building Communities：A Vision for a New Century）的报告后，各社区学院进一步发展多元的培养目标，大多数社区学院提供补习教育、职业技术教育、升学准备教育以及少量的学士学位课程等。在社区学院多元的培养目标中，升学准备教育通常被视为帮助学生获得成功的主要途径，而职业教育仍然被视为"二流教育"，社区学院为迎合生源市场的这种需求必然削弱职业教育课程的占比。另外，虽然美国社区学院有着保持与区域企业合作办学的传统，但是区域企业参与社区学院办学缺乏有效的政策激励，仅靠外部推动和宏观指导难以维持区域企业深度参与社区学院教育。这必然使得两者之间的联系与合作处于低层次、无序的状态，区域企业的指导作用根本难以发挥，社区学院的教育供给与市场需求错位难以避免。

（三）美国社区学院的新变革与转型

基于 20 世纪 90 年代以来美国社区学院所面临的发展瓶颈，加之美国政府和民众对社区学院期望与需求的多样化，美国社区学院新一轮变革将通过以下三个方面来实现转型发展，这必将给社区学院的培养体系和办学模式带来巨大变革。

1. 重视生涯与技术教育：以项目资助促进校企建立合作伙伴关系

较之传统的高等教育机构，社区学院受劳动力市场变化的影响更为明显，这体现在部分社区学院不断调整课程来更准确地满足当地经济的需要，培养更为专业化和技能化的应用型人才，例如位于密歇根州的马科姆社区学院就根据该州的失业人口中大多数具有从事汽车行业的工作经历来重新界定他们的技能，从而更精准地提供培训服务来提升学生的职业能力。随着技术革命的加速和全球竞争的加剧，全美制造业者协会（NAM）发布的第三版《"技能鸿沟"调查报告》，对美国制造业的应用型人才缺失问题进行了深入研究，得出未来 10 年美国应用型人才难以满足产业界发展需求这一结论，"技能危机"（skills crisis）引起社区学院对生涯与技术教育的高度重视。

美国总统奥巴马在竞选期间就提出《社区学院合作计划》，该计划由联邦政府对社区学院提供 20 亿美元补助金，用于创建合作伙伴关系以加强教育质量：①根据社区学院的学生和当地企业的需求，深入分析职业技术教育种类；②实施新的学位课程，以满足新兴行业对职业技术教育的需求；③激励四年制本科院校，以增加社区学院学生进一步深造的机会。[①]

自奥巴马执政以来，推动社区学院与企业建立合作伙伴关系共同培养行业需求的应用型人才被视为施政要务之一，并委任副总统拜登成立工作小组对美国应用技术培训项目进行调研，对社区学院与企业合作提出指导方案，并于 2012 年提出贸易调整援助社区学院和职业培训（TAACCCT）补助金。该补助金专门设有"校企协作专项资金"资助项目，2012—2014 年共计投入 20 亿美元资助各类校企协作项目，仅 2014 年就有近千项项目获得资助。

在奥巴马政府的推动下，各州政府陆续出台了相关扶持政策，例如芝加哥市市长伊曼纽尔（Rahm Emanuel）对芝加哥城市学院推出"从学院到职场"项目（即 C2C 项目），在社区学院的课程体系设计、课程实施和学生实习就业三个方面展开深入的校企合作，实施至今已经超过 150 家企业参与该合作项目。除了政府之外，各行业与社区学院也开始实施区域层面的校企合作项目，例如美国医疗保健信息技术行业成立跨 12 州 82 所社区学院的医疗保健信息技术专门人才培养联合

---

① Jacobson L. Administration Directs $2 Billion to Community Colleges that Partner with Industry. https://www.politifact.com/truth-o-meter/promises/obameter/promise/276/create-a-community-college-partnership-program/. (2011-08-09) [2015-12-29].

体，近万名学员从中受益。在联邦政府、各州政府和社区学院联合推动下，以项目资助的形式展开校企深入合作将成为社区学院未来发展的趋势之一。

2. 重塑机构的办学定位：发展学士学位教育来提升学术质量

长期以来，社区学院以一般教育与职业技能教育作为办学定位，大部分学院只具有两年制副学士学位授予权，少部分能够提供学士学位课程。但是，根据美国劳工统计局（BLS）的一项研究，一些高薪行业包括飞机驾驶员、工程师、医生助理等，要求应聘者至少具备学士学位，2002—2012 年，美国有 2022 个具有增长潜力的就业岗位要求应聘者具备四年制学士学位。[1]到 2020 年，在美国预计有 35%的职位空缺要求受聘者至少具有学士学位，30%的职位空缺要求至少副学士学位，1100 多所社区学院能够招收 40%的美国大学生。[2]劳动力市场需求的变化对社区学院的办学定位和学术质量提出了更大的挑战，部分社区学院已经开始尝试进行学士学位教育。

奥巴马总统大力支持社区学院的发展，希望社区学院具备更好的学术能力提供学士学位授予权，进而为学生提供更多的机会获得更高的学位，于 2015 年所推行的《社区学院承诺计划》为社区学院发展学士学位教育提供了契机。传统的社区学院通常采取转让的方式将完成副学士学位的学生转到具备学士学位授予权的四年制大学，但是这个占比一直较小（不足 20%）。随着社区学院的发展，这一比例将不断增大，为学生提供了更好的发展空间。

社区学院发展学士学位教育是目前美国高等教育领域最热门的趋势之一，这一程序必将通过各州教育管理委员会和社区学院董事会的授权。2014 年，美国 50 个州中已有 23 个州允许社区学院授予学士学位，1123 所社区学院中有 65 所已经开始提供学士学位教育，这一趋势正在全美范围内蔓延。[3]以加利福尼亚州为例，每年该州公立大学授予 11 万多个本科以上学历，而私立高等教育机构授予 4 万多个，但是为了满足 2025 年的发展计划，该州需要每年增加 6 万多个本科以上学历，

---

① Chen G. Obtaining Your Bachelors Degree at a Community College. Community College Review. https://www.communitycollegereview.com/blog/obtaining-your-bachelors-degree-at-a-community-college. (2015-03-03)[2015-12-17].

② Harris B W. Report from California Community College Baccalaureate Degree Study Group. California Community Colleges Chancellor's Office, 2014: 4.

③ American Association of Community College. Community Colleges Expanded Role into Awarding Bachelor's Degree. Education Commission of the States, 2015.

这几乎是目前加利福尼亚州学位授予数量的 40%。[①]类似的情况在美国各州发生，这无疑为社区学院发展学士学位教育提供广阔的空间。

3. 推行社区学院免费化：加大政府资助力度以吸引优质生源

2015 年 1 月 8 日，美国总统奥巴马在田纳西州参观佩里希比州立社区学院时发表演讲，概述了《社区学院承诺计划》提案，声明两年制的社区学院将向符合条件的学生免除学费，帮助他们获得副学士学位和必要的劳动技能。此后，奥巴马总统多次发表专题演讲和发布白宫新闻来宣传《社区学院承诺计划》，引起美国社会各界广泛关注。如果该计划通过，那么此后 10 年这个项目将花约 600 亿美元，其中联邦政府将承担 75% 的费用，其余费用由各州政府承担。实际上，奥巴马政府力推的《社区学院承诺计划》源于田纳西州州长哈斯勒姆（Bill Haslam）推行的《田纳西承诺》和芝加哥市市长伊曼纽尔（Rahm Emanuel）实施的免除社区学院学费计划。两位地区领导人根据所在地区的劳动力市场的变化需求、社区学院的生源特点以及替代营利性高等教育机构等因素，投资技术培训项目来帮助青年获得就业的知识和技能，奥巴马总统希望将此政策推广到美国全境。正如奥巴马演讲中所提到的，"学生通过两年制社区学院的学习，将能继续进入四年制的大学获得学士学位，而免费高等教育的机会意味着学生毕业之后能顺利获得就业机会，不被助学贷款的债务所困扰，这种两年制的社区学院将会如同高中一样免费和普及"[②]。

然而《社区学院承诺计划》还未通过国会授权，奥巴马总统就要卸任，这给该法案的实施带来不确定性，但是在田纳西州和芝加哥市的尝试都已经证明免费社区学院的可行性。例如根据田纳西州推行《田纳西承诺》的影响而言，2015 年田纳西州近 90% 的高中毕业生（约 5.7 万名）申请参与该助学计划，申请人远超过预期人数。《社区学院承诺计划》中的部分措施必然成为美国职业教育的发展趋势，优化社区学院的课程设置、强调社区学院与地方企业建立伙伴关系、提升社区学院的学士学位授予权等必将改善社区学院的办学质量，从而帮助学生取得更好的学业成就。

---

① Harris B W. Report from California Community College Baccalaureate Degree Study Group. California Community Colleges Chancellor's Office, 2014: 4.

② 郭伟, 齐征. 让社区学院帮助每一个美国人实现梦想——奥巴马在田纳西州推动社区学院免费政策的讲话. 世界教育信息, 2015（17）: 22-23.

（四）美国社区学院办学职能转变的特征分析

乔利埃特初级学院创办至今已有百年，美国社区学院从最初办学定位为中学后教育的提供者逐渐发展成多元化的综合性社区学院，其办学定位随着美国社会产业结构的变化而不断调整。通过梳理美国社区学院发展的历史沿革，我们不难发现其办学定位转变的规律和特点，这正是我国高职教育发展中值得关注的。

1. 保持机构办学定位的开放性以满足多元教育需求

美国社区学院办学定位的开放性是其最大的办学特色，正如前文所述，自 20 世纪 60 年代末 "开放式入学" 模式在美国开始推广，社区学院是最先积极响应的，并公平、公正地对待所有申请者，尤其对美国弱势群体帮助明显。根据美国社区学院协会在 2016 年发布的报告，社区学院在美国高校生源市场占有率达 46%，其中少数民族生源占 51%；第一代大学生占 36%；单亲家庭的生源占 17%；低收入家庭的学生达到 44%（家庭年收入低于 2.5 万美元为标准）；入学年龄超过 24 周岁的学生占 50.3%；从事兼职的学生占 62%。[①]

除学生来源的开放性之外，为满足不同生源的教育需求和社区发展的实际需要，美国社区学院开放性的另一突出表现是提供教育服务的开放性。根据美国社区学院协会的调查显示，社区学院学生中有 60% 的学生是以获得学位或职业证书为目标，但是只有 28% 的学生在 3 年内顺利毕业并获得副学士学位。[②]社区学院具有副学士学位授予权，为了保证学生能够顺利完成学业，美国大多数社区学院提供补习教育（remedial education），根据美国社区学院协会的统计数据，每年有将近 68% 社区学院学生和 40% 传统四年制高校的学生接受 1 门以上的补习课程。自 20 世纪 20 年代，社区学院开始提供职业技能教育服务，逐渐发展成为美国最为主要的技能型人才培养机构，随着美国政府实施 "再工业化" 战略，社区学院被寄予厚望。同时，立足服务所在社区的实际需要，美国社区学院面向社区企业提供更具有弹性和范围广阔的社区教育服务，包括企业订单式培养、企业员工的职后培训、职业资格证书课程等。近年来，随着美国社会对技能型人才的学位要

---

① American Association of Community Colleges. 2015 Community College Fast Facts. https://www.aacc.nche.edu/. (2016-02-10)[2017-01-24].

② Ma J. Trends in community colleges: Enrollment, prices, student debt, and completion. College Board Research, 2015(10): 1-23.

求越来越高，社区学院不再满足于提供副学士学位或者学士学位课程班，而是更积极地争取获得学士学位授予权。虽然美国社区学院与传统四年制高等教育机构之间有着较好的衔接，但是职业技能教育与学科专业教育之间有着本质区别，社区学院发展更高层次的技能型人才培养势在必行。自 2014 年，美国 50 个州中已有 23 个州允许社区学院授予学士学位，在 1123 所社区学院中有 65 所已经开始提供学士学位教育，这一趋势正在全美范围内蔓延。①社区学院之所以能够在美国庞大的高等教育机构体系中拥有重要的地位，根本得益于社区学院办学定位的开放性，使其能在培养目标、服务群体等方面具有多元、多层次、有针对性等特点。

2. 强调机构办学定位与区域经济的动态循环

自 1947 年美国杜鲁门政府公布研究报告《为了美国民主的高等教育》中提出"社区学院"，美国原初级学院开始更名社区学院，更名意味着其办学定位以服务于社区文化、经济和教育的要求为发展核心。历经半个多世纪，美国社区学院协会在奥巴马政府"再工业化"战略的推动下于 2012 年发布《重塑美国梦：21世纪委员会关于社区学院未来的报告》，其核心内容之一就是重塑社区学院的定位，即满足多元化的培养目标同时重新聚焦与劳动力市场需求相协调的职业技能教育，加强区域经济的动态循环，建立合作伙伴关系。

随着美国政府以项目形式有意识地推动，社区学院的办学定位已经形成"社区学院-地方产业-地方政府"相互作用的动态循环，并且效果显著。根据美国社区学院办学定位与区域经济的动态循环的成功案例，我们不难总结出良性动态循环必须具备的三个明显特征：①开放性，即社区学院的办学定位必须是以市场需求为导向，改变"封闭单一"的办学体制，以多元化、多层次、灵活的办学定位适应所在区域的经济、文化以及教育的需求。但是，社区学院在确立多元的办学定位同时，必须根据所在区域的经济特点凝练核心办学特色。②互惠性，即动态循环必须建立在"双向受益"的基础上，仅依靠行政手段推动或政府资金都无法实现健康、长久的合作，必须在自愿、互利的基础上逐步形成共同的发展目标。同时，行业企业参与办学不应该处于零散、低效率、低层次的运行状态，而必须从培养目标拟定、课程设置、实习见习、毕业就业以及职后培养等方面全程参与，

---

① American Association of Community College. Community Colleges Expanded Role into Awarding Bachelor's Degree. Education Commission of the States, 2015: 2.

只有如此才能符合行业企业参与办学的利益诉求。校企合作的深入推动不仅需要在顶层设计方面建立法律法规的框架，也需要创设有效的运行平台和载体。③共生性，即在动态循环的过程中，各利益相关者形成相互依赖、协同合作、不断进行优势互补与促进发展的系统效应。

3. 维护机构办学定位的自主性以实现教育权的制衡

美国高等教育的管理体制呈现出一种"立体式"管理模式：一方面，按照教育行政组织自上而下的纵向顺序，即美国联邦教育部—各州教育厅—学区教育委员会—学校董事会或学术委员会；另一方面，按照对高等教育机构产生影响与监督的横向管理机构，例如高等学校质量评估机构、教授联合会以及各种学会等几十个全国性的教育和专业协会，其中有半官方机构也有民间团体组织。这些纵横交错的行政组织既具有独立性又相互制衡，使得美国高等教育管理体系呈现出分权、制衡、开放、竞争的状态，这同样体现在社区学院的治理之中。

虽然美国联邦政府一直通过诱致性制度变迁来干预社区学院的发展以及办学定位，但是由于州政府和地方政府与之权力博弈形成教育权的制衡，美国联邦政府并不直接干预社区学院的发展，而是提供政策指导、制定法律法规、监督与实施教育拨款以及保障民众能够平等的享有高等教育权等。美国州政府主要进行审批社区学院的开办或变更、办学条件的考核、州教育财政预算等具体事务。地方政府或者学区具有相当大的自主权，允许根据地区实际情况发展本区的教育事业。美国社区学院在"分权"与"制衡"的制度环境中可以获得更多的教育资源，同时有较大的教育自主权，其办学定位更具有灵活性，这也是美国社区学院取得成功的关键。

二、美国营利性私立高等教育机构的发展历程与政府监管的演变

自 20 世纪 90 年代，美国营利性高等教育行业迅速崛起，业已成为美国高职教育体系中不可或缺的组成部分。在 1998 年《高等教育法修正案》（即 1998HEA）颁布之后，美国营利性高等教育机构获得了难得的发展机遇，无论是招生人数的

增长还是在纽约证券交易所（NYSE）的表现，都令人刮目相看。2000—2010 年，营利性高等教育机构的招生人数增长了 235%，高等教育市场占有率从 3%增长到 9.1%。①美国国家教育统计中心数据显示，2018 年全美在营利性私立高等教育机构接受中学后教育的学生达到 1 098 966 人。②这类高等教育机构通过迎合那些被传统高等教育机构忽视的群体（比如少数民族子女、低收入家庭子女以及女性学员等）获得教育政策决策者的支持。

（一）美国营利性私立高等教育机构的发展历程

教育史学家詹姆斯（Edmund James）在 1900 年写道："其他国家可没有这种情况……营利性商业学校体现了美国人性格上的所有缺点和优点。"③这些优点和缺点在当今美国营利性高等教育机构中依然存在，因为这些高等教育机构既是逐利的企业，又是教育服务的提供者。美国营利性高等教育机构发展的历史实质上就是将这种双重身份去并存不悖的过程。其主要经历了以下几个发展阶段。

1. 殖民地时期：营利性高等教育机构的萌芽期

据现有文献记载，早在 17 世纪 60 年代，荷兰殖民者就开办了较好的夜校，讲授数学、阅读和写作。④这些学校是为适应学生的兴趣而开办的，大部分学生是成年人，其课程由原来的数学、阅读和写作迅速扩展为语言教学，尤其是法语、意大利语、葡萄牙语、西班牙语等的教学。⑤正如教育史学家西伯特（Robert F. Seybolt）描述的那样，这些学校成为美国殖民时期基础教育的主要形式和教育领域的重要特色。⑥随着殖民地经济的发展，原有欧洲移民中的技术人员和工匠无法满足当时社会的需求，人们对实用学科和技术知识的需求不断增长，但是早期的

---

① Douglass J A. Money, Politics and the Rise of For-Profit Higher Education in the US: A Story of Supply, Demand and the Brazilian Effect. https://files.eric.ed.gov/fulltext/ED529720.pdf. (2012-02-12)[2020-12-21].

② Snyder T D. Digest of Education Statistics 2018 (Fifty-Fourth Edition). NCES 2020-009. U.S. Department of Education, 2019: 303.

③ 理查德·鲁克. 高等教育公司：营利性大学的崛起. 于培文译. 北京：北京大学出版社，2006：103.

④ Seybolt R F. The Evening School in Colonial America. University of Illinois, Urbana, Bureau of Educational Research, 1925: 9.

⑤ Ruch R S. Higher Ed, Inc.:The Rise of the For-Profit University. Baltimore: The John Hopkins University Press, 2001: 55.

⑥ Seybolt R F. The Evening School in Colonial America. Bureau of Educational Research. University of Illinois, 1925: 9.

殖民地学院和免费公立学校并不开设此类课程。而营利性教育机构紧跟生产实际需求，为雇主提供所需的职业培训课程，如测量、领航、簿记，这些课程给学员们提供了很好的就业机会，增加他们提高社会地位和经济地位的能力。正如富兰克林在《普尔·理查德年鉴》中记录的那样，这些学校旨在提高学生生活中的"各种美德，如勤劳、节俭、谨慎，提高追求职业时获得各种权力和地位的可能机遇，提高追求教育中实用原则和自我帮助的原则"[1]。

这些传统的营利性教育机构由于依靠收取学费维持发展，并没有获得来自政府的资助或个人的捐赠，因此这类学校的开办无需得到殖民地政府的特许状和监管，更类似家族经营模式的企业。由此我们有理由相信，自殖民地时期起，营利性教育机构就存在明显的二重性——既是逐利的企业，又是教育服务的提供者。它们的维持与发展就是依靠不断将教育服务或者说教育产品与劳动力市场紧密结合，从而满足生源和雇主的双重需求，这就是营利性私立教育机构的最大办学亮点，现代社会依然如此。

2. 独立战争后：营利性高等教育机构的成长期

独立战争后，美国的政治、经济和文化都快速发展，但传统学院的课程体系仍然以神学或学术性职业教育为核心，不能满足社会对实用技术的需求。1838年，一份6000人签名的请愿书呈递给纽约州议会，要求州政府资助建立农业学院，美国其他州也有类似的请愿活动。但是，民众的呼吁并没有促使农业学院迅速建立，直到1855年，密歇根州立大学才创建美国第一所农业学院。

在半个多世纪里，传统学院对社会实际需求的滞后反应促使营利性高等教育机构迅速发展起来，包括一些专门的农业学院，比如欧内达学院（Oneida Institute）是纽约创办成功的第一批农学院之一，它开设了实用农业课程。这些营利性高等教育机构在《莫里尔法案》颁布之前，弥补了传统学院对实用课程的缺位。

在这一时期，营利性高等教育机构的另一个主要贡献在于为传统教育机构忽略的群体提供教育机会，从而促进美国教育民主化进程。当我们追溯美国私立营利性教育的历史源头时，它为我们勾勒了一幅越来越清晰的画面：这些机构在向妇女、有色人种、印第安人、残疾人（尤其是盲人和聋哑人）提供教育服务中起

---

① Bolino A C. Career Education: Contributions to Economic Growth. New York: Praeger, 1973: 21.

到了重要作用。[①] 19 世纪的营利性高等教育机构通过向这些群体提供教育机会，展现出这类教育机构是如何既能服务于社会又能获得经济回报的。华盛顿于 1899 年所写的经典随笔《黑人教育》里有所记载，1800—1860 年，美国任何公立学校和大学都剥夺了黑人和其他自由有色人种接受教育的机会。甚至在黑奴制度解体后，在美国南部各州，教黑人读书写字都要受到责罚。[②] 而营利性教育机构在当时教育体系之外，不少此类教育机构向少数族裔的子女及成年人提供基础教育和职业培训。营利性教育机构除了向女性和少数族裔子女提供教育服务之外，还将残疾人纳入教育范围，比如盖劳德（Thomas H. Clauds）于 1831 年在新英格兰、纽约和宾夕法尼亚州开办了营利性盲人和聋哑学校，并取得成功。[③]

这个时期的营利性高等教育机构正如西伯特在 1925 年所描述的："这类学校创办于 17 世纪，一直没有间断地开办到现在，在解决为各个阶层提供不同教育的这个难题时，它们的作用非常突出。"[④] 同时，营利性私立高等教育机构也形成了保留至今的另一个特色，将教育服务对象确定为传统教育机构所忽视的群体。

3.《莫里尔法案》颁布后：营利性高等教育机构的困难期

19 世纪中叶，美国进入以发展重工业为核心的工业化进程，对于职业教育以及熟练工人的需求空前旺盛。企业家们极力呼吁传统院校开设与实际生产相适宜的教学内容，但是绝大部分传统院校仍然保持其课程传统。数学家伍德沃德（Calvin·M. Woodward）曾对此做过描述，"学校与现代社会不再协调，它所训练的是绅士而不是从事工作的人"[⑤]。为美国高等教育改革提供指导性的法案《莫里尔法案》就是在此背景下产生的，它强调职业教育的重要性，将农业、机械等职业课程纳入州立大学的课程体系，强调培养社会急需的科学技术人才的重要性，这就加速了州立大学世俗化过程。在此期间，营利性高等教育机构以提供更加贴近于社会实际的课程而得以快速发展，大量商业学校迅速扩张。1850 年，仅有 20 多所营利性高等教育机构存在，到 1890 年已经发展到 250 多所，招生人数超过

① Cremin L A. American Education: The National Experience, 1783-1876. New York: Harper and Row, 1980: 218-219.

② 转引自 Funke L.The negro in education. The Journal of Negro History, 1920(1): 1-21.

③ Butler N M. Monographs on Education in the United States. London: Forgotten Books,1899: 771-819.

④ Seybolt R F. The Evening School in Colonial America. University of Illinois, Urbana, Bureau of Educational Research, 1925: 129.

⑤ 转引自谢安邦, 曲艺. 外国私立教育. 北京：中国社会科学出版社，2003：174.

8.1 万。[1]1873 年，美国教育部门的一份报告指出，"营利性高等教育机构的迅速发展和生源不断扩大证明了其他类型的院校没有迎合民众的需求"[2]。但是，随着《莫里尔法案》在美国各州实施，营利性高等教育机构的发展情况开始发生变化。据统计，1862 年《莫里尔法案》实施至 1922 年阿拉斯加大学建立，美国共创办了 69 所赠地学院，这些学院通过获得来自政府的直接拨款，以低廉的学费甚至免费提供农科教育和工科技艺，给营利性高等教育机构带来巨大影响。

20 世纪后，美国高等教育改革沿着两条路径发展：一是向德国高等教育吸取经验，以约翰·霍普金斯大学为代表，建立以培养研究生教育为目标的研究型大学；二是建立工农业大学（赠地学院），以满足美国向工业化社会转型的发展需要，向高等教育大众化发展，提供更多的职业性课程，并向美国大众开发。在这两个发展方向的协调过程中，美国芝加哥大学创造性地发展社区学院，有效地弥补了两条路径之间的间隙，使得与社会经济发展息息相关的新学科不断进入高校，不断为美国培养出社会发展急需的技术型人才。社区学院的非营利性质更容易获得政府与民众的青睐，从而获得更多办学资源，也进一步压缩了营利性高等教育机构的生存空间。随着美国高等教育机构对生源的竞争日趋激烈，营利性高等教育机构的经营方式也产生变化。这个时期，传统的家族式经营模式已经不利于营利性高等教育机构的发展，外部投资者开始介入，产生类似合伙制企业的经营模式。投资人在扩大营利性高等教育机构办学经费的同时，也开始介入学院的决策，并分担学院的债务以及办学过程中可能出现的风险。这种经营模式对于后来新型营利性高等教育机构办学筹资模式有一定影响，并且在营利性高等教育机构发展的困难期起到了重要的帮助作用，使许多优秀的营利性教育机构得以保存。

4.《退伍军人权利法案》颁布后：营利性高等教育机构的缓慢发展期

20 世纪 40 年代之前，美国联邦政府以及州政府都普遍认为营利性高等教育机构是自负盈亏的企业，因而得不到来自政府的经费资助，但是对非营利性高等教育机构逐年加大投入与资助，将其视为"公共产品"。这些营利性高等教育机构只能在公立高等院校和非营利性私立高等院校的狭缝中生存，难以获得平等的

[1] Kinser K. From main street to wall street: The transformation of for-frofit higher education. ASHE Higher Education Report, 2016, 31(5): 189.

[2] Bennett D L, Lucchesi A R. For-Profit Higher Education: Growth, Innovation and Regulation. https://files.eric.ed.gov/fulltext/ED536282.pdf . (2010-07-01)[2020-11-21].

竞争机会。直到 1944 年 6 月，美国联邦政府颁布了《退伍军人权利法案》，为退伍军人提供中学后教育经费，并交由退伍军人管理局（VA）进行监管，向退伍军人提供每年每人 500 美元的教育经费和每月 50 美元的生活补助，这笔助学金是作为学费直接划拨给向退伍军人提供教育服务的高等教育机构。《退伍军人权利法案》起草初期并没有将营利性大学纳入资助范围，最终国会将其纳入的原因是共和党参议员的坚持和努力，他们认为营利性大学所提供的教育培训符合退伍军人的实际需要。最后，将教育机构的资格确定为，只要州教育局认可并有退伍军人就读的高等教育机构都可以获得《退伍军人权利法案》提供的助学金。该法案标志着营利性大学第一次获得与非营利性大学同等待遇，大约有 800 万退伍军人接受了各种层次的教育培训，其中有将近 150 万人进入了营利性高等教育机构。

在《退伍军人权利法案》颁布之后，营利性高等教育机构获得了难得的发展机会，联邦政府的公共资金在一定程度上对其产生扶持作用，但是问题也随之出现。由于营利性高等教育机构很少受到政府的监管，特别在办学条件和教育质量方面，加之该法案提供助学金的分配方式存在漏洞，促使机会主义者进行欺诈行为。这一时期，营利性高等教育机构常受到社会各界的广泛谴责，不少机构涉嫌欺诈和滥用公共资金的现象，民众将营利性高等教育机构称之为"文凭工厂"。1952 年，联邦政府对《退伍军人权利法案》进行了修正，其主要修改内容就是对高等教育机构的办学质量进行严格的资格审查，只有通过资格认证的高等教育机构才能参与该法案的助学金项目。此项规定促使营利性教育机构开始积极参与高校认证机构认证，但是当时美国联邦政府所认可的认证机构是区域认证机构（regional certification agency），这类认证机构更倾向于能够授予学位的非营利性高等院校，通过认证的高等教育机构 98% 是属于这一类高校，从而使得大多数营利性高等教育机构无法获得来自该法案的助学金。在共和党参议员的帮助下，营利性高等教育机构开始参与新的认证机构认证，即全国性认证机构（National Certification Agency）。第一家被联邦政府认可的全国性认证机构是 1956 年全国商业学校协会及委员会组建的商业学校和课程认证委员会（ACBSP）。

1956 年后，美国营利性高等教育机构的教育质量已明显好转，但是由于此类高等教育机构在《退伍军人权利法案》颁布后的不良表现，1965 年颁布的《高等教育法》（HEA）将营利性高等教育机构的学生排除在联邦财政资助的范围之外。除此之外，1958 年美国联邦政府出台《国防教育法》，通过联邦财政资助向非营利性高等院校提供基础设施建设经费，以及向这类高校的学生提供助学金，使美国公立高校和非营利性私立高校迅速发展。第二次世界大战后，社会需求与就业形势都发生了巨大变化，美国青年对高等教育的需求也相应增大。得益于美国政府对高等教育扶持政策力度加大，20世纪40年代中叶到70年代美国经济危机爆发之前的30年被称为美国高等教育的"黄金期"，这里主要是指非营利性高等教育的发展。20世纪50年代，苏联卫星上天使美国朝野震惊，从此，联邦政府将高等教育视为"公共产品"，甚至是维系国家安全的重要因素，并且逐年加大对高等教育的投入与资助，这就使以营利为目的的私人资本难以参与平等竞争。在此期间，虽然营利性高等教育机构通过《退伍军人权利法案》的资助政策获得联邦助学金的申请资格，但是相较于非营利性高等教育机构，其发展空间极为有限。实际上，联邦政府的资助政策（以非营利性高等教育为主体，营利性高等教育为补充）符合美国高等教育发展的格局。

5.《高等教育法修正案》颁布后：营利性高等教育机构的稳定发展期

虽然在1965年联邦政府颁布的HEA法案将营利性高等教育机构的学生排除在联邦助学范围之外，但是同年10月22日，美国国会通过《全国高职学生贷款保险法》（NVSLI），该法提供教育部直接贷款项目和规定联邦政府向不同类型的高职学生提供助学贷款担保，营利性高等教育机构获准参与该资助项目。但是，由于《全国高职学生贷款保险法》中的资助项目与HEA法案中的担保学生贷款项目（GLS）（即向最需要的学生的中低收入家庭提供贷款形式的资助）在资助内容上出现重复，许多国会议员以及民众对此质疑。因此，在1968年的《高等教育法修正案》将两类资助项目合并，并且将营利性高等教育机构也纳入其中，这对其发展有着至关重要的作用。尤其是在该法案之后的1972年《高等教育法修正案》中，美国国会授权联邦政府进一步设立基本教育机会助学金项目（BEOG），即后来的佩尔助学金，增加了学生补助的类型和数量，该法案进一步为营利性高等教育机构提供了与非营利性高等教育机构公平竞争的平台。

自20世纪70年代中叶，营利性高等教育行业一直处于稳定发展期，这在很大程度上得益于美国联邦政府的扶持政策。1976年后，营利性高等教育机构年增长率一直保持在11%左右，并且开始提供副学士学位、学士学位以及研究生学位教育，生源市场占有率从1976年的0.4%发展到2006年的6%。NCES从1976年开始对营利性高等教育机构招生人数的统计数据显示，营利性高等教育行业逐年快速增长，几乎呈指数增长。据统计，1976 年营利性大学入学人数仅 4.4 万，1995 年已达到 24 万。1995 年开始，入学人数增长之迅速令人惊讶，至 2010 年已达 201.8 万，年增长率达 11.9%，而同时期美国大学总入学人数年均增长率仅为 1.92%。[①] 营利性高等教育行业能够在 20 世纪 70 年代稳定发展要归因于美国当时的社会环境。20 世纪 70 年代中叶，美国社会爆发了历史上严重的经济危机，致使非营利性高等教育机构面临财政危机，联邦政府和各州政府纷纷削减教育预算。在这种背景下，美国政府开始将民间资本引入高等教育行业满足民众的高等教育需求，营利性高等教育行业逐渐以一种新型的经营方式开始发展，其中最具有代表性的阿波罗集团（Apollo Group）在 1976 年崛起，揭开了营利性高等教育行业发展的新篇章。另外，在经济危机的影响下，美国年轻一代不再满足于学历教育，他们希望在高校中学到更多实用技能，以满足其职业发展需要，这也为营利性高等教育行业的发展提供了市场需求。

6. 20 世纪 90 年代至今：营利性高等教育机构的快速发展期

虽然 20 世纪 90 年代营利性院校发展势头迅猛，学校总数持续增加并且维持一定的比例，但是其中仍然发生了一些变化，即相对营利性四年制院校，营利性两年制院校的增幅减缓。在这个时期，营利性高等教育机构已经发展成美国高等教育体系中不可或缺的组成部分，特有的办学模式满足了学生的职业期望和社会地位提升的渴望，并且也获得求学者的信任，其办学规模不断扩大。这驱动营利性高等教育行业不再满足于低层次发展，而向更高的学位教育发展，逐渐形成了不同等级的学位教育。

随着凤凰城大学于 1996 年公开上市，该年成为美国营利性私立高等教育发展的标志年。美国私人资本开始大量涌入营利性教育领域，此举引起华尔街巨头雷曼兄弟（Lehman Brothers）和所罗门美邦（Salomon Smith Barney）等高度关注和介入美国营利性教育行业。同年，美国国家教育统计中心下属的中学后教育综合数据系统（IPEDS）重新界定了高等教育机构，将私立营利性学校也划归可接受联邦资助项目的高等教育机构类型。根据新标准，美国高校被分为三大类：公立

---

① Bennett D L, Lucchesi A R. For-Profit Higher Education: Growth，Innovation and Regulation. Washington, DC: Center for College Affordability and Productivity, 2010: 49.

非营利高校、私立非营利高校和私立营利性高校。

（二）美国营利性高等教育机构发展过程中存在的问题

追溯历史，对营利性大学的质疑早在 20 世纪初就有过正式调查，调查者在美国纽约和芝加哥地区进行了专门针对营利性学校违规招生和低教育质量问题的调查，但是这次调查并未引起社会重视，因为当时营利性学校影响力小。1890—1940 年，美国人口增长了 1 倍，但是当时营利性学校的招生只增长了 1 万人左右。[①]1944 年 6 月《退伍军人权利法案》颁布后，营利性高等教育行业的影响力越来越大，尤其在 1998—2008 年，营利性大学的招生增加了 225%，接近 2000 万，仅 2009 年，包括凤凰城大学在内的 5 所美国最大的营利性大学的招生人数[②]就超过 800 万。[③]在营利性高等教育行业迅速发展的同时，越来越多的民众开始对其质疑，甚至不少曾就读于营利性大学的学生起诉招生人员在招生过程中存在欺骗性行为，甚至指责其滥用联邦助学贷款，最主要的问题集中在三个方面。

1. 激进的招生策略

营利性大学的办学模式不同于非营利性大学，其 90% 的收入来源于学费，几乎是非营利性大学的两倍以上，如果没有足够的入学率，营利性大学将无法维持收支平衡，更不用提盈利。因此，营利性大学通常采用比较激进的营销方式，比如组建大规模的招生团队通过网络、电话和媒体进行大量宣传。这些招生团队内部也有激烈的竞争，虽然美国国会在 20 世纪 90 年代就禁止营利性大学对招生人员采取激励性薪酬（incentive compensation），但是实际上激励薪酬是招生人员的主要收入，这就导致很多招生人员在招生过程中存在欺诈行为。1998—2004 年，在司法部门有据可查的教育机构欺诈案件中，营利性大学就占 74%，主要涉及违规招生和开具虚假的收入证明帮助学生获得联邦助学贷款资格。[④]2009—2010 年，

---

① Beaver W. Fraud in for-profit higher education. Society, 2012(3): 274-278.

② 这类营利性大学的招生人数不仅包括全日制招生人数，还包括培训人数。

③ Health, Education, Labor and Pensions Committee. Emerging Risk? An Overview of Growth, Spending, Student Debt and Unanswered Questions in For-Profit Higher Education. http://www.harkin.senate.gov/documents/pdf/4c23515814dca.pdf. (2020-05-16)[2022-03-29].

④ Baum S. Drowning in debt: Financial outcomes of students at for-profit colleges. Testimony to the Senate Health, Education, Labor and Pensions Committee. June 7, 2011.

美国招生人数最多的 5 所营利性大学的情况如表 3-1 所示。

表 3-1　招生人员最多的 5 所营利性大学（2009—2010 年）　单位：人

名称	招生总人数	招生人员总数	平均招生数量
阿波罗集团	470 800	8 137	57
教育管理公司	158 300	5 669	27
卡普兰高等教育公司	112 141	3 069	36
科林斯学院	113 818	2 811	40
职业教育公司	118 205	2 668	44

资料来源：Harkin T. For-Profit Higher Education: The Failure to Safeguard the Federal Investment and Ensure Student Success. United States Senate Health, Education, Labor and Pensions Committee. July 30, 2012.

由表 3-1 我们不难发现，营利性高等教育行业在生源竞争上异常激烈，大多数违规招生行为与营利性大学采取激进的招生策略有紧密联系，其招生过程实质上就是营销过程。与非营利性高等教育机构不同，营利性大学拥有庞大的招生团队，其招生人员的薪酬与他们完成的招生配额挂钩，如果没有完成招生配额，他们将受处罚或被解雇。有的营利性大学的招生经理不惜采用高压的推销手段——锅炉室（Boiler Room），即受雇人员只被要求不断打电话及重复一套预编讲稿。

2010 年，美国审计总署（GAO）公布了一次针对营利性大学违规招生的暗访细节，使营利性大学的此类问题受到美国社会广泛关注。调查小组首先挑选了 15 所营利性大学，这些学校有一个共同特征，即其收入来源中来自联邦助学贷款的占比都在 89% 以上。调查员伪装成希望上学的咨询者向各个学校的招生人员进行咨询，并且用隐形摄像头拍摄了整个过程。15 所营利性大学的招生人员中，有 4 所学校的招生人员明目张胆地进行欺诈行为，包括帮助学生伪造信息获得联邦助学贷款的资格。其余几所学校的招生人员也存在一些可疑行为，比如夸大行业的就业前景和虚报费用等。

2. 营利性高等教育的办学质量不容乐观

正如上文所述，营利性高等教育机构需要保持稳定的生源来获得盈利，一些营利性高等教育机构就需要迎合那些被非营利性大学拒之门外的群体来提高入学率，而往往忽视他们的学历、经济条件甚至学习能力。据统计，美国低收入家庭的学生就读营利性大学的比例是其他类型学生的 4 倍，他们通常被营利性大学的宣传广告吸引，例如提供短期课程培训，并保证就业。但是，这些申请者进入营利性大学后就会发现，这些学校并没有招生人员描述的那么美好。营利性大学通常采取以兼职教师任教为主、标准化的课程重复进行的方式，甚至教学场所都是租用的，难以保证其教学质量。虽然学校之间存在差别，但总体而言，营利性大学的学生毕业率远远低于非营利性大学，例如在营利性大学，学生要通过6年学习获得学士学位的占比为22%，远远高于非营利性大学。[①]

营利性高等教育机构通常采取教育成本最小化的经营方式，其开拓市场和招生的财政预算要远大于教学开支。2009年接受联邦助学贷款资助的30所营利性高等教育机构财政开支显示，用于市场开拓、广告费用、招生费用占总收入的22.7%（约42亿美元），而教学开支只占总收入的17.2%（约32亿美元）。[②]2010年退学率最高的5所营利性高等教育机构的利润率与副学士退学率如表3-2所示。

表3-2 2010年退学率最高的5所营利性高等教育机构情况　单位：%

名称	副学士退学率	年利润率
布里奇波特教育公司	84	30
林肯教育服务公司	70	19
卡普兰高等教育公司	69	13
科林斯学院	66	14
阿波罗集团	66	21

资料来源：Harkin T. For-Profit Higher Education: The Failure to Safeguard the Federal Investment and Ensure Student Success. United States Senate Health, Education, Labor and Pensions Committee. July 30, 2012.

营利性高等教育行业的商业成功并不以教育质量为核心。一方面，营利性高等教育机构在纽约证券交易所的表现令人刮目相看。21世纪初，公开上市的营利性高等教育机构都是以接近15%的利润率逐年增长，仅在2009年利润率就达到了19.7%，总共产生32亿美元的收益。[③]另一方面，营利性高等教育机构的学生退学

---

① Baum S. Drowning in Debt: Financial Outcomes of Students at For-Profit Colleges. Testimony to the Senate Health, Education, Labor and Pensions Committee. June 7, 2011.

② Harkin T. For-Profit Higher Education: The Failure to Safeguard the Federal Investment and Ensure Student Success. United States Senate Health, Education, Labor and Pensions Committee. July 30, 2012.

③ The Institute for College Access & Success.The Evolution of the For-Profit College Industry: New Challenges for Oversight. https://ticas.org/wp-content/uploads/2020/01/the-evolution-of-the-for-profit-college-industry.pdf. (2019-12-05) [2022-03-29].

率居高难下，教学投入不足是民众对其教育质量质疑的主要方面。相比同类型非营利性教育机构——社区学院平均每年每位学生的教学投入为 4000—5000 美元，营利性高等教育机构的教学投入不到社区学院的一半。

大量聘请兼职教师是营利性高等教育机构保持低成本、高效率办学的关键因素，但是这种办学模式开始受到民众质疑。兼职教师通常被营利性高等教育机构雇佣 3—6 周，只教授 1 门或 2 门课程，课程结束时获得报酬。2011 年，美国审计总署对 12 所营利性高等教育机构的师资力量进行暗访，调查发现在 12 所学校中，有 10 所学校的兼职教师占比在 80%以上，有 5 所学校超过 90%，这些兼职教师中存在使用虚拟身份和学历造假现象。[①]雇佣兼职教师完成短期课程的教学模式可以帮助营利性高等教育机构将教育成本降至最低，但是对于确保学生的学术质量，尤其是非智力因素的培养，这种做法存在明显不足。

3. 居高不下的联邦助学贷款违约率

据统计，美国低收入家庭的学生就读营利性大学的占比是其他类型学生的 4 倍。这部分低收入家庭的学生是联邦助学贷款的主要借贷人，他们通常背负沉重的债务，在营利性大学完成副学士学位一般平均负债 1.4 万美元，而完成学士学位有 1/4 的学生负债在 4 万美元以上。[②]虽然债务负担很大，但是 90%以上在营利性大学就读的学生选择申请联邦助学贷款。[③]实际上，联邦助学贷款为营利性大学提供了利润丰厚的收入保证，因此营利性大学对联邦助学贷款的依赖性也越来越明显。

联邦助学贷款的资助政策是直接资助学生而不是大学，联邦政府除了对学生提供贷款担保外，还授权私人机构建立学生助学贷款的二级市场，从而扩大学生贷款融资范围和提高学生贷款额度。这种资助模式类似次级抵押贷款市场的运作方式，营利性大学处于十分有利的位置——既可以从那些因信用等级不足而无法从正常主流抵押贷款渠道获得贷款的学生那里获利，又不用承担任何的风险。联邦助学贷款实质上设置了一个激励倒错机制——当学生背负几万美元债务进入营

---

① U.S. Government Accountability Office. For-Profit Schools: Experiences of Undercover Students Enrolled in Online Classes at Selected Colleges. Report to the Chairman, Committee on Health, Education, Labor, and Pensions. October 2011. https://www.gao.gov/assets/590/586456.pdf. (2011-10-01)[2022-03-29].

② Beaver W. Fraud in for-profit higher education. Society, 2012(3): 274-278.

③ McGuire M A. Subprime education: For-profit colleges and the problem with title IV federal student aid. Duke Law Journal, 2012, 62(1): 119-160.

利性大学就读但获得较少回报时，学生和联邦政府实际上都在这次交易中遭受损失，营利性大学却能够确保其学费收入。事实上，大多数营利性大学创造利润需要最大限度地诱导学生进行联邦助学贷款，它们甚至不惜为学生开具虚假的证明和票据来获得助学贷款资格。

过度的助学贷款通常导致高违约率，而拖欠贷款会使学生陷入债务危机，产生严重后果。虽然联邦助学贷款对借款人有一些不错的政策，比如优惠利率、基于收入偿还等，但是一旦借款人违约，将受到一系列严厉的制裁，比如扣发工资和取消同类援助资格等。[①]如果在私人银行借款，情况将变得更加糟糕，因为私人银行没有那么多优惠条件，即使借款人申请破产，也不能免除债务，而且伴随着高利率和一些不利条款。[②]由于这些因素，学生盲目申请助学贷款会给未来生活埋下隐患，而营利性大学的招生人员不会考虑这些因素，因为学生的债务是欠联邦政府或私人银行的，而不是欠学校的。虽然奥巴马执政后美国教育部出台了控制助学贷款违约率（cohort default rate）的规定，明确贷款违规者所在的大学负有连带责任，要对该校学生的违规行为负责，并将此作为学校申请联邦助学贷款资格的必要条件之一，但是此项规定并不能从根本上解决营利性高等教育机构学生助学贷款违约率高的问题。

（三）美国营利性高等教育行业问题的归因分析

前文所述的问题久已有之，随着 2009 年美国次贷危机的延续，营利性高等教育行业高速发展背后的隐患渐次显现。奥巴马执政后对营利性高等教育机构采取了一系列监管政策的调整。有人将此次监管政策的调整称为史上最严苛的监管政策，比如阿波罗集团前联合总裁格雷格·卡普利（Greg Cappelli）认为，这次对营利性高等教育机构的监管政策是他记忆里最为严苛的一次，虽然对整个行业未来发展有好处，但是已经影响营利性高等教育机构的招生和财政状况。[③]此次严苛的监管制度是否能有效解决美国营利性高等教育行业存在的问题，笔者深表怀疑，

---

① Baum S. Drowning in Debt: Financial Outcomes of Students at For-Profit Colleges. Testimony to the Senate Health, Education, Labor and Pensions Committee. June 7, 2011.

② Loonin D. Playing the Price: The High Cost of Private Student Loans and the Dangers for Student Borrowers. National Consumer Law Center. March, 2008.

③ Berry J. For-profit schools will face major challenges this year. https://www.azcentral.com/arizonarepublic/business/articles/20110129for-profit-schools-face-major-challenges-this-year013.html. (2011-01-29)[2021-10-21].

因为早在克林顿执政期间就对该行业采取过类似的监管方式，但是问题至今依然存在，问题的真正根源并没有改变。笔者认为美国营利性高等教育行业问题产生的原因可以归于以下几点。

1. 美国高等教育认证制度的缺陷

美国高等教育机构历来自律性强，有很多行业内部的准则和做法，包括非营利教育机构的主导地位。在高等教育认证制度出台之前，行业自律一直是美国高等教育的主要监管方式之一，后来逐渐被纳入联邦监管架构。高等教育认证制度实质上是建立了由教育部和认证机构之间的公共-私营合作制（PPP），通过依靠公共部门和私人组织合作来决定高等教育机构参与联邦助学项目的资格，进而对高等教育机构起到质量评估和监管的作用。

美国现行高等教育认证机构可分为两类：区域性认证机构（regional accreditor）和全国性认证机构（national accreditor）。8 所区域性认证机构负责对美国 6 大区域 3040 所高等院校进行认证评估，而其中 96% 属于授予学位的非营利性私立大学或公立大学。11 所全国性认证机构只对全国职业性院校、专门职业性院校和信仰性院校进行认证，其中 70% 以上的院校是不授予学位的高校，大约 90% 的营利性高等教育机构通过全国性认证机构的资格认证来获得联邦助学贷款的资格。全国性认证机构建立的初衷是作为一种手段来确保非学位教育课程的质量，从而向就读于这类学校的学生提供联邦助学贷款。但是，现如今全国性认证机构的性质已经发生变化，它为授予学位的营利性大学提供了一种便利，使得营利性大学既可以获得联邦助学贷款的资格，又无需满足与传统公立大学和非营利性私立大学一样的学术质量标准。相对于区域性认证机构，全国性认证机构通常规模较小，标准也较低，一般只对职业导向课程进行认证，而不对机构认证。这些认证机构通常拥有的行政权力较小，对于很多营利性大学而言，这些认证机构只不过是其商业运作过程中的一个业务目标，能起到的监督规限作用十分有限。[①]

区域性认证机构虽然拥有更多的资源和更高的标准，但是他们很难对营利性大学进行评估，因为营利性大学往往无视传统高等教育的行业规范。营利性大学将教育视为几乎没有内在价值的商品，在全国范围内广设教学点，有的甚至只设

---

① Kinser K. From Main Street to Wall Street: The transformation of for-profit higher education. ASHE Higher Education Report, 2006, 31(5): 1-155.

网络学校，采取标准化课程循环进行，教师通常是兼职人员，不参与学校的行政管理和课程开发，甚至营利性大学的教育目标也与传统高等教育机构大相径庭。[①]如果按照区域认证机构的一般标准来评估，很多营利性大学根本无法通过资格认证，因此对营利性大学进行机构认证时，通常采用最低标准，这就更需要用行业自律来进行规范管理。除此之外，资格认证程序本身就存在漏洞。由于联邦助学贷款只授予通过资格认证的教育机构，因此很多营利性大学通过购买已经获得资格认证的老牌大学来获得资格，而不是按照正常程序通过评估，这就给认证机构的工作带来了难度。

2. 美国州政府监管力度薄弱

自 1965 年美国国会颁布《高等教育法》以来，历届美国联邦政府都致力于建立教育部、州政府委员会以及高校认证机构"三位一体"的监管体系，而州政府委员会的监督力度经常受到质疑。大多数州政府设立专门机构或委员会来履行监督职责，如审查营利性高等教育机构的开办资格、确保学生的利益以及处理学生的投诉。然而，三方监管机构责任划分模糊，致使在实际监管过程中不同监管机构常常出现责任划分重叠或者一些重要的监管责任不能完全涵盖。

教育部并未对各州政府应履行监督职责的最低要求做出明确规定，很多州政府委员会将营利性高等教育机构视为逐利的企业，而非提供教育服务的教育机构。因此，对于营利性高等教育机构的监管通常只需要取得机构所在地的营业执照，并遵守当地的监管规定即可。除此之外，州政府委员会的监管力度会因为多种原因而遭到削弱，例如州财政预算消减和营利性高等教育行业对政策制定者的影响。20 世纪 90 年代中叶，纽约州就专门成立营利性学校监督局（BPSS），成立之初有 40 位职员监督纽约州内的 300 所营利性学校，而今该监督局职员削减了一半，却要监督 500 多所营利性学校。[②]这类情况在美国很多州出现，无疑加大了州政府的监管难度。

---

① Full Committee Hearing. Improving For-Profit Higher Education: A Roundtable Discussion of Policy Solutions. https://www.help.senate.gov/hearings/improving-for-profit-higher-education-a-roundtable-discussion-of-policy-solutions. (2011-07-21)[2021-10-21].

② Lesser B, Smith G B. Watchdog All Bark But No Bite: Anemic State Agency Overwhelmed by Job of Policing For-Profit Schools. New York Daily News, January 18, 2011.

3. 联邦助学贷款的政策存在漏洞

正如前文所述，营利性大学的生存和发展依赖学生的学费，尤其是联邦助学贷款，这就很容易理解营利性大学出现的两种现象。一是对于大多数营利性高等教育机构而言，在没有其他收益来源的支持下，保持招生人数的逐年增长是其收益增长的必要条件。但是，近年来生源市场趋向缩小，使得原本就十分激烈的招生竞争越演越烈，甚至出现激进的招生手段。二是联邦助学贷款提供营利性高等教育行业的经营方式类似"鲸鱼吞食浮游生物"。营利性高等教育机构的大多数学员是被传统高等教育机构认定为不合格的申请者，然而联邦助学贷款遵循"按需援助"（Need-Based Aid）的服务宗旨，这部分学员在营利性高等教育机构仍然可以申请联邦助学贷款接受高等教育。许多营利性高等教育机构几乎取消入学标准来迎合"弱势学生市场"，其生源质量堪忧。

从某种意义上而言，营利性高等教育机构范围广泛的招生活动是符合联邦助学贷款项目的初衷。《高等教育法》通过"教育机会资助项目"和"担保学生贷款项目"向最需要的学生和中低收入家庭的学生提供贷款形式的资助，并且鼓励私人银行以优惠条件向借款人提供学生贷款，如果学生出现贷款违约，将由联邦政府承担债务。[①]这种资助模式的确有助于增加高等教育入学机会，但是也为后来出现学生贷款的高违约率埋下隐患。营利性高等教育行业之所以能够取得成功，关键在于满足了美国联邦政府的要求，将招生对象瞄准被传统高等教育机构拒之门外的群体，从而提高高等教育入学率。但是，联邦助学贷款的最终目的并不是提升高等教育入学率，而是将其作为一种手段来提高学生和社会的福利。许多就读于营利性高等教育机构的学生虽然通过联邦政府的助学贷款获得进入大学的机会，但是并未取得满意的学习成果，反而陷入债务困境。因此，在美国学术界有一个争论：联邦助学贷款到底是提供了一个机会，还是布下了一个陷阱？按照联邦助学贷款项目的操作方式，学生应尽还贷责任，政府承担贷款违约风险，而学校方处于十分有利的位置，并不会因为没有提供学生获得良好学业成就的平台而遭受损失。事实上，营利性高等教育机构获得赢利更多的是依靠最小化学生的教育支出和最大限度地提高学生的债务。

---

① Glater J. The Other Big Test: Why Congress Should Allow College Students to Borrow More Through Federal Aid Programs. https://papers.ssrn.com/sol3/papers.cfm?abstract_id=1871305. (2011-07-23)[2021-10-21].

4. 营利性高等教育行业的经营方式存在不足

由于营利性高等教育机构既是逐利的企业，又是提供教育服务的学校，因此监管者通常遵循市场规律，认为作为消费者的学生有能力分辨营利性教育机构质量的优劣。如果营利性大学存在欺诈行为或提供低质量的教育产品，那么在市场竞争中就会自动被剔除。实际上，学生在入学前很难对教育机构做出准确的评价，虽然美国每年都有第三方机构对高校进行排名和评估，但是并不能反映全部信息。信息不对称在营利性大学尤为突出，很多营利性大学通常不会真实、客观地公布一些重要信息，比如就业情况或获得学位的人数等，甚至一些监管机构和认证机构也很难获得准确数据。[①]很多学生在并不熟悉专业前景和学校质量的情况下就盲目地就读于营利性高等教育机构，在能够获得联邦政府提供慷慨帮助的情况下更是如此。

联邦政府过多的干预行为实质上已经影响到营利性高等教育行业的经营方式，在营利性高等教育机构的学费收入中，来自联邦政府助学贷款高达90%。学费居高不下的一个主要原因就是联邦政府出台的90/10规则，即要求营利性高等教育机构的收益中来自联邦政府助学金和助学贷款的比例不得超过90%，至少有10%的收益来自学费或其他收入，否则营利性高等教育机构将失去获得联邦各项助学项目的资格。因此，营利性高等教育机构在制定学费标准时会考虑高于联邦助学金的额度。过度地依赖联邦助学贷款是营利性高等教育行业的一个特点，也制约着行业的发展。事实上，奥巴马自执政就开始对营利性高等教育行业施行紧缩联邦助学贷款的政策，使整个行业陷入办学困境。

（四）美国联邦政府对营利性私立高等教育机构监管政策的历史演变

追溯历史我们不难发现，20世纪中叶之前，美国政府对营利性教育行业的监管主要是在州一级政府进行自主管理，联邦政府并没有介入各州的管理事务。直到1944年《退伍军人权利法案》颁布，联邦政府开始介入对营利性教育机构的监管，这种行业自律并混乱的状态开始转变。

---

① McGuire M A. Subprime education: For-profit colleges and the problem with Title IV federal student aid. Duke Law Journal, 2012, 62(1): 119-160.

1. 20 世纪 40—60 年代：营利性高等教育监管方式的调整期

20 世纪中叶前，美国大多数州政府认为营利性教育机构是自负盈亏的企业，而不是提供教育服务的教育机构。因此，监管部门采用对企业监管的方式对其进行管理，监管内容仅限于企业的注册与纳税方面，对营利性教育机构的办学条件和教育质量没有明确的规定。根据金塞（Kevin Kinser）的研究报告，20 世纪 50 年代，美国只有 17 个州有关于营利性教育机构监管方面的规定，主要涉及营业执照的审批和注册方面的管理。[①]1944 年 6 月，美国联邦政府颁布《退伍军人权利法案》，为退伍军人提供中学后教育经费，并交由退伍军人管理局监管，向退伍军人提供每人每年 500 美元的教育经费和每月 50 美元的生活补助，这笔助学金作为学费直接划拨给向退伍军人提供教育服务的高等教育机构。《退伍军人权利法案》起草初期并没有将营利性大学纳入资助范围，最终国会将其纳入的原因是共和党参议员的坚持和努力，他们认为营利性大学所提供的教育培训符合退伍军人的实际需要。最后，国会将教育机构的资格确定为，只要州教育局认可并有退伍军人就读的高等教育机构，都可以获得《退伍军人权利法案》提供的助学金。该法案标志着营利性大学第一次获得与非营利性大学同等的待遇，大约有 800 万退伍军人接受了各种层次的教育培训，其中将近 150 万人进入营利性高等教育机构。[②]

营利性高等教育机构很少受到政府的监管，特别在办学条件和教育质量方面，加之《退伍军人权利法案》提供助学金的分配方式存在漏洞，导致机会主义者出现欺诈行为。1946 年美国审计总署的调查报告显示，65% 的学校存在虚报费用、夸大入学人数和招生情况、提供低质量的教育培训的情况，导致联邦政府在该项目上超支。1950—1952 年，至少有 5 个联邦监管部门发布报告，包括退伍军人管理局、众议院任命的专门委员会，谴责营利性教育机构涉嫌欺诈和滥用等不法行为。[③]

正如前文所述，1952 年朝鲜战争后，联邦政府对《退伍军人权利法案》的资助方式进行了修正：一方面，这些助学金不再直接划拨给学校，而是直接发放给

---

① 转引自 Hamilton W J. The Regulation of Proprietary Schools in the United States. University of Pennsylvania, 1958.

② McGuire M A. Subprime education: For-profit colleges and the problem with Title IV federal student aid. Duke Law Journal, 2012, 62(1): 119-160.

③ Lee J B, Merisotis J P. Proprietary Schools: Programs, Policies, and Prospects. School of Education and Human Development, George Washington University, 1990.

学生本人；另一方面，对高等教育机构的办学质量进行严格的资格审查，只有通过资格认证的高等教育机构才能参与《退伍军人权利法案》的助学金项目。在这个阶段，联邦政府对营利性高等教育机构的监管进行了一系列调整。最为明显的变化是在《退伍军人权利法案》修正后，营利性高等教育机构必须通过认证机构的认证才能够获得《退伍军人权利法案》的助学金，并且促成全国性认证机构的出现，在一定程度上保证了营利性高等教育机构的办学质量，防止出现招生违规和欺诈行为。值得一提的是，《退伍军人权利法案》修正后在美国开创了一种直接将助学金划拨给学生的资助模式，这种方式对美国 1972 年颁布的《高等教育法修正案》产生了明显影响，在此之前联邦资助都是划拨给高等教育机构的，比如《莫里尔法案》。

2. 20 世纪 60—80 年代：营利性高等教育监管政策的发展期

1965 年，美国国会通过颁布《高等教育法》授权联邦政府加大对高校学生的财政援助力度，营利性高等教育机构在《退伍军人权利法案》资助过程中出现的丑闻、欺诈和滥用使得《高等教育法》中规定只向非营利性大学的学生提供资助，而营利性大学的学生不在资助范围内。[①]同年 10 月 22 日，美国国会出台《全国高职学生贷款保险法》，该法案提供教育部直接贷款项目和规定联邦政府向不同类型的高职学生提供助学贷款担保。营利高等教育机构获准参与该资助项目，但是首先必须提供教育培训方案，保证就读学生能够完成学业并获得"有偿就业"（gainful employment）的能力。"有偿就业"这个概念第一次在针对营利性高等教育机构的监管政策中被提出，对后来监管方式的调整有重要意义。

鉴于《全国高职学生贷款保险法》的资助项目实质上是在重复《高等教育法》的 GSL 项目（即向最需要的学生的中低收入家庭提供贷款形式的资助），1968年的《高等教育法修正案》，国会授权联邦政府将《全国高职学生贷款保险法》的资助项目和 GSL 项目合并，扩大了高校勤工助学（CWS）项目和国防学生贷款（NDSL）项目，并将营利性高等教育机构也纳入其中。1972 年颁布的《高等教育法修正案》中，国会授权联邦政府进一步设立基本教育机会助学金项目，即后来的佩尔助学金（Pell Grant）以及州立学生激励助学金（SSIG）项目，进一步向

---

① Kinser K. From main street to wall street: The transformation of for-profit higher education. ASHE Higher Education Report, 2006, 31(5): 1-155.

经济困难的学生扩大联邦助学金，突出体现联邦政府对教育机会平等以及学生自由选择权的重视。该法案最突出的变化是用"中学后教育"来替代"高等教育"，努力扩大学生受教育的选择范围，超越了传统四年制学士学位高等教育。该法案视营利性高等教育机构与非营利性高等教育机构为同等地位，只要能够通过认证机构的资格认证，就可以获得联邦财政资助。

1978年，美国39任总统卡特签署《中等收入学生资助法》，将担保学生贷款项目推向新的高峰，无论家庭收入或资产多寡，所有在校大学生都可以申请佩尔助学金和担保学生贷款项目，扩大了资助对象的范围。1975—1980年，联邦担保学生贷款项目的数量增加134%，贷款量增长146%。[1]在一系列激励性法规的推动下，营利性大学获得了难得的发展机遇。据统计，仅在20世纪80年代，营利性大学的招生人数就占美国高等教育招生人数的一半左右，联邦助学贷款日益成为营利性大学发展的关键因素，在营利性大学有89%的学生接受联邦助学贷款，而非营利大学只有66%。[2]

在这一阶段美国联邦政府对营利性高等教育机构的监管政策进一步加强，通过推行联邦担保学生贷款项目，使营利性高等教育机构获得发展机遇，同时也加强了高校认证制度的普及化。随着联邦政府的资助项目在高校融资中发挥的作用越来越重要，营利性高等教育机构开始积极参与认证机构的资格认证。据统计，在1972年颁布《高等教育法修正案》之前，只有15%的营利性高等教育机构参与了全国性认证机构的资格认证，但是到2005年，几乎所有拥有学位授予权的营利性高等教育机构和大约一半的非学位授予权的营利性高等教育机构参与了资格认证。[3]高校认证制度对美国高等教育发展起到的作用日益突出，认证机构实质上对高校的教育质量起到了监管作用，并且对联邦助学项目发挥"准绳"作用。

3. 20世纪90年代：营利性高等教育监管政策的调控期

20世纪80年代末，美国教育部针对营利性高等教育机构监管结构薄弱问题

① American Council on Education. Historical Trends in the Federal Guaranteed and Direct Student Loan Programs (FY 1966 to FY 2007). ACE Fact Sheet on Higher Education, 2009.

② Beaver W. Fraud in for-profit higher education. Society, 2012(3): 274-278.

③ Bennett D L, Lucchesi A R. For-Profit Higher Education: Growth, Innovation and Regulation. https://www.voced.edu.au/content/ngv%3A43177#. (2010-07-01)[2020-11-21].

发布了一系列报告，指出在招生录取过程中出现可疑行为，是因为州一级政府部门没有尽到应尽的监督义务，比如将联邦助学金发放给资格不合格的学生、低毕业率以及助学贷款高违约率等问题。据美国审计总署的报告，担保学生贷款项目中，74%的欺诈和滥用行为发生在营利性大学，营利性大学的学生占该项目借款人总数的41%，但是有77%存在贷款违约行为。[①]

营利性高等教育机构所暴露出来的问题促使国会于1990出台《综合预算调节法案》，该法案对营利性高等教育机构影响极为深远。该法案规定，在联邦助学贷款项目中存在高违约率的教育机构将被取消参与联邦助学贷款的资格，并将违约率的阈值设定为35%。换言之，如果一个高等教育机构的助学贷款违约率连续3年达到或超过35%，那么它将失去参加联邦助学贷款项目的资格。1992年颁布的《高等教育法修正案》提出了针对营利性高等教育机构更为严格的监管政策，将《综合预算调节法案》规定的助学贷款违约率阈值35%降到了25%，并且首次要求营利性教育机构的办学收益中来自联邦助学金的部分不能超过85%（即85/15规则）。另外，该法案还提出一项限制远程教育的规定，要求在读学生必须有50%的课程时间是在实体教室中完成（即50%规则），这项规定对营利性高等教育机构产生了极大的限制，因为营利性高等教育机构的大多数学生参与远程教育。除此之外，该法案还首次提出禁止学校对招生人员采取激励性报酬（incentive-based pay），以及要求各州建立州中学后教育评估机构（SPRE）。

一系列针对营利性高等教育机构的新监管政策产生了一种累计效应，并在整个行业中表现极为显著，许多营利性高等教育机构直接倒闭，特别是位于市中心的营利性高等教育机构更加艰难。[②]1992年《高等教育法修正案》颁布后，通过认证机构进行资格认证的营利性高等教育机构下降了5.1%，在1995年获得资格参与联邦助学贷款项目的营利性高等教育机构只占整个行业的13.9%。除此之外，在这一时期营利性高等教育机构获得联邦助学金的比例也下降明显。1989—1990年和1992—1993年这两个学年里，营利性高等教育机构获得佩尔助学金的比例从23%下降到18%，而在斯塔福德助学贷款（Federal Stafford Loan）项目的比例从

---

① Skinner R. Institutional Eligibility and the Higher Education Act: Legislative History of the 90/10 Rule and Its Current Status. CRS Report for Congress, January 19, 2005.

② Moore R W. The Illusion of convergence: Federal student aid policy in community colleges and proprietary schools. New Directions for Community Colleges, 1995(91): 71-80.

22%下降到 10%。虽然这些监管政策限制了营利性高等教育机构的发展，但是使得营利性高等教育机构的助学贷款违约率明显下降，从 1991 年的 36%下降到 1993 年的 24%，到 1998 年已经下降到 11%。[①]

在这个阶段，美国联邦政府对营利性高等教育机构的监管政策正如上文所述，虽然采用严格的监管政策，但是对其长远发展有促进作用。《综合预算调节法案》采用控制联邦助学贷款违约率阈值的监管方法，以及《高等教育法修正案》所采用的控制营利性高等教育机构办学收益的 85/15 规则都在完善营利性高等教育机构的监管模式。与此同时，营利性高等教育机构在社会上的公共形象和公信力也相应地逐渐完善和提高，在共和党议员的推动下，联邦政府的监管政策在 20 世纪 90 年代后期也逐渐松动，尤其是 1998 年的《高等教育法修正案》颁布，直接促成了营利性高等教育发展的"黄金十年"。

4. 20 世纪 90 年代末到 21 世纪初：营利性高等教育监管政策的宽松期

1998 年颁布的《高等教育法修正案》对营利性高等教育机构发展有着至关重要的作用。该法案对营利性高等教育机构的一项重要扶持政策是将其办学收益中来自联邦助学金的比例从 85%提高到 90%，也就意味着营利性高等教育机构可以获得更多来自联邦助学金的支持。另一项重要扶持政策是，修改了 1992 年《高等教育法修正案》对远程教育的限制条款，要求远程教育项目必须同其他类型的教育项目一样接受相同标准的认证，并且创建了"远程教育示范项目"（DEDP），参与该项目的远程教育机构可豁免 1992 年关于远程教育的规定，但是这些机构必须首先获得高校认证机构的资格认证，并且同意每年接受来自认证机构的质量评估。

由于 1998 年颁布的《高等教育法修正案》的宽松政策，营利性高等教育机构迎来了"黄金十年"的发展机遇，加之在 20 世纪 90 年代初，私人资本开始流入高等教育领域，到 2000 年，公开上市的营利性大学增加到了 40 所，雷曼兄弟和所罗门美邦等主要投资机构最先将营利性大学锁定为重要投资对象。在许多方面，营利性大学和其他公开上市的公司一样，通过大量的收购来保证其增长，大量私人资本成为营利性大学发展的基础，促使营利性大学实现大规模扩张。

营利性高等教育机构在 20 世纪 90 年代开始积极争取在公众心目中获得学术

---

① Bennett D L, Lucchesi A R. For-Profit Higher Education: Growth, Innovation and Regulation. https://www.voced. edu.au/content/ngv%3A43177#. (2010-07-01)[2020-11-21].

合法性和在证券市场上的优异表现，促使美国政府对营利性高等教育机构采用宽松的扶持监管政策。值得一提的是，在这个阶段，州政府对营利性高等教育机构的监管明显加强。2000年美国国家教育委员会（ACE）对11个州的调查显示，大多数州已经按照公立和非营利性高等教育机构的质量标准来评估营利性高等教育机构，并逐渐将营利性高等教育机构整合到高等教育监管结构中。

5. 2009年至今：营利性高等教育监管政策的紧缩期

伴随着次贷危机带来的连锁反应，营利性高等教育机构快速发展背后的一个突出问题是营利性高等教育机构的低毕业率，虽然学校与学校之间有所差别，但是总体而言营利性高等教育机构学生获得学位的毕业率偏低，比如在有学位授予权的四年制营利性高等教育机构中，用6年时间获得学士学位的学生比例高达22%以上，而在非营利性高等院校中这一比例不到10%。[1]另一个被奥巴马政府更关注的问题是营利性高等教育机构的助学贷款高违约率，虽然非营利性高等教育机构同样存在助学贷款违约的现象，但是营利性高等教育机构更为突出。据教育部统计，两年制和四年制营利性高等教育机构的助学贷款违约人数几乎是联邦斯塔福德贷款违约人数总和的3倍，仅在2010年，营利性高等教育机构的助学贷款违约人数是非营利性高等教育机构的两倍以上。[2]除此之外，营利性高等教育机构依然存在违规招生、滥用联邦助学金以及虚假宣传等行为。2010年，美国审计总署公布了一次针对营利性大学违规招生的暗访细节，使得营利性大学的此类问题受到美国社会广泛关注。

鉴于以上问题，奥巴马执政之后对营利性高等教育机构采取了一系列新的监管政策。其中最主要的一条法规是提出新的"有偿就业"条例，虽然早在1965年《全国高职学生贷款保险法》中已经提出了"有偿就业"这个概念，但是概念界定非常模糊，仅仅根据安置就业率来定义这个概念。奥巴马政府出台的有关"有偿就业"的条例更具体：学校往届毕业生有35%在按时还贷；毕业生年还款额最多占其总收入的12%；还款额不得超过学生可支配收入的30%。4年中有3年达不到以上要求的学校将取消获得政府资助的资格。据教育部估计，营利性高等教

① Baum S. Drowning in Debt: Financial Outcomes of Students at For-Profit Colleges. https://www.help.senate.gov/imo/media/doc/Baum.pdf. (2011-06-07)[2022-04-22].

② McGuire M A. Subprime education: For-profit colleges and the problem with title IV federal student aid. Duke Law Journal, 2012, 62(1): 119-160.

育机构中有 5%达不到新条例的规定。另一条法规是奥巴马政府将两年期贷款违约率延长至三年期。教育部规定，如果学生的助学贷款违约率连续三年超过 25%或一年内超过 40%，那么这些学生所在高等教育机构将被取消参与联邦助学贷款或者获得佩尔助学金的资格，直到改良后方可重新获得资格。实施该项计划以来，千余所高校失去了参与联邦助学贷款的资格，其中大部分属于营利性高等教育机构。奥巴马政府表明，贷款偿还新政的颁布正是为了保护美国纳税人的合法权利。此外，奥巴马政府还在消费者保护、教育质量指标等方面做出了新规定。

营利性高等教育机构在 20 世纪 90 年代获得了"黄金十年"的大规模扩张。在这个阶段，奥巴马政府对营利性高等教育机构采用缩紧的监管政策，其主要目的不仅在于改善营利性高等教育机构存在的弊端，还在于提高营利性高等教育机构学生的学业成就，从而为美国于 2020 年成为世界大学毕业生占比最大的国家奠定了基础。

三、美国联邦政府对私立高职教育分类管理的特点分析

在美国教育体系的长期演变过程中，私立社区学院与营利性私立高等教育机构成为美国中学后生涯与技术教育体系的重要组成部分，美国联邦政府对两类高等教育机构形成较为成熟的分类管理和扶持措施。

（一）美国联邦政府对社区学院监管的特点分析

美国社区学院发展至今已有百年历史，从作为中学教育延伸的初级学院发展到美国高等教育体系中不可或缺的综合性社区学院，其社会化功能不断得到调整，在满足美国产业结构变化需要的同时，也促进自身的发展。通过梳理美国社区学院的新变革我们不难发现，美国社区学院将在办学层次、办学模式以及资助力度方面进行极大调整，这必将影响美国高职教育的发展。

1. 通过诱致性制度变迁加强联邦政府对社区学院的干预力度

由于美国教育管理体制的特殊性，美国联邦政府采用强制性制度变迁的运行方式通常难以在短时间内促成某项教育政策的实施。《莫里尔法案》颁布后，美

国联邦政府采取了一种新的推动方式——诱致性制度变迁，以激励推动力量自下而上的运行方式，通过各州政府响应教育政策并拥有获利机会，从而自发地组织和推行职业教育法案。自此，这种诱致性制度变迁方式一直处于不断完善和发展的过程中，不仅在教育领域不断拓展，美国联邦政府年度拨款的额度也逐年上升。

与其他高等教育机构相比，美国社区学院有其独特性，它以服务社区为办学的主要目标。社区学院的这一特性决定了其与州政府之间有着密切的联系，而联邦政府对其干预力度十分有限。奥巴马执政以来，联邦政府先后出台了一系列关于提升职业技术教育的政策法规，充分诠释了诱致性制度变迁的优势，并且全方位地加大对社区学院的干预力度。联邦政府通过项目资助促进社区学院与区域企业建立合作伙伴关系，从而改变社区学院的办学模式；通过鼓励社区学院发展学士学位教育，从而重塑社区学院办学定位以提升教育质量；通过加大对社区学院学生的资助力度，吸引优质生源来改善社区学院的生源质量。

通过诱致性制度变迁，联邦政府可以实现对各州社区学院发展的引导与调控，强化各州与联邦经济发展部门的统筹协调，共同预测快速发展行业及紧缺岗位等，进而有针对性地开展职业教育项目，以帮助学生掌握技能并获得就业机会。另外，联邦政府加强对社区学院的干预力度也能平衡州政府权力，从而避免州政府过度干预社区学院的发展。此外，诱致性制度变迁所需要的教育拨款并不是完全由联邦政府承担的，而是需要各州政府投入配套资金，因此也激励了各州政府加大对社区学院的资助力度。

2. 重塑机构定位进而强化与区域经济相联系的动态循环

美国"再工业化"战略并不是简单地回归传统制造业，而是构造技术创新的制造业推动机制，这要求现代制造业、技能型人才和职业教育在产业经济日益知识化的过程中形成高度共同体。2012 年 4 月，美国教育部发布《职业生涯与技术教育改革》白皮书，强调确保教育系统提供高质量的就业训练机会，以降低技能短缺，加速商业发展，鼓励新兴投资及聘雇机会，强化创新能力与经济增长。[①]同月，美国社区学院协会发布《重塑美国梦：21 世纪委员会关于社区学院未来的报告》。为满足美国"再工业化"战略对高技能劳动力的需求，社区学院必将转向

---

① 国家发展改革委社会发展司，上海市教育科学研究院. 中国职业教育发展战略及制度创新研究. 北京：中国计划出版社，2015：9.

培养具备一定学术成就的高技能人才，即"技能+学历"的复合型人才。社区学院提升办学层次提供学士学位教育，并不是要与传统高等教育机构在学科建设方面形成竞争，而是为适应新经济模式下对高技能劳动力的需求。

3. 通过统一评估促使联邦资助从"机会公平"转向"质量优先"

19 世纪后期至 20 世纪初期，美国实行免费的公立中学运动促使民众能够适应美国的工业化和城市化进程，民众在教育和职业技能方面的提升又推动美国在 20 世纪经济的发展。如今，奥巴马政府力推《社区学院承诺计划》，以支持更高质量的技术培训项目，帮助美国民众获得更多的知识和技能来适应全球经济增长的需求。但是，《社区学院承诺计划》并不是对所有就读社区学院的学生进行减免学费，只有学生出勤率在 50%以上、课程平均分保持在 2.5 以上（美国普通课程的 GPA 满分是 4 分，即 A=4，B=3，C=2，D=1）、顺利完成课程计划的学生才能获得资助。

自 1965 年美国《高等教育法》颁布，联邦学生资助体系为实现美国高等教育大众化发展提供了重要的支撑，为更多的美国青年提供了接受高等教育的机会，基本上已经实现"机会公平"的目标。奥巴马政府推动的《社区学院承诺计划》使得联邦学生资助方式从"机会公平"转向"质量优先"，通过建立统一的评估标准有效评估学生的学业成就，帮助他们掌握专业及就业技能，将有限的联邦资助经费优先拨给那些能够有效衔接劳动力市场需求、有力促进学生职业生涯发展的教育项目和优秀群体。这种资助方式能够更有效地提高职业教育质量及保证职业教育公平。

（二）美国联邦政府对营利性高等教育行业的监管政策

回顾美国营利性高等教育监管政策的历史演变我们不难发现，现行的监管政策的出台常伴随多个利益集团的博弈，在民主党和共和党之间尤为突出。营利性高等教育行业的现行监管政策大致可以概括为四个方面：保护消费者权益、提高财政资金使用的安全性、加强州一级层面的监管以及加强对教育质量的监管。

1. 保护消费者权益

在美国政府对营利性高等教育机构监管的众多法规中，保护消费者的权益是法规制定过程中的一项重要内容，通常采取限制某些视为不安全或具有掠夺性的行为或做法来保护消费者的权益。奥巴马政府出台的新政中主要是在三个方面体现保护消费者权益：修正"有偿就业"规则、进一步限制"激励性薪酬"、新"失实陈述"条例。

（1）修正"有偿就业"规则

早在 1965 年，《全国高职学生贷款保险法》就首次提出了"有偿就业"这个概念。但是，该法案对于"有偿就业"这个概念界定十分模糊，只要求营利性高等教育机构为就读的学生提供教育培训，并能在行业认可的企业中获得相应的职位。由于这条法规界定模糊，很多营利性高等教育机构并未依此执行。根据全国消费者法律中心（NCLC）的一份报告显示，关于保证就业的承诺，营利性大学通常没有履行或者履行得并不理想。①

在 2009 年的高等教育法规制定协商会议（Negotiated Rule-making Session for Higher Education）中，"有偿就业"这项规则是最主要的议题之一，但是最终各方代表对"有偿就业"的概念界定没能达成共识。一直到 2011 年 6 月，美国教育部发布颇具争议的"有偿就业"规则，这项规定主要适用于营利性高等教育机构和部分非营利性高校不授予学位的课程。按照教育部的规定，"有偿就业"代表接受联邦助学贷款援助的机构要想继续保持参与联邦助学项目的资格，就必须达到最小的负债收入比率标准和贷款偿还率。该规则要求接受联邦助学贷款的机构必须满足以下三项指标之一：学校往届毕业生有 35% 在按时还贷；毕业生年还款额最多占其总收入的 12%；还款额不得超过学生可支配收入的 30%。4 年中有 3 年达不到以上要求的学校将被取消获得政府资助的资格。时任教育部长邓肯（Arne Duncan）表示，制定该规则的目的是解决营利性高等教育机构提供的教育培训导致学生无法负担助学贷款的债务和就业前景不佳的问题。学院有责任提高学生的就业竞争力，不能达到标准的学校则不能接受政府和纳税人的投入。②

该项规则出台以后受到强烈的质疑，时任美国国会议员共和党代表克莱恩（John Kline）认为，该规则的出台会对整个营利性高等教育行业产生毁灭性影响，

① Chaloux B N. State Oversight of the Private and Proprietary Sector. Paper Presented at a Joint Session of the National Association of Trade and Technical Schools and the Association of Independent of Colleges and Schools, April 19, 1985.

② Department of Education. Program Integrity: Gainful Employment—Debt Measures. https://www.mendeley.com/catalogue/a3d21a32-21a2-3aa6-bd15-1e25c0da9b91/. (2012-07-01)[2021-12-10].

许多有潜力的营利性高等教育机构将在这项规则下被关闭，并且该规则还会促使这些机构在今后的招生中更加避免招收低收入家庭的学生或有经济困难的学生，这与联邦助学金的初衷相违背。[①]查尔斯河协会（Charles River Associates）的一份评估报告显示，在教育部新规则下，可能有18%的营利性高等教育机构处于危险的边缘，这些机构有近1/3在营利性高等教育机构就读的学生。[②]

（2）进一步限制"激励性薪酬"

2002年召开的高等教育法规制定协商会议制定了12项在禁止发放"激励性薪酬"范围之外的条款，或者称为12项例外条款。虽然会议代表对这12项条款并未达成共识，并且条款遭到高等教育协会以及教育部总监察长的反对，但是它还是作为联邦法案于2002年11月颁布。[③]这12项条款实质上是在修改1992年颁布的《高等教育法修正案》中关于禁止学校对招生人员采取激励性薪酬的规定。

这些允许发放激励性薪酬的条款颁布之后引起美国社会激烈的争论。传统高校的招生人员普遍反对这12项条款，认为这种修改很可能引起招生过程中招生人员为了增加招生人数而不顾学生的质量。在2009年高等教育法规制定协商会议中，教育部再次将此规定作为重要议题，但是最终各方代表仍然没有对此问题达成共识。根据2010年美国审计总署的调查显示，在12项例外条款颁布之后的7年里，招生违规事件以及滥用联邦助学金事件有明显上升趋势，在32起招生违规事件中，营利性高等教育机构占19起。[④]

奥巴马政府进一步出台限制"激励性薪酬"的规定，要求在原有相关规定的基础上，取消2002年规定的12项例外条款，并明确要求接受联邦助学金的高等教育机构不得以任何补助、奖金以及其他激励性薪酬形式来奖励招生人员或代理机构，进而保护学生作为消费者的利益，以及防止联邦助学金被滥用。

（3）新"失实陈述"条例

营利性高等教育机构每年必须将大量经费用于宣传和市场开拓，这部分经费占学校开支的15%以上，其中一半用于各种媒体的宣传，以扩大学校的影响力，

① Congressman John Kline talks Gainful Employment. https://www.ccanow.com/2010/03/congressman-john-kline-talks-gainful.html. (2010-03-29)[2020-10-21].

② Guryan J, Thompson M. Report on Gainful Employment: Executive Summary. Charles River Associates, 2012.

③ Bennett D L, Lucchesi A R. For-Profit Higher Education: Growth, Innovation and Regulation. https://files.eric.ed.gov/fulltext/ED536282.pdf. (2010-07-01)[2020-11-21].

④ Beaver W. Fraud in for-profit higher education. Society, 2012(3): 274-278.

另一半通常用于招生管理和市场开拓等，有的营利性高等教育机构每年在这方面的开销甚至要大于教学经费。近年来，对营利性高等教育机构指控最多的就是失实陈述，因为营利性高等教育机构通常采用高强度的营销手段和误导性的广告来吸引不符合入学条件的低收入家庭子女，而在描述就业前景、学校毕业率和学校办学条件时会过分夸大或失实。

奥巴马政府出台的新"失实陈述"条例扩大了消费者可起诉的范围，将"失实陈述"界定为任何教育机构或者招生代表在与学生或机构达成协议的过程中存在虚假、错误或误导性陈述，包括所提供的课程、广告宣传、在招生或注册过程中对学生的承诺以及专业前景的误导等。误导性陈述包括任何有可能欺骗或迷惑消费者的声明，这些声明可以是书面的、口头的或其他形式的。

美国教育部一直禁止"大量失实陈述"（substantial misrepresentation）行为，主要是针对教育机构在教育培训课程、财政状况以及毕业生就业能力等方面存在的失实陈述。新法规将范围从机构扩大到与机构相关的代理人或招生代表，从而使机构对第三方的行为负责，并且机构或个人误导性的声明（包括口头声明）也被纳入新法规范围。

2. 提高财政资金使用的安全性

随着越来越多的营利性高等教育机构参与资格认证，这些机构获得来自联邦政府的各项助学金也越来越多。2007—2008 学年，营利性高等教育机构招生总数虽然只占全美高校录取人数的 7.7%，但是获得佩尔助学金和斯塔福德助学贷款的比例分别为 21.1% 和 22.4%。奥巴马执政后，对于提高财政资金使用的安全性，尤其在保护纳税人的资金方面，主要采取了 90/10 规则、控制助学贷款违约率的规定和强调"联邦直接贷款"（Federal Direct Loan）的重要性。

（1）90/10 规则

这项规则是专门针对营利性高等教育机构而实施的，要求这类机构的收益中来自联邦政府助学金和助学贷款的比例不得超过 90%，至少有 10% 的收益是来自学费或者其他收入，否则将失去获得联邦各项助学项目的资格。该项法规最早在 1992 年《高等教育法修正案》中首次颁布，在此之前对营利性教育机构实施的是 85/15 规则。

为了符合 90/10 规则的要求，营利性高等教育机构在招生时必须至少有一部分学生不是完全依靠联邦助学金项目来支付学费的，或者营利性高等教育机构在制定学费标准时要高于联邦助学金的额度。该项法规的反对者认为，无论营利性高等教育机构采取哪种方式，都是对低收入家庭学生的伤害，因为这项法规迫使营利性高等教育机构采取措施来阻止一部分低收入学生入学。[1]但是，该法规的支持者持不同观点，他们认为该法规的实施能够在一定程度上保证联邦助学金的安全使用，如果一个机构没有能力产生10%左右的非联邦助学金收益，这个机构本身的办学质量就值得怀疑。

（2）加强控制助学贷款违约率

贷款违约率指在既定时间内无力偿还贷款的学生人数和在同一时期进入还款期的学生人数的比值。据美国教育部统计，两年制和四年制营利性高等教育机构的助学贷款违约人数几乎是联邦斯塔福德贷款违约人数总和的3倍，仅2010年，营利性高等教育机构的助学贷款违约人数是非营利性高等教育机构的两倍以上。[2]

控制助学贷款违约率是对营利性高等教育监管的主要方法之一，因为该法规除对违约者本人进行处罚之外，还规定贷款违规者所在的大学也要对该校学生的违规行为负责。根据教育部的规定，如果学校学生的贷款违约率在一年里超过40%或者连续三年超过25%，该校就被取消参与各种联邦助学金项目的资格。简言之，营利性高等教育机构通常采取措施来满足该法规的标准，否则该机构的学生将失去获得联邦助学贷款或佩尔助学金，这对营利性高等教育机构而言是至关重要的。

（3）强调"联邦直接贷款"的重要性

自1965年《高等教育法》颁布以来，美国联邦政府一直在执行"担保学生贷款项目"，并向所有贷款项目提供再保险支持，以此鼓励私人银行向学生提供助学贷款。如今，占美国学生助学贷款75%市场份额的联邦家庭教育贷款项目（FFELP）就是由私人银行和营利性贷款机构来运营的，美国联邦政府不仅需要提供再保险支持，而且每年还需要向这些机构提供高额补贴。奥巴马政府认为，以营利性金融机构为中介的助学贷款项目既增加了管理成本，又使得贷款过程低效益，并且存在高违规风险，导致美国联邦政府每年需要承担几十亿美元的损失。

---

① Tierney W G, Hentschke G. New Players, Different Game: Understanding the Rise of For-Profit Colleges and Universities. Baltimore: The Johns Hopkins University Press, 2007.

② McGuire M A. Subprime education: For-profit colleges and the problem with title IV federal student aid. Duke Law Journal, 2012, 62(1): 119-160.

联邦直接贷款项目是美国国会于 1993 年颁布的《学生贷款改革法》中最重要的一个条款，根据该条款要求，教育部作为学生助学贷款的直接放债方，将贷款资金直接提供给获得资格的大学，再由大学向符合条件的学生发放贷款。由此，当时有担保的学生贷款计划中的金融中介（借款人、二级市场和担保机构）不再发挥作用。2009 年 4 月开始，奥巴马政府极力提倡联邦直接贷款的重要地位，要求终止对营利性金融机构的贷款特权，甚至在美国众议院通过议案，要求废止补贴私营放债者提供的联邦担保学生贷款。[①] 虽然最终由于来自利益集团的阻力太大，教育部未能执行该议案，但是采用了折中的方法，将选择权交由学校自主决定使用哪种贷款方式。奥巴马政府的努力是希望通过直接贷款降低助学贷款的成本和贷款违约率，更重要的是通过该项目有效遏制联邦助学贷款中存在的行贿与受贿行为。

3. 加强州一级层面的监管

随着营利性高等教育机构的发展，跨州经营成为必然趋势，而各州对待营利性高等教育机构的相关标准和监管规定各有不同，这既不利于州一级监管标准的统一性，又不利于营利性高等教育机构的发展。因此，美国教育部、州政府委员会以及全国机构质量与诚信咨询委员会（NACIQI）联合加强州一级的监管改革，通过立法强化州一级政府的监管职责，通过认证机构协调各州的监管标准以及进一步加强三方监管制度。

（1）通过立法强化州一级政府的监管职责

从历史上看，营利性高等教育机构通常只需要取得机构所在地的营业执照，并遵守当地的监管规定即可，而州一级监管部门更多的是将营利性高等教育机构视为逐利的企业来对待，而不是提供教育服务的教育机构，因此大部分州并未将营利性高等教育机构纳入州高等教育监管体系。

2010 年 10 月，美国教育部发布了一份由 3 个部分组成的"完整程序"规则（Program Integrity Rule），力求强化州一级政府对营利性高等教育机构的监管。在此规则下，各州对营利性高等教育机构的营业执照审批部门必须保持一个第三方程序来审查和解决学生的投诉。此外，该部门还需要按照规定向教育部提供一份已经允许在本州经营的营利性高等教育机构名单，最后还需监督这些机构是否

---

① 张燕军. 美国高等教育资助问题及奥巴马政府应对政策. 现代大学研究, 2010（2）: 66-72, 113.

按照本州的各项监管规定来运作。教育部这项规定的出台在一定程度上强化了州一级政府对营利性高等教育机构的监管职责。

（2）通过认证机构协调各州的监管标准

跨州经营是营利性高等教育机构未来发展的必然趋势，也是对营利性高等教育监管的最大挑战之一。从 20 世纪 90 年代中期开始，众多营利性高等教育机构公开上市，通过大量的收购来保证其增长，大量私人资本成为营利性高等教育机构发展的基础，促使机构开始实现大规模扩张。但是由于各州对待营利性高等教育监管的标准和法规不尽相同，这就对营利性高等教育机构造成极大的监管负担，不利于其发展。六大区域认证机构之一的中北部大学与学院协会已经在其所在区域的 19 个州建立了一项政策，无论是远程教育机构还是传统教育机构，只要是取得其资格认证的成员都可以在中北部 19 个州开办。[①]教育部已经也有相似的意向，希望促进跨州经营的营利性高等教育机构能够通过区域认证，而不是仅仅通过全国性认证。

（3）进一步加强三方监管制度

美国教育部下属的全国机构质量与诚信咨询委员会，对教育部提出了一系列改善高等教育机构认证与监管的政策建议，并被纳入《高等教育法修正案》，其建议的核心就是强调三方监管机制的重要性，即联邦监管机构、州监管机构以及高校认证机构的责任划分与合作。[②]在以往的相关法规中对三方监管机构存在责任划分模糊，致使在实际监管过程之中不同的监管机构常常出现责任划分重叠或者在一些重要的监管责任上不能完全涵盖。因此，该建议主要强调在三个方面进行调整：①对三方监管部门之间各自的责任达成共识；②加强三方监管部门在共同关心的问题上建立沟通以及信息共享；③无论是认证过程的内部还是外部，鼓励州一级政府监督部门参与消费者的保护和调查。

4. 加强教育质量的监管

虽然美国大多数监管政策与联邦助学项目密切相关，但是近年来由于营利性高等教育机构低毕业率的问题已经引起了社会的广泛关注，比如在有学位授予权

---

① Kelderman E. Online Educators Balk at Proposal Requiring State Authorizations. https://www.chronicle.com/article/online-educators-balk-at-proposal-requiring-state-authorizations/. (2010-04-18)[2020-12-21].

② Studley J S. Report to the U.S. Secretary of Education. U.S. Department of Education, National Advisory Committee on Institutional Quality and Integrity, April 2012.

的四年制营利性高等教育机构中，用六年时间获得学士学位的学生比例高达22%以上，而在非营利性高等院校中不到10%。[①]奥巴马政府开始进一步促进认证机构对教育质量的监督以及对远程教育质量的把关。

（1）进一步提高认证机构的评估标准

1965年的《高等教育法》颁布之后，越来越多的高等教育机构开始热衷于参与认证机构的评估，从而获得参与联邦助学金项目的资格。实质上，这些认证机构在美国高等教育监管系统中起到了对高校教育质量的监管作用。虽然时至今日美国高等教育认证制度仍然以高等教育机构自愿参与为主，但是随着联邦政府对助学金项目扶持力度越来越大，不少学生依靠联邦助学贷款或佩尔助学金来支付大学学费。2009—2010学年，美国联邦政府在助学金项目上的总投入为1465亿美元，营利性高等教育机构获得了320亿美元，占20%以上。[②]获得参与联邦助学项目的资格是每个高等教育机构追逐的目标，而通过认证机构的评估是获得资格的先决条件。传统上，大多数营利性高等教育机构只需通过联邦政府认可的全国性认证机构评估即可，但是如今越来越多的营利性高等教育机构寻求通过区域认证的评估。

奥巴马总统在2013年2月的工作计划中指出，"在这个资源有限的时代里，我们必须明智地分配联邦学生援助投资以促进高等教育的机会，并确保最佳的投资回报"[③]。总统要求国会在考虑联邦助学金授予条件时，要将学生学习的成就和毕业后的还贷能力作为重要的评估指标，并且将新的指标融入现有的高校认证系统中，创建一个新的、可替代的认证制度，从而使高校获得联邦助学金基于其教育成果来实现。

奥巴马关于高校认证制度改革的提案虽然引起了美国社会的强烈反响，例如高等教育认证委员会（CHEA）主席伊顿（Judith S. Eaton）认为，新的认证制度可能更加倾向于消费者保护的角度（如毕业率、安排就业和工资等指标），但是对于高校的学术质量（如学生的批判性思维能力等因素）未必能处理得好。但是无论如何，

① Full Committee Hearing. Drowning in Debt: Financial Outcomes of Students at For-Profit Colleges. https://www.help.senate.gov/hearings/hearing.html. (2011-06-07)[2022-03-29].

② U.S. Government Accountability Office. For-Profit Schools: Experience of Undercover Students Enrolled in Online Classes at Selected Colleges. https://files.eric.ed.gov/fulltext/ED527057.pdf. (2011-10-01)[2021-12-10].

③ Obama B H. The President's Plan for a Strong Middle Class & a Strong America. White House Government, February 12, 2013.

奥巴马的改革提案已经在部分认证机构开始实施，比如六大区域认证机构之一的中北部大学与学院协会主席曼宁（Sylvia Manning）表示，该协会已经增加了对学生学习成就的评价和更明确地要求高等院校提高学生保留率和毕业率的标准。①

（2）对远程教育的改革

随着 2006 年《高等教育协调法案》（HERA）取消了 1992 年《高等教育法修正案》制定的 50%规定（即 50%规则，要求就读远程教育的学生必须有 50%的课程时间在实体教室中进行），越来越多的高校开始提供远程课程。2006—2008年，就读远程课程的学生至少增加了 32%（350 万—460 万），营利性高等教育机构受益尤为明显，它们所占高等教育市场份额中有 42%受益于远程教育。②

虽然近年来远程教育得到了快速发展，甚至支持者认为远程教育可以很好地帮助奥巴马政府完成他们的目标，在 2020 年让美国成为世界上大学毕业生比例最高的国家。但是对于远程教育的质疑不绝于耳，美国教育部总监察办公室（OIG）于 2010 年 5 月发布一份报告，谴责中北部大学与学院协会下的高等教育委员会对远程教育的认证标准偏低，通常没有设置课程最低标准的课时和学分，致使远程教育的教育质量难以得到保障。③

根据该报告，美国教育部在 2010 年 10 月第一次对于"学时"（Credit Hour）进行明确的界定，并于 2011 年 7 月 1 日正式生效，以方便相关政策的制定和评估。新的规定与传统的卡耐基学分制（Carnegie Unit）相结合，认为学生在课外的学习时间与课程的学习成果有着密切联系。因此，学分是一个计量单位，代表着预期学习成果和经过核实的学生学习成绩，授予一个学分必须至少完成以下要求：一是每周至少有 1 小时课堂学习或教师直接指导，以及两小时学生课外学习，15周为 1 个学期或者在不同时间量完成等量的工作；二是等量的工作包括实验室工作、实习、实践或者其他的学术活动来替代授予学分的学习时间。④美国教育部仅

---

① Kelderman E. Obama's Accreditation Proposals Surprise Higher-Education Leaders. https://www.chronicle.com/article/obamas-accreditation-proposals-surprise-higher-education-leaders/. (2013-02-13)[2022-03-29].

② Parry M. New Report: For-Profits Gobble Up More of Online Market amid Recession. The Chronicle of Higher Education, December 18, 2009.

③ United States Department of Education Office of Inspector General. Review of The Higher Learning Commission of the North Central Association of Colleges and Schools' Standards for Program Length. https://www2.ed.gov/about/offices/list/oig/aireports/x13j0003.pdf. (2010-03-24)[2020-12-21].

④ National Office for Arts Accreditation. An Advisory by the Arts Accrediting Associations on Federal Definition of the Credit Hour. Credit Hour Advisory, August 2012.

对学分进行了换算公式的界定,具体的评估标准以及应用范围则由认证机构负责。在新规定下,远程教育课程必须和传统高校一样按照具体的量的要求来完成课程,否则不能通过认证机构的评估,从而无法获得联邦助学金。

第二节 英国私立高职教育的发展概况 与政府分类管理特点

综观世界各国的职业技术教育的发展,英国的职业技术教育体系具有其鲜明的特征,长久以来并不是英国教育体系的教育类别,而是中等教育或继续教育的一个部分。因此,在英国的教育体系之中长期并没有"高等职业教育"这个专有名词,只是作为国家资格证书框架(NQF)的四级及以上的各级教育,属于高等教育中的一部分,这体现了英国高职教育是以课程本位为核心的,而不是以学校为特征的。第二次世界大战之后,英国高等教育体系经历了由"双轨制"转向"单轨制",其中多科技术学院逐渐升格为综合大学,高级教育学院和继续教育学院也不再仅限于高级技术人才培养,但是总体上而言,继续教育学院承担以资格证书教育为主的高职教育功能。英国高等教育机构的"公立""私立"属性划分也越来越模糊,从大学章程、办学经费来源和治理权来分析,很难区分英国的大学办学属性,尤其英国BPP大学得以发展之后,这种界限更加难以界定,因而英国私立高职教育的发展与英国高等教育的发展有着密切的相关性。

一、英国私立高职教育的发展历程

第二次世界大战之前,英国的高职教育已经具备一定的发展基础,但是与同时期的德国和美国相比,无论是在教育理念上还是在人才培养方面都仍显滞后,造成这一现象的主要原因之一是英国长期以来的绅士教育体系与人文主义教育观的影响,使得英国政府对职业技术教育持谨慎态度。因而,英国早期的继续教育属于非官方的教育组织,多是慈善性资助的技工讲习所和劳工学院等私人教育机构,直至1944年《巴特勒教育法案》颁布,英国政府才明确提出继续教育归于地方教育的责任。而另一类形成于 19 世纪 80 年代的"技术学院"，也直到 1963 年《罗宾斯报告》颁布，英国政府才将此类学院认定为高等教育机构。英国高职教育走上制度化发展阶段与第二次世界大战后一系列重大制度改革密切相关，促使在英国高等教育体系中实施职业技术教育成为发展的必然，也经历了从"双轨制"回归"单轨制"的过程，其中私立高职教育机构也随之壮大。

（一）《巴特勒教育法案》颁布后对私立高职教育的改革

第二次世界大战之后，英国社会各界都意识到高职技术教育对国家的重要性，时任英国首相艾登（Robert Anthony Eden，1897—1977 年）明确提出，"胜利不属于人口最多的国家，而属于拥有最佳教育制度的国家。科学和技术使十几名当代人拥有 50 年前数千人才拥有的力量——我们需要培养更多的科学家、工程师和技术员，我们决定要补偿这种缺陷"[1]。1944 年，英国教育大臣巴特勒（Rab Butler，1902—1982 年）在英国议会提出并通过教育法案，史称《1944 年教育法》，亦称《巴特勒教育法案》，共涉 122 条教育条款，其中对高职教育的影响主要包括确立继续教育学院及归属管辖权、改革扩大技术学院、重点发展"三明治"高级技术课程等。

《巴特勒教育法案》颁布后，英国政府先后于 1945 年和 1946 年发布《帕西报告》和《巴罗报告》，提出大力发展科学技术教育，以缓解科技人员缺失的问题，要求中央政府和地方政府联手提供有力的教育财政，以支持大学和继续教育学院发展科学技术教育。加之英国各行业联合会的大力推动，20 世纪 50 年代英国出现了一次继续教育扩容的发展热潮。继续教育学院在任专兼职教师人数从 1945 年的 1.15 万，经过 1956 年的 3.4 万，跃升到 1964 年的 6 万。[2]《巴特勒教育法案》保留了《巴尔福法案》的双重教育制度，进一步明确了私立教育在英国教育体系中的地位，并加大了国家的监督管理力度。1956 年，英国发布《技术教育白皮书》，英国政府开始在继续教育学院中挑选办学成绩突出的学院，将其升格为高级技术学院（college of advanced technology），从而提供高等教育层次的职业技术教育，以弥补传统英国大学对高职技术教育的不足，使得毕业生在获得

---

① 赵硕. 欧洲私立大学高等教育的发展嬗变. 北京：中央编译出版社，2015：42.
② 姜大源. 当代世界职业教育发展趋势研究. 北京：电子工业出版社，2012：230.

职业技术资格的同时也可以被授予大学学士学位。部分私立继续教育学院进而接受地方政府的财政资助，成为在地方政府监管下的高级技术学院。

《技术教育白皮书》进一步将继续教育机构按照技术人才培养层次进行类型划分：地方学院（local college）主要培养专科层次的熟练工人，区域学院（area college）开设一些高级技术课程培养技术员，地区学院（regional college）培养高级技术人员，高级技术学院（college of advanced technology，相当于大学科学技术教育）培养高级技术人才。这初步形成英国高职教育体系，也为后来多科技术学院的出现奠定了基础。值得一提的是，这些职业技术教育机构或学院大多数由私立继续教育机构演变而来，可以说，私立职业教育机构为英国高职教育奠定了基础。

（二）《罗宾斯报告》发布之后私立高职教育的变化

1961年，英国政府任命经济学家罗宾斯（Lionel Robbins，1898—1984年）勋爵为主席组建高等教育委员会，对英国高等教育的现状进行调研并对其发展进行规划，最终形成了《罗宾斯报告》。此报告标志着英国高等教育由精英教育时代走向大众化时代，也成为英国20世纪60年代高职教育改革的纲领性文件。在这一时期，英国高等教育规模快速扩张，其中最具有代表性的是高级技术学院开始升格为大学。《罗宾斯报告》发布后，英国进入了高等教育大发展时期，也为高职教育的发展提供了契机。1961—1968年，英国政府出资新建了20多所具有学位授予权的新型大学，10所高级技术学院也升格为大学，这意味着英国高职教育进入一个更高的层次。这些新成立的大学和第二次世界大战之前英国的私立大学都开始接受英国大学拨款委员会（UGC）的财政拨款，逐渐演变成英国的公立大学，或者说在英国政府干预下发展的私立大学。

1966年，英国工党政府提出《关于多科技术学院和其他学院的计划》，开启了英国高等教育"双轨制"发展道路：一是传统大学保有独立自治地位拥有学位授予权，主要提供学术教育；二是新建大学、升格的大学以及继续教育机构改建的多科技术学院组成公共学院，没有独立的学位授予权，需要向全国学位授予委员会（CNAA）申请，这些新型大学是在政府监管下发展，主要提供高职教育。到1970年，英国已经拥有30多家多科技术学院，继续教育领域中的教育学院数达到 155 所，继续教育学院数升至 700 所，社会上各种夜校约 6000 家。^①这一时期，英国高等教育"双轨制"发展推动英国大学与高职教育之间形成分立状态，这种状态一直延续到 20 世纪 90 年代。私立高职教育机构在这一时期沿着两条路径发展：其一，部分优质的继续教育机构通过英国高等教育改革的契机发展成为提供高职教育的多科技术学院，从而获得英国政府的资助；其二，进一步扩大夜校、开放大学等形式，扩大社会服务，开设高级技术课程，满足社会需求。

20 世纪 70 年代，随着英国高职技术教育体系初步形成，英国政府对待传统大学和多科技术学院的态度截然不同，这在很大程度上受传统的精英教育思维的影响。加之 20 世纪 70 年代初期欧美国家经济危机的影响，英国政府大幅缩减教育财政投入，推出在继续教育领域创设第三级学院，主要为 16—19 岁英国青少年提供多层次多兴趣的职业技术课程，以提升其就业能力。这一阶段促使非正规的高职教育得以快速发展，也给私立高职教育带来了发展机遇。到 20 世纪 80 年代末，英国政府为进一步推动高职教育发展，由国家和企业共同出资兴建城市技术学院兴起，这是一种混合制私立职业教育机构，到 20 世纪 90 年代初期，英国已经创办 10 余所类似的职业教育机构来解决中高职教育衔接问题。

（三）《继续教育与高等教育法》的颁布与影响

20 世纪 80 年代撒切尔夫人执政时期，恰逢新自由经济政策开始影响欧美国家的政策导向，英国政府也开始在高等教育领域推行"大市场、小政府"观念，引入市场竞争机制，并鼓励私立高职教育的发展。因而在这个时期，英国政府首先构建高职技术教育标准框架，英国政府于 1986 年成立国家职业资格委员会（NCVQ），并于 1988 年和 1992 年分别推出国家职业资格证书（NVQ）和普通国家职业资格证书（GNVQ），逐步形成英国特色的资格证书框架体系，以规范职业教育培训机构的发展。

进入 20 世纪 90 年代，随着英国高等教育体制改革从"双轨制"转向"单轨制"，英国高职教育也面临着新的变化。1992 年，《继续教育与高等教育法》颁布，将原来隶属于继续教育领域的多科技术学院从公立高等教育学院脱离出来，赋予其大学资格和学位授予权，并且由中央政府直接管理，而不是隶属于地方政

---

① 姜大源. 当代世界职业教育发展趋势研究. 北京：电子工业出版社，2012：231.

府管理。在后来的发展过程中，这些脱离继续教育领域的大学逐渐丧失原有的高职教育特色而力求综合发展，进而结束了高等教育体系中的"双轨制"，从高职教育资源流失的角度而言，英国的高等教育"单轨制"发展在一定程度上削弱了高职教育的发展。在这一时期，随着英国国家资格证书框架的推行，逐步在职业教育与学术教育之间形成对应关系，从机制上保障了各类教育之间的融通和衔接，进而逐步形成由传统大学、新转制大学和继续教育机构共同承担，以证书课程为核心的高职技术教育新体系。

从 20 世纪末开始，英国私立高职教育机构的不断兴起是政府削减教育财政投入后的新变化，也是英国工党实施选择性开放的移民政策所带来的发展环境。2010年，英国有 155 所具有独立学位授予权的高等教育机构，其中有 6 所私立高等教育机构。此外，英国有 160 多所私立高职教育机构可以颁发合作大学的学位。[①]在近 20 年里，英国私立高职教育发展最值得关注的是英国英博夏尔大学（BBP 大学）发展模式。BPP 学院隶属于 1976 年成立的 BPP 教育集团，于 2007 年成为英国历史上第一所可授予学位的营利性私立高等教育机构。2010 年，英国政府授予BPP 学院"大学学院"资格，BPP 学院于 2013 年正式更名为 BPP 大学。BPP 大学是英国第一所将学历教育与国际职业资质认证相结合的新型私立职业技术教育大学，为英国私立高职教育发展提供了一个新的发展方向。随着在私立高职教育领域的国际竞争日益激烈，除英国本土的剑桥教育集团（Cambridge Education Group）和 BPP 教育集团外，国外营利性教育集团开始大量进入英国市场，例如美国的阿波罗集团和卡普兰高等教育公司、澳大利亚的纳维教育集团等，已有百余所海外高等教育机构在英国设立分校。随着竞争不断加剧，英国私立高等教育机构开始广泛与公立大学合作，这也是近年来的一个新变化。

二、英国政府对私立高职教育机构的监管体系

正如上文所述，随着英国政府在 20 世纪 90 年代推动高等教育体系从"双轨制"回归"单轨制"，承担高职教育的责任便分担到各类高等教育机构。英国政府在对私立高职教育机构的监管并没有特殊化，而是采取完整的国家资格证书框

---

① 王刚. 英国私立高等教育机构类型及其质量保障体系探析. 中国高教研究，2010（7）：55-57.

架体系和融通的国家学分累积资格证书框架体系，以保证高职教育质量。此外，由于英国就业市场形成"就业不看文凭看证书，用人不看学历看能力"的现象，因而各类大学通常提供职业教育与普通教育结合的培养体系，综合性私立高等教育机构还需要接受英国高等教育质量保障署（QAA）的认证或各种认证委员会的质量认证，这根据私立高职教育机构是否具有学位授予权而有所不同。

（一）学科教育与职业教育相互融通的国家资格证书框架体系

英国政府监管政策最大的成效是建立了一个上下衔接、学科教育与职业教育相互融通、职业资格证书与学术资格证书之间交叉获取的国家资格证书框架体系，为学习者提供自主、灵活的高职教育体系，其中私立高职教育机构也起到重要的支撑作用。

早在第二次世界大战之前，英国社会就已经具有数量众多的非官方的私立成人职业培训机构，即早期的私立继续教育学院，由于缺乏官方的干涉就造成 20 世纪 60 年代私立继续教育机构林立、标准多样、颁证机构众多、整体无序的状态。因而，英国政府分别在 20 世纪 70 年代和 80 年代两次对英国当时的颁证机构进行整编，实行政府干涉下的规范管理，最终在撒切尔夫人执政期成立国家职业资格委员会，并在全国开始推行国家职业资格证书，主要针对在职人员的职业培训和课程标准设立国家资格标准，将英国不同类型的职业资格纳入国家统一的职业资格证书框架体系。1999 年 3 月，国家职业资格证书已经发展到拥有 899 个课程，涉及 1.7 万多个职业资格，覆盖了 88% 以上的工种。[1]1993 年，国家职业资格委员会进一步针对高级中学和继续教育学院开发职业技术类课程，并推出普通国家职业资格证书，并划分为 3 个等级证书（等级 1—等级 3），学生获得证书可作为进入大学继续深造的依据，也可以作为就业的资格证明。1995 年，英国教育部将国家职业资格委员会和学校课程与评价局（SCAA）合并为资格与课程署（QCA），将英国职业资格证书与教育资格证书一体化，最终形成五级国家资格框架。之后，该框架又经历了 2000 年高中课程改革、2004 年八级资格调整和 2006 年的普通国家职业资格证书调整共三次较大的改革。[2]

---

① 姜大源. 当代世界职业教育发展趋势研究. 北京：电子工业出版社，2012：238.
② 李继延，等. 中外职业教育体系建设与制度改革比较研究. 上海：复旦大学出版社，2014：16.

历经 30 余年的发展，英国国家资格证书框架体系构建了一个多领域多机构参与的运行机制，而英国政府并不是直接行政干预框架体系的发展，而是通过第三方非营利性非政府机构来实现质量监督保障，政府只提供法律和政策保障以及对符合资质的机构提供经费资助，从而实现对框架体系的间接管理。英国政府通过统一的国家资格证书框架规范国内颁证机构的乱象，形成适用于各行业的职业教育标准，各等级证书都有具体针对的目标人群，在形成职业资格证书框架体系的基础上开始融合高等教育系列的资格证书，最终形成极具特色的英国国家资格证书框架。从资格证书框架内不同证书的相互转换可以看出，为提升职业技术教育的地位，英国政府将职业技术教育与科学教育放在同等同值的地位上，更在 2010 年引入学分累积晋升理念，推出国家学分累积资格证书框架体系，真正有效地实现职业教育与学科教育相融合。

（二）终身教育视角下的国家学分累积资格证书框架体系

早在 20 世纪 60 年代，英国大学招生中心就设计了一种累积计算社会各类考试分值换算统计为学生成长过程中的记录分，后来在剑桥大学研究者的推动下，创设了一款名为 Protocal 的软件，并将其进一步提升为学业分换算体系（tariff），用于计算、比较和转换不同类型学校学生的学业成绩，最终转换为可进行比较的学业分值，来申请进入高等教育机构。英国政府于 2003 年正式在高等教育入学申请中使用该学业分换算体系，2007 年后英国每个年满 14 岁及以上的学习者都会得到一个终身属于自己的"唯一学习者编号"，学习者可以随时将自己已经完成国家资格框架内的资格证书或学习模块分数提交颁证机构进行认证，并将学业成果载入系统，系统会自动核算学习者的积分。

正如前文所述，英国政府于 2010 年在资格证书框架体系中建立国家学分累积资格证书框架体系，此举必然改变传统意义上对职业教育的认知。该框架体系并没有改变国家资格框架的等级水平结构，从入门级到八级资格水平共计九级证书等级，用学习者的学习任务时间（学分）和学习任务难易程度（等级）在学习证明、资格证书和对应的文凭之间相互累积转换，简单明确地呈现学习者的学习记录和学业成就，学习者可以根据自己的需要和实际情况，达到一定的学分或学习要求后，向颁证机构申请对应的证书或申请更高等级的证书，获得数个有效证书后就可以申请相应的文凭。此举将学习任务模块化，有利于打破传统学校教育和学科学习之间的间隔，使得学习者的学分可以在数个颁证机构之间相互转换，真正意义上实现学习者中心的理念，为学习者终身教育奠定了基础，也为私立高职教育机构提供了广阔的生源市场。

（三）普职统一的第三方质量监督保障体系

英国政府的高职教育质量保障体系可以划分为一个整体的两个部分，首先在英国国家资格证书框架体系下构建一个层次分明、分工明确的质量监督保障体系。20世纪末，英国教育部就设立资格课程及评审署和国家资格证书及考试条例办公室（OQER）对框架体系内的颁证机构进行资质审核。2008年，英国议会审核通过建立由官方资助的非政府机构——行业技能委员会（SSC），该委员会负责确立各自行业职业资格标准以及对各颁证机构和职业教育实施机构进行培训指导工作。2012年，英国拥有25个行业技能委员会，涵盖英国近9成的行业领域，涉及英国90%的劳动力工作职业。[①]各颁证机构依据各行业职业资格标准设计和组织各种职业资格证书考评及颁证标准，对考核通过或完成学习任务模块的学习者颁发相应的职业资格证书。承担职业技术教育或课程的继续教育学院或其他教育机构则负责按照职业资格证书标准实施相关的教学和实习活动，并定期接受第三方教育质量评审机构的评审。

在英国，无论是公立性质高职院校还是私立性质高职院校或者高校，都必须定期按照要求在办学效能、教学质量、培养成效以及学校领导力等方面开展自我评价和外部评价工作，并撰写和提交自评报告供外部评审机构进行认证。英国对高等教育机构进行外部评审工作的机构按照是否具有学位授予权可以划分为两类：一类具有学位授予权的高等教育机构主要是由英国教育标准局（OFSTED）或高等教育质量保障署来进行评估认证，尤其是高等教育质量保障署的评估结果是英国枢密院审批高等教育机构是否拥有学位授予权或大学称号的重要依据。因而，无论何种类型的高等教育机构，只要具有学位授予权，就必须接受外部评估认证，评估结果还要对外发布，作为学习者是否申请该高等教育机构的参考信息。另一类不具备学位授予权的高等教育机构可以不申请高等教育质量保障署的评估

---

① 姜大源. 当代世界职业教育发展趋势研究. 北京：电子工业出版社，2012：248.

认证，但是必须接受各自行业认证委员会的质量评审，这类私立高等教育机构的评审结果可以不用对外发布，但是需要在行业内部发布。总体而言，英国高等教育机构质量保障体系在一定程度上确保了普通高等院校和高职院校在办学质量上是相对统一的，也反映了英国国家资格证书框架体系下两类高等教育机构对质量目标的共同追求。

三、英国政府对私立高职教育监管的特点分析

英国高等教育体系经历了精英教育到大众化教育再到市场化的发展演变，在此过程中英国政府的职能也在不断发生的变化。对私立高职教育而言，英国政府至今没有出台专门针对私立高等教育机构的法律法规，换言之，高等教育一体化特征促使英国政府对私立高职教育的监管与引导具有一定的特殊性。

（一）通过非行政手段来实现对私立高职教育机构的监管

在撒切尔夫人执政时期，英国政府的职能从直接干预高等教育机构的发展转向宏观监督和引导，高等教育机构的自治权得以加强，政府只对高等教育机构的绩效目标进行考核，并提供相应的资助，任何高等教育机构需要的办学资源都要在市场和竞争中获得。因而，"政府宏观引导、高校进行自治"成为英国高等教育机构发展的核心理念，任何组织都不会干预私立高职教育机构的具体教育教学活动，而是通过间接途径进行宏观管理，例如通过发布定期的机构外部评审报告影响机构的生源和财政扶持，通过认定私立高等教育机构参与学生贷款或申报扶持基金的资格等。

正如前文所述，英国政府对私立高等教育机构的拨款或认证都不直接参与，而是通过下辖非官方机构或半官方机构来完成，如此对私立高职教育机构的监管更加公平和客观。进入 21 世纪，英国有更多的私立高等教育机构进入学位教育领域，开始承担学位课程，但是较之传统高等教育机构，这些私立高等教育机构的发展与壮大是建立在英国民众对高职技术教育的需求之上的，即为民众提供职业技术的证书课程以及职业技术培训。英国政府搭建起国家资格证书框架体系，在框架内建立多领域、多机构参与，既分层分责又合作协同的运行机制，但是英国

政府并没有直接参与框架体系的管理工作。对于私立高职教育的质量监控而言，英国政府主要依靠非官方的三方机构或者社会机构来完成，政府的责任主要是根据这些机构反馈的认证报告来决定私立高职教育机构的各项资格认定以及拨款等宏观事务。除了英国高等教育质量保障署和各类专业认证委员会之外，英国开放大学公证服务机构和英国开放大学在线教育质量保证委员会（ODLQC）等主要对私立高职教育机构部分教育教学活动进行评估与监督。

英国政府对私立高职教育机构的监管在欧美国家具有一定的特殊性，不同于美国较早就在学校系统确立公立教育体系，英国公立教育与私立教育之间存在模糊性和动态变化，政府乐意将机构的监管交由社会来承担更多的责任，通过统一的标准来保证教育的质量和社会声誉。另外，英国政府通过制定相关政策、拨款以及购买服务等措施推动私立高职教育机构的发展，它并不干涉机构的具体事务，而是最大限度地保护机构的办学自主权，这与英国政府对待高等教育机构发展的传统存在密切相关性。

（二）通过间接方式实现对私立高职教育机构的扶持与引导

20 世纪 90 年代以来，英国高等教育市场化改革措施一直在进行中，尤其是与行业、企业联系更为密切的高职教育领域，逐渐形成 5C 特征，即商业化（commercialization）、商品化（commodity）、竞争（competition）、企业化（company）和消费者（customer）。在市场化改革的过程中，公立高等教育机构与私立高等教育的界限越来越模糊，加之英国政府于 1998 年颁布的《教学与高等教育法》用受益者分担教育成本原则结束了英国大学生免费接受高等教育的历史，英国高等教育机构市场化快速发展。随着英国政府对高等教育机构的财政预算逐年削减，私立高等教育机构主要是依靠学习者的学费来维持学校的发展，英国政府主要通过间接资助的形式和税收优惠等措施来扶持私立高等教育机构的发展。

1999 年之后，英国高等教育机构的学费标准从最高 1000 英镑，逐年上升到 2018 年的 9250 英镑，如果高等教育机构接受教育质量评估结果卓越，还可以自行提高学费标准。大部分在英国高等教育机构的学习者在入学前可以向政府下辖的非营利性学生贷款公司申请学费贷款和生活费贷款。学费贷款是依据学习者申请高等教育的学费标准而发放的贷款，学生贷款公司直接将学费贷款打入申请者所在的高等教育机构账户，以保证高等教育机构的学费收入。就申请学费贷款的资格而言，英国政府没有对高等教育机构的办学类型做出明确规定，无论是营利性私立高等教育机构还是非营利性私立高等教育机构，只要通过英国官方认证，其学习者都有申请资格。对于学习者选择在所在地接受职业技术类课程，政府还会按照比例进行补贴，以鼓励学习者接受职业技术教育和培训，此举有利于私立高职教育机构获得更多的生源市场。

　　除了保证私立高职教育机构的学费收入外，英国政府扶持其发展的一个重要措施就是差别化的税收优惠政策。《英国私立高等教育现状》的调查数据显示，54.6%的私立高等教育机构注册为营利性组织，39.0%注册为非营利性组织，6.4%归类为"其他"。①非营利性私立高等教育机构与公立高等教育机构一样享受税收减免政策，无论是英国政府的财政拨款，还是来自非营利性私立高等教育机构的资金，抑或机构对外服务产生的创收收入，都不需要纳税。而对于营利性私立高等教育机构而言，机构必须按照英国公司法的规定纳税。

　　此外，英国政府还会定期发布高职技术改革服务专项制度以及推行职业技术培训代金券制度，以扶持私立高职教育机构发展。成立于1989年的英国高等教育基金委员会主要负责向英国各类型高等院校提供经费资助项目，主要包括基本资助基金、外延资助基金和特殊发展专项基金三类，其中特殊发展专项基金中每年都会设有各种职业教育与培训项目对外公开招标，无论是公立高等教育机构还是私立高等教育机构，只要是获得英国政府认可的机构都可以参与投标，从而获得专项基金的支持。自1991年，英国政府对年满16岁的青少年统一发放职业技术教育与培训代金券，学习者不仅可以使用代金券参与国家二级及以上资格证书的学习，还可以按照自己的意愿择校和选择专业，此举对私立高职教育机构的发展有着极大的扶持作用。

（三）通过组织协调实现公私合作伙伴关系

　　英国是最早兴起并推广PPP模式的国家之一,英国政府通过同类项目标准化、项目管理程序化等措施，为公共服务或产品与社会资本之间的合作奠定了有效的政策保障基础，通过良性的竞争与合作最终达到多方共赢的局面。20世纪90年

---

① 匡建江，李国强，沈阳. 英国私立教育及其财税扶持政策. 世界教育信息，2015（2）：18-23.

代初，随着英国政府对高等教育机构的财政预算逐年削减，英国政府在高等教育领域引入 PPP 模式，并经历了从 1992 年尝试在高等教育领域私人融资倡议（PFI）到 1996 年全面推广，再到 2012 年在总结 PFI 不足的基础上颁布"PPP 新路径"（简称 PF2），公私合作伙伴关系模式得到不断完善。

英国私立高等教育机构的发展历史悠久，既有享誉全球的老牌私立大学，也有在《继续教育与高等教育法》颁布后新创建的私立高等教育机构，更有为数众多的提供职业技术教育与培训的私立高职教育机构。如果按照公私合作方式的不同，可以将其划分为以下几类：第一类是拥有独立的学位授予权的私立高等教育机构，例如白金汉大学、伦敦大学、BPP 大学以及 IFS 金融学院等，这些私立高等教育机构的运转主要依靠学费、捐资等非政府资金，也接受英国高等教育基金委员会的教学科研基金资助。获得政府公共经费支持与外部评估机构的认证密切相关，换言之，这些私立高等教育机构必须达到英国政府的期望。第二类是不具备独立学位授予权但可以承接合作大学外包业务（例如承担合作大学的部分学位课程、国际生的英语培训等教学活动）的私立高等教育机构。具有某行业资格证书认可的私立高职教育机构还可以承接综合性大学的职业技术类课程。第三类是与合作大学共同开发在线教育（例如提供学习模块、线上教育资源开发以及职业技能培训等）的私立高职教育机构。第四类是外国私立教育集团通过收购或购买合作大学的股份成为混合所有制的私立高等教育机构，其通过某种资格认证融入英国高等教育市场，例如美国的阿波罗集团和卡普兰高等教育公司、澳大利亚的纳维教育集团等都拥有类似的合作大学或高等教育机构。

现阶段，英国营利性与非营利性私立高等教育机构之间的界限越来越模糊，随着高等教育市场化的深入，大多数私立高等教育机构甚至公立高等教育机构开始探索商业化运作模式，试图通过各种合法手段创造盈利机会。在英国政府推动下，PPP 模式在高等教育机构内部已经形成一套安排合理的利益共享机制，以实现利益相关者的共赢。在积极鼓励的同时，英国政府更强调政府监督体系和合作项目的问责机制的构建，此为 PPP 模式能够健康发展的基础。

第三节　澳大利亚私立高职教育的发展概况与政府分类管理特点

澳大利亚教育体系中职业教育与培训（VET）占据极为重要的地位，其主要目标是以系统、灵活的方式为学习者提供职业技能培训，增强其工作能力。澳大利亚的职业教育与培训体系已经形成多元化办学体制，但就主体而言，仍然以公立办学为主，包括技术与继续教育学院、大学设立的职业教育部以及农业技术学院等。除公立办学之外，澳大利亚职业教育与培训体系中还存在由私立注册培训机构形成的多元化团体，它们提供一系列通过澳大利亚国家资格证书框架（AQF）认证课程和非认证课程。根据国家职业教育研究中心（NCVER）2007 年统计数据，澳大利亚有 4400 多家注册培训组织，其中约 3100 家是私营供应商。[①]

一、澳大利亚私立高职教育与培训的发展概况

澳大利亚私立高职教育主要通过私立注册培训机构和一部分以教学为主的专门学科的私立非大学高等院校实施。根据澳大利亚相关法律规定，公立和私立职业教育与培训机构只有符合澳大利亚质量培训框架（AQTF）的量化指标，才能被授予 AQTF 认证的职业资格证书，才有资格提供澳大利亚认可的职业培训课程。

（一）澳大利亚私立高职教育与培训的发展历程

20 世纪 90 年代前，澳大利亚的职业教育与培训统一由澳大利亚政府开设的技术与继续教育学院承担，澳大利亚联邦政府与各州政府共同承担技术与继续教育学院的所有办学经费。根据澳大利亚官方统计，职业技术与继续教育（TAFE）系统每年有 30 亿澳元的预算，实际拨款超过 40 亿澳元，主要用于学生培训、实习、奖学金以及生活补助等。1988 年，澳大利亚政府发布《高等教育：一份政策声明》，合并原有的高等教育双轨体制，建立统一的国家高等教育体系，私立高

---

① National Centre for Vocational Education Research. Did You Know? A Guide to Vocational Education and Training in Australia. Hawthorn: NCVER, 2007: 4.

等教育机构也被纳入其中。职业教育与培训市场在新的政策导向下逐渐开放,私立职业教育与培训机构获得来之不易的发展机会。2002 年 7 月,澳大利亚政府开始推行 AQTF,通过量化标准来监控注册培训机构的办学质量,这些机构通过"注册"来获得澳大利亚技能质量署(ASQA)的认可,并被允许提供国家认可的职业教育与培训课程以及被授予资格证书。与此同时,澳大利亚政府通过国家职业资格框架来规范就业市场,规定只有持行业相关的职业证书、文凭的人才能就业,即使是大学本科以上毕业生也必须先取得相应证书或文凭后才能在相应岗位就业,这为澳大利亚职业教育和培训拓宽了道路。[①]2005—2011 年,私立注册培训机构的数量从 2500 个增至 3732 个,注册就读人数也从 2008 年的 24.20 万增至 2012 年的 55.07 万。[②]

20 世纪 90 年代,澳大利亚政府颁布了一系列国家框架,为职业教育与培训体系的发展奠定了基础,也为私立高职教育与培训机构的发展提供了机会。1992 年,澳大利亚国家培训署(ANTA)正式成立,并于次年的部长会议中签署澳大利亚国家资格证书框架,将中学教育、职业教育与培训和高等教育打通为一个衔接的整体,并将联邦政府、各州政府、雇佣双方以及各类培训机构结合一起开发国家培训系统。1996 年,澳大利亚政府进一步发布国家培训框架(NTF),开始在全国范围内推广各行业培训包(TP),使之成为澳大利亚政府引导培训机构发展的重要措施。1997 年,澳大利亚政府发布国家培训认证框架(ARF),该框架提供了全国职业技能认证体系,其标准得到各州(领地)的认可。[③]20 世纪 90 年代,澳大利亚发布的一系列国家框架有利于统一各类高职教育与培训机构的办学质量和认证标准,从高职教育与培训机构的发展初期就明确政府职能,通过财政资助标准和政策协调等非强制性行政措施来保障职业教育质量成为澳大利亚的一大特点。

在过去的 20 年里,澳大利亚的职业教育与培训领域主要有两大变化。第一个变化是澳大利亚政府将职业教育与培训领域放到国家战略发展的高度,发布了两份对职业教育发展有重要影响的研究报告。2001 年,澳大利亚政府修订了澳大利

---

① 李继延,等. 中外职业教育体系建设与制度改革比较研究. 上海:复旦大学出版社,2014:163.

② Simons M. Educational leadership in Australian private VET organisations: How is it understood and enacted? Research in Post-Compulsory Education, 2014(7): 245-260.

③ 董仁忠,杨丽波. 澳大利亚职业教育与培训系统演变——基于政策的分析. 外国教育研究,2015(2): 108-116.

亚学历资格框架后，形成全国统一的办学质量保障体系——澳大利亚质量培训框架，进一步明确培训提供者的注册标准、各州和地区培训管理和认证机构的标准、所教授科目的标准以及管理部门的标准。2004 年，澳大利亚国家培训署发布《塑造我们的未来：澳大利亚职业教育与培训国家战略（2004—2010）》，这是澳大利亚政府进入 21 世纪出台的第一个远景规划。它提倡构建产业、民众和社区的协作伙伴关系，为注册的私立职业教育与培训机构提供资助，学生也可以申请联邦学习奖学金。2011 年，澳大利亚政府颁布《国家职业教育与培训管理法（2011）》，并成立澳大利亚技能质量保障署全面负责澳大利亚的职业教育与培训机构的办学质量监管。值得一提的是，澳大利亚联邦政府于 2011 年颁布《高等教育质量与标准署法案》，成立高等教育质量与标准署（TEQSA），构建起一个整体性的现代监管架构。

第二个变化是澳大利亚职业教育与培训市场已经越来越向竞争开放的方向发展，这种变化在一定程度上与联邦政府的资助政策密切相关。20 世纪 90 年代以来，澳大利亚政府一方面建立以培养能力为基础的质量保障体系，另一方面开始调整对职业教育与培训领域的资助政策，由原来的政府全面资助转向引入市场力量的多元资助模式。政府逐年减少对公立性质的 TAFE 学院的资助，而采取政府"购买服务"项目和公开招标的方式引导公私立注册培训机构竞争，推动高职教育在市场竞争中充分发展。

（二）澳大利亚私立高职教育与培训体系的监管与资助

澳大利亚政府对职业教育与培训服务领域的管理是构建起在联邦政府、州（领地）政府、职业教育与培训机构以及行业代表机构之间的牢固伙伴关系，逐渐形成国家管理与职责框架（NGAF）、资格证书框架和澳大利亚质量培训框架。

1. 澳大利亚政府对私立高职教育的管理体系

澳大利亚政府的主要职责是制定职业教育发展的总体方针，不断完善澳大利亚已有的资格证书框架和质量保障体系，以及资助引导职业教育与培训机构的发展。联邦政府与各州（领地）政府通过签订拨款协议（Funding Agreement）促进职业教育与培训领域的整体发展，确保拨款专项服务于国家优先发展目标，联邦政府每年向各州（领地）政府提供联邦教育预算的 1/3 用于发展职业教育与培训。

根据澳大利亚"国家管理与职责框架"规定,国家职业和技术教育部长委员会(MCVTE)是澳大利亚职业教育的最高决策机构,由联邦和各州的主管培训的部长组成,其主要职责是推行国家职业教育发展的目标以及批准国家培训署协议等。1992 年,国家职业和技术教育部长委员会推动国家培训认证框架(NFROT),并在此基础上为私立培训机构私营实施登记机制,在《希尔默报告》之后,国家竞争政策加速了澳大利亚高职教育与培训市场的改革,私立培训机构的增长提供了多项政策支持。

国家培训署隶属于澳大利亚联邦政府下设机构,2005 年该部门将职权转交给联邦教育、科学和培训部(DEST),2007 年再次更名为教育、就业和劳动关系部(DEEWR),该部门的主要职能是落实国家职业和技术教育部长委员会的各项目标,监管和协调各州职业教育与培训的具体事务,并负责专项资助经费的划拨工作。国家培训署于 1992 年成立之初就开始着手对职业教育与培训领域进行各项改革,并出台一系列政策,包括在原有职业教育体系中引入私立职业教育与培训机构和优化职业教育体系监管模式,并于次年颁布澳大利亚学历资格框架,为接受资助的培训机构制定更完善的问责措施。国家职业教育与培训研究中心将毕业生信息、就业率、就业质量等调查统计报告反馈给国家培训署。

除政府职能部门外,澳大利亚职业教育与培训行业的管理中有一个推动办学机制与行业导向紧密结合的措施,即行业技能委员会。该委员会并非政府部门,而是非营利性的第三方机构,通过分析各行业的实际需求制定行业培训计划、培训标准、培养成效等,并开发行业培训包,以此作为澳大利亚职业教育与培训服务的依据。行业培训包是一套职业教育与培训的标准体系,不限培训机构办学性质,也并不规定学习者的培训模式、时间和地点,因而私立职业教育与培训机构拥有更为广阔的发展空间,TAFE 学院成为众多职业教育与培训服务的提供者之一,而不是唯一的提供者。

2. 澳大利亚私立高职教育质量保障体系

澳大利亚职业教育与培训服务的质量保障体系是澳大利亚国家资格证书框架、行业培训包和澳大利亚质量培训框架三位一体的保障体系,进而形成澳大利亚国家培训框架,以确保职业教育与培训机构的办学质量能够达到国家统一标准。

澳大利亚国家资格证书框架历经 20 多年的不断改革,逐步形成将各学段的学历资格教育衔接成相互贯通又能保持其独特性的灵活体系，成为国际典型模式。该框架通过资格认定的方法贯通中学教育、职业教育、高等教育，允许学习者获得一种证书或文凭后，继续选择更高层次的学习。①除纵向贯通外，澳大利亚国家资格证书框架通过学分互认的转换机制，允许学生在不同教育机构之间申请转学和深造。该机制使注册职业教育与培训机构之间、注册职业教育与培训机构与大学之间、大学与大学之间可以衔接转换，以最大限度地为学生创设灵活的学习环境。

澳大利亚国家资格证书框架以能力本位为核心，对达到不同等级的职业能力所需知识、技能和应用能力有不同的标准（即澳大利亚国家能力标准），按职业能力将职业教育体系与高等教育体系进行划分。该框架根据澳大利亚发展的实际需要，将资格证书体系划分为15种资格类型10个等级，高中阶段设置的四级证书对应职业教育与培训部分认证的一至四级证书，高中后阶段又设置四级（专科文凭、高级专科文凭、职业教育研究生证书和职业教育研究生文凭），高等教育体系中设置了从专科文凭到博士学位7种资格证书，在职业教育与培训体系和高等教育体系之间实现各种类型、各等级之间的等值贯通。在澳大利亚资格证书框架的基础上，澳大利亚政府在全国广泛推行各行业培训包，用于解决职业教育与培训服务和资格认证中能力标准之间的关系问题，并将其作为各行业职业教育与培训服务的依据。正如前文所述，行业培训包由行业技能委员会进行开发，并通过各行业内认证后提交隶属于澳大利亚教育、科学与培训部下的国家培训质量委员会（NTQC）进行认证，并发布相关信息。

澳大利亚质量培训框架有两类主要职能：一是对职业教育与培训机构进行认证，通过量化标准对注册培训机构进行监控；二是对职业教育与培训课程进行认证。无论哪类职业教育与培训机构从业，都必须符合澳大利亚质量培训框架标准，否则不能获得国家统一的职业资格证书，不能获得来自政府的资助以及各项补助。澳大利亚技能质量保障署还要对注册培训机构所提供的职业教育课程进行认证，确保其符合行业培训包的标准。除对机构和课程进行质量认证外，职业教育与培训机构如果为国外留学生提供职业教育，就必须在澳大利亚联邦政府进行招收海外学生院校及课程注册登记（CRICOS），否则无权招收海外学生，澳大利亚政府只对通过注册机构的学生颁发赴澳留学签证。因为澳大利亚职业教育与培训市

---

① 李继延，等. 中外职业教育体系建设与制度改革比较研究. 上海：复旦大学出版社，2014：163.

场极大地依赖国际生源，所以绝大部分职业教育与培训机构会主动注册和申请认证。近年来，学习者能力认证（RPL）成为澳大利亚质量培训框架的重要组成部分，此认证结果是学分互认转换机制的基础。

3. 澳大利亚政府对私立高职教育的资助

澳大利亚联邦政府和各州（领地）政府对职业教育与培训领域的财政资助是一个以法律保障为基础的、相互联系并分工明确的政府资助体系。澳大利亚联邦政府早在 1989 年就颁布专门适用于高职教育的《拨款（技术与继续教育资助）法》，又于 1992 年颁布《职业教育与培训资助法》、2015 年颁布《高等教育支持法案（职业教育）》、2016 年颁布《职业教育与培训学生贷款法案》等，这一系列法律法规保护了学生的权益，最大限度地提高学生获得职业教育的学业成就和公共资金的使用效益。

除建立法律保障之外，澳大利亚一直致力于推动联邦政府与州（领地）政府共同兴建并管理职业教育与培训系统，不仅设置了联合联邦与地方的国家职业和技术教育部长委员会等管理体系，还推动了全国统一的国家培训框架体系，并且每年投入大量政府财政经费，用于受教育者的培训、实习以及各类奖学金和生活补助，以保障职业教育与培训机构的教育质量。公立和私立的职业教育与培训机构都希望申请政府资助项目，首要条件是必须通过澳大利亚质量培训框架认证。

公立 TAFE 学院的办学经费有 90% 来自联邦政府和各州（领地）政府的拨款，而对私立职业教育与培训机构，澳大利亚政府通常采取间接的资助方式。一方面，政府通过对学生的资助来间接资助私立职业教育与培训机构。政府每年会设置种类繁多的奖学金，其中就包括澳大利亚政府奋进奖学金和澳大利亚发展奖学金（都是涉及职业教育与培训领域的奖学金），并且向所有符合条件的注册职业教育与培训机构开放，因此私立职业教育与培训机构的学生也可以申请。2015 年的《高等教育支持法案（职业教育）》和 2016 年的《职业教育与培训学生贷款法案》都明确规定，所有合规的职业教育与培训机构的学生都可以申请职业教育全额付费贷款（vet fee-help）和职业教育学生贷款（vet student loan），这在一定程度上为私立职业教育与培训机构提供了间接资助。另一方面，澳大利亚政府每年会发布大量"政府购买"的教育培训项目，以提升特定群体的职业能力，例如原住民教育直接援助项目（IEDA）等。除此之外，政府对于接受财政拨款的教育机构采取绩效管理，对学生就业率高的机构会追加拨款，对学生就业率低于65%的机构会取消当年拨款计划，对未完成教育培训计划的机构还会要求退还政府资助，从而保障国家公共资金的使用效益。

二、澳大利亚私立高等教育机构监管政策变迁的历史沿革

澳大利亚私立高职教育的承担者除注册私立职业教育与培训机构之外，还有一部分私立大学的职业教育部和私立非大学高等院校，分析澳大利亚政府对这类高等教育机构的监管政策有利于全面了解澳大利亚的分类管理政策。澳大利亚私立高等教育机构的发展与高等教育市场化进程密切相关，并在政府出台私立高等教育政策的历史变迁中渐次发展。这种变化与澳大利亚高等教育政策和民众的教育选择保持一致，同时也代表着各利益相关者之间的博弈过程。

（一）私立高等教育机构形成期的各方博弈：二战后到 1988 年

1901年颁布的《澳大利亚联邦宪法》明确了教育的具体管理权归于各州教育行政部门。因此，第二次世界大战前，各州高等教育机构很少获得联邦政府的资助，联邦政府也无权干涉各州的具体教育事务。直至 1944 年，澳大利亚政府发布沃克委员会提交的《沃克报告》，该报告为联邦政府参与各州教育事务提供了法理依据，使得联邦政府通过财政资助的方式逐渐获得各州高等教育的领导权。1972年，惠特拉姆政府取消大学学费，实行免费高等教育的教育政策，提供非竞争性联邦政府助学金[1]，并宣布联邦政府单独承担大学和高级教育学院的教育资助。1974 年，联邦政府对大学的拨款占学校办学费用的 90%。[2]这一阶段，私立高等教育的发展特征可以总结为由政府主导、国有化和去私立化，澳大利亚联邦政府承受着巨大的经济压力。1975—1983 年弗雷泽自由党-国家党联盟执政期，澳大利亚联邦的福利支出增加 46%，但其他社会性支出下降 27.5%。[3]20 世纪 80 年代开始，澳大利亚的公共政策价值取向要求政府放松对教育的管制，引入市场竞争

① 崔爱林. 二战后澳大利亚高等教育政策研究. 保定：河北大学出版社，2011：28，49，77
② Stone D L. Private higher education in Australia. Higher Education, 1990, 20(2): 143-159.
③ 西蒙·马金森. 教育市场论. 高莹，等，译. 杭州：浙江大学出版社，2008：43.

机制，发挥私立教育的作用。这种转变直接影响了澳大利亚高等教育政策的变化，为私立高等教育的发展提供了较好的政策机遇。

1983 年，霍克政府实施了一系列高等教育改革措施，在高等教育领域是否发展私立高等教育机构存在极大争议，前后两任就业、教育与培训部部长瑞安（Susan Ryan）和道金斯（John Dawkins）持不同的态度。瑞安坚决反对发展私立高等教育机构，认为这种机构仅消耗联邦公共资金，但所起到的作用并不如公立高等教育机构，甚至会对澳大利亚高等教育统一的高标准质量产生损害。[①]相比之下，道金斯并不将私立高等教育机构视为对现行高等教育体系的威胁，"在一个以广泛和高质量的公共供给为主的高等教育制度下，私立高等教育需要大量的资本投资，收益很少或者甚至没有回报，因为仅靠收费实际上不能平衡其办学成本"[②]。澳大利亚政府对私立高等教育的政策导向由国家化和公立化转向鼓励创办私立高等教育机构，以扩大高等教育经费来源，满足民众不断增长的对高等教育的需求，私立高等教育机构发展的制度环境开始形成。1985 年，霍克政府正式实施对海外留学生全额收费制度，鼓励大学将海外留学生的学费收入弥补办学经费不足的问题，并允许公立大学与私立高等教育机构共同开发市场化课程。1987 年颁布的《高等教育：政策讨论稿》中首次提出"教育是一种产业"的观点，要求高等教育机构拓宽办学经费来源渠道。1988 年，澳大利亚政府颁布《高等教育资助法案》，明确了私立高等教育机构的合法地位，从国家层面的法律上赋予私立高等教育机构自主管理的权利。[③]

（二）私立高等教育机构发展期的政策调整：1989—1996 年

1988 年，澳大利亚政府发布《高等教育：一份政策声明》，合并原有的高等教育双轨体制，建立统一的国家高等教育体系，私立高等教育机构也被纳入其中。此时，在联邦政府和州政府的法律文书中都将私立高等教育机构称为"其他机构"，"高等教育私人提供者""私人提供者""私立高等教育提供者"等称呼交替使

---

① Stone D L. Private higher education in Australia. Higher Education, 1990, 20(2): 143-159.

② Stone D L. Private higher education in Australia. Higher Education, 1990, 20(2): 143-159.

③ 范跃进，王玲. 国际视域下的民办（私立）高等教育经费政策研究. 北京：中国社会科学出版社，2019：205，219.

用来形容此类高等教育机构。①1989 年，联邦政府发布"高等教育贡献计划"（HECS），高等教育收费制度促使高等教育机构进入市场化发展阶段，高等教育的资助方式和政策环境发生巨大变化，为私立高等教育机构的发展提供了重要契机。此时，联邦政府对待私立高等教育机构采取"权力下放"的政策，将私立高等教育机构的管理权归于各州政府自行管理，而州政府通常仅要求私立高等教育机构符合公司法的规定，并通过州或者地区的课程认证即可创办。

20 世纪 80 年代末到 21 世纪初，澳大利亚私立高等教育机构沿着两条路径快速发展。一条发展路径是在州政府扶持下创办高质量的非营利性私立大学。坐落于昆士兰州黄金海岸上的邦德大学是澳大利亚第一所私立大学，始创于 1986 年澳大利亚邦德公司创始人邦德（Alan Bond）和日本电子工业国际公司（ELE）的总裁原森（Harunori Takahashi）的共同倡议，并获得昆士兰州总理彼得森（John Beark Peterson）的大力支持。1987 年 4 月 9 日，昆士兰州议会通过《邦德大学法案》，以确保邦德大学的合法地位和独立性，邦德大学成为澳大利亚第一所非营利性私立大学，打破了公立大学一统天下的局面。之后，新南威尔士州和西澳大利亚州政府也出台了鼓励非营利性私立高等教育机构发展的政策。

另一条发展路径是与公立大学合作，承接学位课程或共同开发特定课程的混合私立高等教育机构。随着海外学生逐年增加，公立大学的教育资源无法满足海外学生对特定课程的需求，例如英语、商业和经济学等课程，部分公立大学将过剩的课程需求外包给营利性私立高等教育机构来完成，可以说这类私立高等教育机构的发展是满足过剩需求的产物。1985 年，位于西澳大利亚的盐池国际校园第一个提议发展混合私立高等教育机构，随后澳大利亚商业和技术研究所（AIBT）和悉尼国际管理研究中心（ICMS）开始承接公立大学的外包课程。②

企业投资高等教育的愿景和联邦政府采取自由的政策导向，为私立高等教育机构提供了宽松的发展环境。但是，私立高等教育机构教育质量低下问题以及盲目扩增低端私立商学院和预科学院的"烂苹果"现象，引起澳大利亚社会各界担忧，呼吁联邦政府出台全国统一的教学规范与标准。1991 年，联邦政府颁布《海外学生教育服务（教育提供方登记和财务规章）法》，之后为了维护国际声誉和

---

① Shah M, Nair C S. A Global Perspective on Private Higher Education. North Mankato: Chandos Publishing, 2016: 169.

② Stone D L. Private higher education in Australia. Higher Education, 1990, 20(2): 143-159.

保护海外学生利益，要求各州和地方政府负责监督课程注册，以保障教育质量。另外，随着私立高等教育机构的逐年增多，它们对于获得政府财政补贴和统一认证的呼声也越来越高。1991 年 10 月，澳大利亚政府颁布《高等教育：90 年代的质量和多样化》，要求建立高等教育质量保障机制和建立高教机构之间的学分转移系统，这为私立高等教育机构进一步发展奠定了政策基础。

（三）私立高等教育机构监管体系形成期的质量保障：1996—2010 年

1996 年 3 月 11 日，霍华德（John Howard）在大选中获胜，他为政举措之一就是极力地推行公共部门私有化改革，认为公共服务应该处于竞争的环境之中，让消费者进行选择，教育改革势在必行。1997 年 1 月，教育部长瓦恩斯通（Amanda Vanstone）上任之初就委任威斯特（Roderick West）组建教育研究委员会，对澳大利亚高等教育进行广泛调研并提供政府咨询报告，之后澳大利亚政府出台了对高等教育市场化影响重大的政策文件《大众定制时代的澳大利亚高等教育》。[1]该文件着重探讨联邦政府对高等教育机构拨款方式改革从而促进高等教育机构市场化和竞争力，提出发展成为"完全的经济市场"，其根本宗旨是提高联邦政府拨款的使用效益。随后，霍华德政府开放高等教育机构自主设定学费的权力，加大对私立高等教育机构的资助力度。2003 年，澳大利亚政府发布《我们的大学——支撑澳大利亚的未来》，提出两种新型的联邦助学贷款方式：一是面向公立高等院校和通过认证的私立高等教育机构的全额支付学费的学生提供"全额自费：高等教育贷款计划"（FEE-HELP）；二是面向到海外接受学位教育的学生提供"海外学习：高等教育贷款计划"（OS-HELP），该计划在同年颁布的《高等教育支持法案》得以体现和实施，从而明确联邦政府给予私立高等教育机构学生资助的基本政策。

随着联邦政府介入私立高等教育机构的发展，澳大利亚私立高等教育机构的职能分化和多元化趋势更为明显。一方面，非营利性私立高等教育机构获得来自联邦政府的直接拨款。创建于 1989 年 12 月的澳大利亚圣母大学是一所私立天主教大学，联邦政府于 1998 年按照《高等教育资助法案》批准澳大利亚圣母大学与公立大学同样获得联邦直接拨款的权益，紧接着邦德大学也获得同样的权益。另

---

① 何晓芳. 澳大利亚高等教育市场化进程中的大学、政府、市场关系研究. 东北师范大学博士学位论文, 2008.

一方面，公立大学市场化倾向进一步推动混合式私立高等教育机构的发展。随着"高等教育贡献计划"的深入推行，联邦政府不再对大学增加经常性拨款，而采取引进竞争性拨款方式，鼓励大学自主寻求非政府资金来源，这进一步促进了公立大学与私立高等教育机构的合作。

在这一时期，澳大利亚营利性私立高等教育机构与资本市场联姻，开展了大量合并和收购活动，形成大型营利性私立高等教育集团，与此同时，国际资本也开始汹涌进入澳大利亚教育市场。2004年12月，悉尼商业技术学院、墨尔本商业技术学院、昆士兰商业技术学院、珀斯商业技术学院、伊迪斯·考恩大学和艾恩斯勃利商业技术学院6家小型私立高等教育机构合并组建IBT教育集团在澳大利亚证券交易所成功上市，成为澳大利亚第一家公开上市的大型营利性高等教育集团。[①]2007年11月，IBT教育集团更名纳维教育集团，成为澳大利亚最大的营利性私立高等教育机构，旗下拥有8所营利性私立非大学高等院校。在澳大利亚国内资本涌入私立高等教育市场的同时，国际资本也开始进入该市场，进一步加剧了澳大利亚私立高等教育机构内部的整合与竞争。2006年5月，华盛顿邮报集团公司旗下的卡普兰高等教育公司以5600万澳元成功收购位于新南威尔士州的翠贝卡教育集团，之后进一步收购布拉福德学院和田庄商业学校（Grange Business School），成为开启国际资本收购澳大利亚本土教育集团的案例。整体上来看，澳大利亚营利性私立高等教育机构的合并与收购活动有利于形成规模经济，进而提升高等教育行业品质和国际竞争力，也有利于澳大利亚政府对其进行监管。2003年颁布的《高等教育支持法案》将非营利性私立非大学高等院校纳入联邦政府直接资助范围，也将营利性私立非大学高等院校的学生纳入FEE-HELP范围，这一扶持政策极大地推动了私立高等教育机构的发展。

2000年3月，澳大利亚文化、教育、培训和青年事务部理事会设立了一个非营利性的、独立的高等教育质量保障机构——澳大利亚大学质量保障署（AUQA）。澳大利亚大学质量保障署定期对澳大利亚境内所有高等教育机构进行质量审核，审核结果反馈给联邦政府并对民众发布审核报告，以此确保高等教育机构的教育质量、办学声誉以及政府财政资助。同年3月，澳大利亚文化、教育、培训和青年事务部部长签署《全国高等教育审批程序议定书》。在此之前，私立高等教育

---

① Ryan P. Growth and consolidation of the Australian private higher education sector. The ACPET Journal of Private Higher Education, 2012(1): 5-11.

机构的评审和批准注册都由各州（领地）政府自行进行，没有统一的标准，实际执行情况也参差不齐。《全国高等教育审批程序议定书》颁布后，私立高等教育机构的准入门槛和教育质量明显提升,通过审批的私立高等教育机构可以按照《高等教育支持法案》的规定获得"全额自费：高等教育贷款计划"的资助。私立高等教育机构获得联邦助学贷款资金的比例从 2005 年的总联邦助学贷款资金的 9%增加到 2009 年的总资金的 28%，2009 年后，该比例保持相对稳定。[①]

2007 年，陆克文政府委任布拉德利教授（Denise Bradley）组建调查委员会对澳大利亚高等教育进行审查，并于 2008 年发布重要的报告《布拉德利评论》（Bradley Review）。该报告为澳大利亚国内高等教育大规模扩展奠定了基础，并将发展目标设定为到 2020 年实现澳大利亚国内 25—34 岁的青年人拥有学士学位或以上的比例从 2006 年的 29%提升到 2020 年的 40%。[②]为实现这一总体目标，该报告明确提出"未来高等教育行业的政策、监管和融资都必须考虑到通过私立部门所提供高质量服务来发挥作用"[③],调查委员会建议联邦政府成立全国统一的、独立的国家监管机构负责所有类型高等教育机构的监管工作，以实现澳大利亚高等教育体系可持续发展。

（四）私立高等教育机构监管体系完善期的政策变化：2010 年至今

受 2008 年次贷危机的影响,澳大利亚私立高等教育快速发展背后产生的问题渐次显现，过分依赖国际生源、学生学业成就不理想、联邦政府与州政府之间的监督不协调等问题影响着私立高等教育机构的发展。2010 年，澳大利亚高等教育质量标准署对 32 所私立高等教育机构（其中包括 20 所营利性私立高等教育机构）进行外部质量审计，包括机构治理、综合战略规划和质量管理、跟踪和改进绩效机制、学生入学情况、政策执行的一致性、学生学业评估等 8 个指标，审计结果

---

① Shah M. The rise of private higher education in Australia: Maintaining quality outcomes and future challenges. Journal of Institutional Research South East Asia, 2010(2): 76-80.

② Birrell B, Edwards D. The Bradley Review and Access to Higher Education in Australia. https://www.universityworldnews.com/filemgmt_data/files/AUR_51-01_Birrell_Edwards.pdf. (2009-02-06)[2019-12-20].

③ Bradley D. Review of Australian Higher Education: A discussion Paper. Canberra: Commonwealth of Australia, 2008: 12.

表明私立高等教育机构在教育质量和学术标准问题突出。^①

澳大利亚联邦政府于 2011 年颁布《高等教育质量和标准署法案》，成立高等教育质量与标准署。该机构具有更加充分的行政权，不仅对所注册的高等教育机构具有教育质量的建议权，而且对未达标的高等教育机构可以撤销注册和课程认证申请，通过质量审核、专业认证和风险评估三方面来实现全方位保障高等教育机构的教育质量，并根据《高等教育标准框架》制定不同层次的统一认证标准，依据高等院校注册认证的类别，对所有注册的高等教育院校分别进行统一认证和分类评估。私立高等教育机构被正式纳入国家统一认证的分类评估体系，也意味着对私立高等教育机构的管理权通过高等教育质量与标准署从州政府正式过渡到联邦政府手中。

自高等教育质量与标准署成立以来，对高等教育机构实施更为严格的监管和认证要求，对私立高等教育机构尤为突出。2011—2017 年，高等教育质量与标准署共收到 130 份高等教育供应商的认证注册申请，其中绝大多数是希望通过认证注册为非自行认证的私立职业培训学院，其中 2016—2017 学年，仅有 8 所新增机构注册通过认证。^②2011—2018 年高等教育质量与标准署的统计报告数据显示，澳大利亚私立高等教育的发展呈现机构数量逐年下降、入学人数逐年增加的现象。这种新现象的出现可归结为两个主要方面：一方面，私立高等教育机构更充分地利用在线学习模式吸引非全日制学生和海外留学生参与在线课程学习，通过线上课程发展离岸教育已经成为新的增长点；另一方面，澳大利亚公立大学与私立高等教育机构形成深入合作的伙伴关系，包括协助预备课程的教学任务、共享师资和校园设施、监督教育质量与学术标准、提供国际生生源以及确保双方的经济效益等。2010 年，纳维教育集团与 8 所公立大学建立了伙伴关系，攻读学位教育的学生首先在纳维教育集团旗下的高等教育机构完成一年制的预备课程，再到其合作的大学完成两年的本科教育获得学士学位。这种合作模式每年为合作大学提供超过 7500 万澳元的办学收入和超过 3000 名生源，其中 70%以上为国

---

① Shah M. Private for-profit higher education in Australia: Widening access, participation and opportunities for public-private collaboration. Higher Education Research and Development, 2013, 32(5): 820-832.

② Shah M, Hai Y V, Stanford S A. Trends in private higher education in Australia. Perspectives: Policy and Practice in Higher Education, 2019, 23(1): 5-11.

际生。①发展在线课程和公私合作办学模式已经得到澳大利亚政府的政策支持，并在私立高等教育机构中普遍实施，这也使高等教育质量与标准署的监督工作面临新的挑战。

三、澳大利亚政府对私立高等教育机构监管的特点分析

澳大利亚私立高等教育发展的历史轨迹与其他国家私立高等教育发展具有诸多相似之处，尤其是公立高等教育占主导地位的国家，都经历过从"排斥"或者说"边缘化"到"被动接受"再到"标准化引领"的过程。我们在审视私立高等教育发展相似性同时，也认识到不同地缘政治、区域经济和传统文化都对私立高等教育发展起到不同程度的影响，因此，澳大利亚政府对私立高等教育机构的监管方式具有不同于欧美各国的独特性。

（一）通过间接管理式方式控制私立高等教育机构逐利行为的度

澳大利亚的高等教育实践已经充分证明，无论是"完全脱离于经济市场"模式，还是"完全经济市场"模式，都不符合澳大利亚高等教育发展的实际需要，最理想的状态是政府通过间接管理方式将高等教育市场化的发展控制在一定范围内。私立高等教育机构（尤其是营利性私立高等教育机构）是澳大利亚政府推动高等教育市场化和国际化的产物，其办学性质具有逐利性与公益性并存的特征，澳大利亚政府最终采用间接管理方式来引导其公益性和控制其逐利性。自2000年澳大利亚政府设立澳大利亚大学质量保障署以来，以"质量标准驱动"为基础的联邦资助体系开始形成，澳大利亚政府利用非营利性的高等教育质量保障机构、联邦资助经费以及竞争性拨款项目来引导和间接控制高校的发展，其中也包括对私立高等教育机构的引导。

2011年3月，澳大利亚政府颁布《高等教育标准框架》，进一步明确了高等

---

① Shah M, Lewis I. Private higher education in Australia: Growth, quality and standards. Journal of Institutional Research South East Asia, 2010, 8(2): 80-95.

教育提供者的注册标准、分类标准、课程认证标准以及学历资格评定标准。①《高等教育标准框架》是高等教育质量与标准署对高等教育提供者进行注册评审和绩效评价的重要政策参照，也是高等教育分类的标准，其分类标准是以学历框架的不同层次来进行划分的，而不是以公立或私立的高校属性进行分类的，因此，学术质量标准是按照同一层次内保持一致性的原则来进行评估的。高等教育质量与标准署对私立高等教育机构从申请、评审、获批再到课程认证有着一套严格的质量标准和程序，对其教育质量的监管比大学更加严格，因为大多数私立非大学高等院校属于非自行认证机构。

澳大利亚高等教育资助政策已经形成包括联邦资助政策、奖学金政策、学生助学贷款政策、捐赠政策以及税收优惠等相辅相成的政策体系，非营利性私立大学和其他非营利性私立高等教育机构与公立高等教育机构享有平等的权利，但是要获得政府的资助首要前提条件是取得高等教育质量与标准署的注册资格，以确保私立高等教育机构的教育质量。申请联邦政府资助的私立高等教育机构必须与政府签订资助协议，确立任务书，公开财务与办学成效信息以确保经费的使用效率，一旦发现私立高等院校举办者未能满足资助的相关要求，联邦政府就有权根据实际情况削减或追回资助经费。《澳大利亚2014—2015财年预算案》规定，私立高等教育机构为本校学生提供联邦资助项目的条件之一就是要公开学校的财务和办学成效信息。②联邦政府与私立高等教育机构签订资助协议，制定严格规范的信息公开制度、经费审核和绩效评估，不仅可以保证资助经费的投入成效，还可以防范非营利性私立高等教育机构以非营利性之名行营利性之实。

（二）通过诱致性制度强化公私立高等教育机构的竞争与合作

鉴于澳大利亚教育管理体制的特殊性，联邦政府采用强制性制度的运行方式通常难以在短时间内达到教育政策的预期效果，故而通过采用诱致性制度来实现其目的。除了经常性拨款和基建拨款之外，政府还有种类繁多的竞争性资助项目，不同的资助项目有着不同的目的，以及严格的条件限制和申报资格，例如研究性

---

① Department of Industry, Innovation, Science, Research and Tertiary Education. Higher Education Standards Framework 2011. https://www.legislation.gov.au/Details/F2013C00169. (2013-03-01)[2019-12-20].

② 范跃进，王玲. 国际视域下的民办（私立）高等教育经费政策研究. 北京：中国社会科学出版社，2019：205，219.

资助项目、促进教育公平的资助项目和发展特定目标的资助项目等，实质上这些竞争性资助项目是政府向高校购买教育服务，以实现其发展目标。这些资助项目对公私立高等教育机构的性质并没有严格的限定，主要的限定条件是申请高校必须符合《高等教育标准框架》，并且通过高等教育质量与标准署的认定。竞争性资助方式有利于为优质的私立高等教育机构提供发展的经费支持，更重要的是可以引导和促进私立高等教育机构不断提升教育质量和竞争能力，进而增强私立高等教育机构的公益性。

随着政府鼓励私立高等教育发展的政策实施，澳大利亚不仅拥有像邦德大学和托伦斯大学这样著名的私立大学，更拥有具有国际竞争力的营利性高等教育集团，这些私立高等教育机构不仅与公立高校在某些领域产生竞争关系，更可以推动公立高等教育机构开展市场化运作。澳大利亚政府不仅鼓励公私立高等教育机构竞争，同样也支持公私立高等教育机构深入合作来提升国际竞争力和加强社会服务。1994年，伊迪斯·考恩大学与纳维教育集团旗下的珀斯工商技术学院签署第一份合作协议，开启了公私立高等教育机构深入合作的新模式。由私立高等教育机构提供衔接课程和基础课程、合作大学完成专业课程的联合培养模式成为澳大利亚公私立高等教育机构合作的一种通行做法。

澳大利亚政府在制度上支持公私立高等教育机构合作之外，还根据需要设置各种专项经费项目来激励公私立高等教育机构共同合作，例如为扩大弱势群体的大学入学机会，澳大利亚政府专门制定"高等教育公私合作计划"（HEPPP），提供专项财政资助激励私立高等教育机构参与特殊群体学生的预备课程教学。高等教育公私合作模式并不是简单意义上的利益共享和风险共担，而是在政府以资助项目的形式控制着私营部门可能出现的高额利润，使得公私立高等教育机构共享合作所产生的社会效益，并保持私立高等教育机构取得相对长期平稳的教育投资回报，形成公私立高等教育机构稳定的伙伴关系。

（三）通过分类资助引导私立高等教育机构质量优先发展

《高等教育支持法案》颁布后，非营利性私立高等教育机构获得申请联邦资助项目的资格；《我们的大学：支撑澳大利亚的未来》发布后，联邦政府将符合资格的私立高等教育机构中的全额自费生纳入高等教育贷款计划。2016年1月，澳大利亚联邦政府的教育预算案中，第一次使所有通过高等教育质量与标准署认证的高等教育机构中就读高级文凭或副学士学位课程的本土学生都可以获得联邦直接财政资助，以增加本土学生接受高等教育的机会。换言之，本土学生可以自由地选择不同的高等教育机构而不受联邦资助政策的限制，例如在营利性私立高等教育机构就读学位课程的本土学生与公立高校的学生一样可以申请"高等教育成本分担救助计划"（HECS-HELP）、"学生服务及设备费用补助"（SSAF）等，这些资助项目原来仅提供给公立高校的学生。

根据 2018 年澳大利亚高等教育质量与标准署对高等教育机构的统计报告，非营利性私立高等教育机构的办学经费来源中，联邦政府和州政府直接拨款占其办学经费来源的 54%，远高于欧美国家政府对私立高等教育机构的拨款；国内外学生学费收入总和仅占 18%，其中海外学生的学费收入占 7%；非高等教育服务收入占 5%，其中包括向海外学生提供英语专修课程、职业教育与培训以及学历课程等；其他收入占 23%，包括捐赠收入、第三方服务收入和商业收入等。而营利性私立高等教育机构的办学经费来源中，国内外学生学费收入达到其总收入的 61%，其中国外学生的学费收入占 34%；非高等教育服务收入占 24%；其他收入占 15%；并未获得联邦政府和州政府的直接拨款。[①]从统计报告中我们发现，非营利性私立高等教育机构办学经费的最大来源是联邦政府与州政府的直接拨款，学生学费收入排在其他收入之后，由此可以看出澳大利亚政府鼓励非营利性私立高等教育发展的政策倾向，并提供了公平的政策环境；同时也可以发现非营利性私立高等教育机构对政府的依赖性较强，非高等教育服务项目收入来源最少，由此可以推断此类教育服务主要由营利性私立高等教育机构完成。在营利性私立高等教育机构的办学经费来源中，虽然没有得到政府的直接拨款，但是其实现了办学经费来源多元化，学生学费收入是最主要的办学经费来源，但是提供非高等教育服务的收入所占比例也很大，这与澳大利亚政府所提供的政府购买服务项目有密切相关性。除此之外，在营利性私立高等教育机构就读高等教育文凭课程的学生同样有资格获得政府的助学贷款。

随着私立高等教育机构的快速发展和民众对高等教育需求的不断增长，澳大

---

① Tertiary Education Quality and Standards Agency. Statistics report on TEQSA registered higher education providers 2018. https://www.teqsa.gov.au/sites/default/files/statistics-report-2018-web.pdf?v=1534729727. (2018-08-20) [2019-12-20].

利亚政府高等教育资助政策中对公私立性质的区分和界限更加模糊，但是对于拨款经费的使用效率和效益要求更加严格。目前，澳大利亚联邦政府对私立高等教育机构的引导更趋明显，无论是通过项目形式直接对非营利性私立高等教育机构进行拨款，还是通过鼓励公私合作项目间接资助营利性私立高等教育机构，都可以反映出澳大利亚政府对私立高等教育机构的财政资助政策从"机会公平"转向"质量优先"。

第四章

民办职业院校分类管理配套政策的
理论依据与实施障碍

　　我国学术界对民办教育分类管理的研究可以追溯到 20 世纪 90 年代中期，但是对我国民办教育分类管理政策的理论工具研究尚未形成行而有效的理论支撑体系。在欧美教育发达国家中，重要教育政策颁布之前必有一个对核心问题的研究报告，并且这份研究报告要对外发布，以提升政策公信力。我国对民办教育分类管理的政策呼吁早已有之，真正落实营利性民办教育合法地位是在 2016 年《民促法》修正案中，因而对我国政府而言，民办教育分类管理仍然是一个新生事物。对于任何一种管理政策，我们都有必要寻找其理论支持，正确的理论指导是我国民办职业院校分类管理的保证。

第一节　民办职业院校分类管理配套政策的
理论依据

　　宏观上，教育政策的出台是一个程序化的过程，包括政策问题的界定、构建政策议程、政策方案规划以及政策合法性。研究者认为可以根据政策制定者的行政伦理导向、政策议程中的利益群体以及政策方案规划中的多元主体之间的相互影响与促进，构建营利性与非营利性民办职业院校分类管理政策的宏观理论框架。

一、新公共治理理论

"治理能力现代化"是当前公共行政领域中的热门词语,对"治理"一词的研究也深入到我国的各个领域,新公共治理理论的主流地位也由此凸显。实际上,新公共治理理论是批判继承了传统公共行政理论和新公共管理理论的实践经验和理论创新,对我国治理体系和治理能力现代化具有较好的指导意义,能够作为我国民办高职院校分类管理的重要理论依据。

(一)新公共治理理论的源起与发展

"新公共治理"的概念始于 2006 年英国爱丁堡大学国际公共管理学史蒂芬·奥斯本教授的《公共管理评论》,他将公共管理划分为传统的公共行政、新公共管理以及公共治理三种不同历史阶段的行政体制。新公共治理理论不同于"大政府、小社会"的传统公共行政理论,也不同于"小政府、大社会"的新公共管理理论,它强调在公共形成过程中多元主体的协商与合作,以形成一个公共行政网络。正如奥斯本教授所言:"新公共治理是对行政—管理两分法的超越,它不是公共行政的一部分,也不是新公共管理的一部分,而是具有自身特点的可供选择的话语。它建立在一个多元的国家之上,旨在理解在这种背景下公共政策的确立和执行。"①

20 世纪 70 年代末新公共管理理论出现之前,西方公共行政范式以美国学者伍德罗·威尔逊的"政治-行政"二分法和德国学者马克斯·韦伯的官僚制理论为理论基础。传统公共行政范式(或者说官僚制行政理论)在 19 世纪末推动了西方社会从农业社会向工业社会转变的理论创新,二战后凯恩斯干预主义的盛行和福利国家制度的兴起将传统公共行政理论推向高峰。但是,受西方社会连续两次石油危机的影响,传统公共行政范式的问题渐次显现。追求公共行政效率是传统公共行政范式的核心,但是各国政府盲目追求标准化、稳定化的科层制反而带来了行政管理部门林立、科层结构复杂,以及机构臃肿的问题,造成行政效率低下、行政成本过高,甚至因官僚机构不断膨胀而阻碍了西方的民主制传统。

---

① 转引自王连伟,夏文强. 新公共治理理论的形成、演进及进路探析. 北方论丛,2021(1):88-96.

西方资本主义国家政府开始相续进行公共行政改革，无论是英国撒切尔政府的"私有化"改革，还是美国里根政府倡导的自由企业制度等，都是在推行新公共管理理论下的公共行政范式，更加主张用自由市场、理性的经济人、个人主义等因素来改造社会，米尔顿·费里德曼的"小政府理论"被西方各国政府广泛认同。新公共管理理论较之传统公共行政范式强调政府职能，应该是制定政策，而不是具体去执行、通过政府授权或分权来进行管理、广泛引入私营部门的成功经验、强调竞争机制来有效配置公共资源、重视公共服务效益和绩效评价等。通过一系列公共行政改革，西方国家政府的财政支出逐年降低，在一定程度上减缓了财政危机所带来的危害，政府从公共服务的主体开始转变为公共服务领域的购买者，并且确立"顾客"导向的行政服务理念，并以此提升民众公信力。但是由于市场失灵现象时有发生，新公共管理理论的一些缺陷开始暴露，例如新公共管理理论的价值取向过于单一，在强调经济效益的同时，理应实现多元化的目标取向；在引入私营部门的经验同时，理应强调公共部门的特殊性；在追求政府服务以顾客或市场为导向的同时，理应体现政府的公共性。

新公共治理理论是建立在对新公共管理理论的反思过程中，它在总结传统公共行政理论的政府失灵现象和公共管理理论的市场失灵缺陷的基础上，提出了从多元化社会的特性出发来设计公共行政范式，以跨越前两种行政范式的局限性。

党的十八大报告提出，要"加快形成党委领导、政府负责、社会协同、公众参与、法治保障的社会管理体制"，这一表述十分清楚地表明了治理的主体是多元主体，与传统的高度集权的社会治理体制的最大差别是强调社会协同、公众参与和法制建设，这一点的落实将极大地改变国家与社会的关系，向着"小政府、大社会"迈出实质性的步伐。①

（二）新公共治理理论的基本思想

经过 20 余年的发展，新公共治理理论在学术界经历了酝酿期、批判继承新公共管理理论后的多重界定期以及现阶段形成共识时期。新公共治理理论的代表人物史蒂芬·奥斯本教授对此基本理论进行了界定，并得到学术界的广泛认同。

---

① 创新社会治理：治什么谁来治怎么治——我国加强和创新社会治理面临的问题挑战与对策建议. http://theory.people.com.cn/n1/2016/0713/c49154-28549310-3.html. (2016-07-13)[2021-12-20].

第一，强调从单一公共服务提供者向多元供给主体转变。不同于传统公共行政理论将政府作为公共资源的单一的提供者而形成不断膨胀的官僚体系，致使效率低下和服务成本增加，也不同于新公共管理理论一味地依靠市场而忽略政府的权威性与多元价值目标，新公共治理理论认为公共服务应该由国家和政府机构作为唯一提供者转向由政府、私营机构、非营利性组织甚至个人等多元主体共同承担，形成彼此合作、相互依存的网络化治理模式，其中政府的组织与协调作用是实现有效网络治理的关键。

第二，在公共资源配置中重构政府与市场的关系。网络化治理模式不同于科层体制的合法权威来分配公共资源，也不同于通过市场竞争来配置公共资源，而是通过多元主体之间的对话、协商来解决资源配置中的矛盾。公共治理理论并不排斥市场竞争，更主张信任机制与协调机制在网络化治理中所能起到的作用，促使多元主体为实现公共价值来分享公共权力，从而防止出现以往公共行政范式中出现的政府失灵和市场失灵现象。政府职能的转变成为实现公共资源配置有效性的关键，必须形成公权力约束机制，从直接干预转向宏观调控和市场监督职能。

第三，倡导"服务主导"的理念。新公共治理理论建立在公共服务多元提供者的基础上，因而传统公共行政范式必将发生变化。在网络化治理模式内部，政府组织与非政府机构、私营部门等之间建立的是合作、互动的行政范式，而不是科层体制的统治关系。在协调机制中，为增加公共产品的数量和质量，政府组织通常会对其他组织或个人提供服务与支持，包括通过资金资助、政府购买、公私混合所有制、政府担保等服务形式来促进公共产品的效益最大化。

（三）新公共治理理论与民办高职院校分类管理的逻辑关系

民办高职院校分类管理政策需要与新公共治理理论的主要思想之间具有内在契合性，无论是创新管理机制，还是构建办学资源的多元融资体系，抑或帮助民办高职院校实现价值回归，新公共治理理论都可以提供相应的理论支撑。

民办高职院校分类管理政策的落实需要实现治理主体多元化，这有利于重新界定政府与院校之间的新型关系。从公共治理理论看，我国民办高职院校的治理主体是一种多元存在，主要是依靠政府、社会机构、人才市场、学校以及受教育者等多主体形成彼此合作、相互依存的网络化治理模式，通过信任机制和协商机制来达成治理目标的过程，进而弥补传统行政管理方式的缺陷。就民办高职院校分类管理政策而言，所涉及的参与主体更加复杂多元，不仅涉及以公益性为目的的非营利性高等教育机构，更涉及以营利为目的的私营教育机构，政府组织内部也涉及中央、地方以及政府部门之间的多头管理问题，除此之外还涉及各行业协会、用人单位、受教育者的家庭以及受教育者等，这就要求多元主体之间相互信任、通力合作，共同参与管理决策，保障各方利益和诉求得以实现。在此种网络化治理模式中，政府的行政职能从直接干预转为通过政策手段和经济手段间接管理和引导，从而降低管理成本、提升管理效率。

民办高职院校分类管理政策的核心理念是"分类管理、差别化扶持"的制度体系，有利于促进民办高职教育公共利益最大化。民办高职教育属于准公共产品，具有竞争性和排他性，在公共资源配置上，各参与主体之间存在冲突与矛盾。无论是非营利性教育机构还是营利性教育机构，都可以通过举办教育实现其社会的公益性，因而政府具有分担民办教育成本的责任，即使是营利性民办高职教育也理应获得政府的间接资助，并不是将其排斥在扶持范围之外，这符合我国民办高职教育的实际需要，也能最大限度地发挥政府的引导作用。根据公共治理理论，公共资源配置的最优化或公共利益的最大化，需要多元参与主体之间在公平的制度环境内通过协商与合作来解决利益冲突，从而保障各方的利益诉求。因此，搭建有效的沟通平台和渠道是实现提高公共资源配置的关键。

民办高职教育分类管理政策需要政府改变行政管理模式，帮助民办高职教育实现价值回归。民办高职教育从本质上而言是一项公益性事业，这是人们对学校教育的利益属性和价值特征的基本判断，而营利性民办高职院校是特定发展阶段的产物。由于营利性与非营利性民办高职院校的办学属性不同，政府应当承担的相应责任和履职的方式具有差别，非营利性民办高职院校属于纯公益事业，具有与公立高职院校同等的法律地位，其教育服务成本理应在政府、企业、家庭和个人之间合理分担，政府有责任为非营利性民办高职院校提供财政扶持。对于营利性民办高职院校，因为其具备教育的公益性，政府同样也需要提供资助与扶持，但是形式上应当通过间接提供服务与支持，例如国外教育发达国家通常采用的政府购买教育服务、国内现下所采用的公私混合所有制的尝试等，都在强调通过合作服务的方式促使营利性民办高职教育公益性不断加强，进而实现其价值回归。

综上所述，民办高职院校分类管理政策是我国职业教育体系改革的迫切需要，政策的落实需要对传统行政管理范式进行调整，在公共治理理论的支持下，提升网络化治理模式中多元治理主体参与积极性，形成政府与多元主体之间的合作机制，形成完善的政策配套机制，以真正实现对民办高职教育的分类管理。

二、利益相关者理论

自 21 世纪初期，利益相关者理论（Stakeholder Theory）被广泛应用于社会学研究的多个领域，成为理解、分析以及解决社会问题的热门理论工具。近年来，越来越多的研究者将利益相关理论引入教育领域，尤其是在高等教育市场化背景下分析高等教育机构的内部管理与外部协调问题，也是在高等教育研究中引入企业管理的成功分析理论。民办高职教育是一个涉及更加复杂的利益相关者结构，内外部关系的分类和梳理是民办高职院校分类管理政策有效实施的难点，因而利益相关者理论能够成为我国民办高职院校分类管理的重要理论依据。

（一）利益相关者理论的源起与发展

利益相关者理论作为一种管理学思想，肇始于 1963 年斯坦福研究所发表的学术论文，首次被界定为"没有它们的支持，组织就不再存在的团体"。20 世纪 80 年代，美国学者弗里曼（Edward Freeman）的《战略管理：利益相关者方法》将利益相关者理论推向欧美社会，促进了欧美企业治理模式改革，并对物质资本所有者的认识开始产生不同的概念，并且从传统企业以股东利益至上转变为企业追求利益相关者整体利益相对满足。弗里曼对"利益相关者"概念进行了宽泛的界定，即"能够影响组织目标或被组织目标影响的任何群体和个人"，区别于商业领域的"股东"[①]。弗里曼之后，国内外学者对利益相关者理论进行了深入研究，经历了"利益相关者影响""利益相关者参与""利益相关者共同治理"三个发展阶段，其理论成果成功地渗透到社会科学的其他领域。杨瑞龙是我国研究利益相关者的著名学者，他对利益相关者最宽泛的一种界定即凡是能够影响企业活动或被企业活动所影响的人或团体都是利益相关者；稍窄些的界定即凡是与企业有

---

① 李虔. 民办高校分类管理政策的可接受性研究. 广州：广东高等教育出版社，2019：31.

直接关系的人或团体是利益相关者；第三类定义最窄，认为只有在企业中下了"赌注"的人或团体才是利益相关者。[①]国内外学者对利益相关者进行概念界定时，通常以上述两种概念界定为基础。

较之以企业所有者和股东为中心的传统治理模式，利益相关者共同治理模式将企业视为一个开放的组织系统，主张将所有利益相关者的诉求纳入企业的治理之中，并通过多个利益相关者通力合作共同达成治理目标。利益相关者不仅包括企业的股东，还包括政府、消费者、企业员工、供应商等。企业治理所追求的目标并不是让企业股东拥有的资产利益最大化，而是充分满足企业多方利益相关者不同的诉求，在满足企业的经济效益的同时也必须满足社会效益以及企业的长远发展。换言之，在相关利益者理论下，企业通过满足各方利益相关者的利益来实现其社会责任。

理解和运用利益相关者理论来解决治理目标，首先必须要有所有利益相关者的参与，要将不同的利益诉求纳入企业的决策，因此企业必须确认谁是利益相关者，这并不是一成不变的，而是一个动态的变化过程，对利益相关者进行分类管理，企业更容易获得治理目标的合法性和权威性以及各利益相关者的信任。20世纪90年代以来，国内外学者多以一维分析法、多锥细分法和米切尔评分法对利益相关者进行分类，其中最具有代表性的：一是赫茨伯格（Frederick Herzberg）根据利益相关者对企业产生影响的方式，将利益相关者区分为"直接利益相关者"和"间接利益相关者"。二是米切尔（Terence R. Mitchell）等在20世纪90年代以利益相关者所必需的为视角，认为公司的各种利益相关者应具有三种性质（正当性、权威性和迫切性）中的一种及以上，并依此进行评分，依分值分类为：①确定型利益相关者，同时具有上述三种性质；②预期型利益相关者，具有上述三种性质的任两种；③潜伏型利益相关者，仅具有三种性质的某一种。无论以何种标准对利益相关者进行分类，其主要目标都是更加科学地帮助企业协调和满足各利益相关者的诉求（或者说利益分配），实现在企业目标下各方利益相关者的权利和利益相互制衡，从而实现整体利益的最大化。

---

① 胡赤弟，田玉梅. 高等教育利益相关者理论研究的几个问题. 中国高教研究，2010（6）：15-19.

（二）利益相关者理论在高等教育领域的运用

随着高等教育市场化进程不断深入，越来越多的学者将企业管理的思想引入高等教育领域，其中包括对利益相关者理论的关注。美国学者罗索夫斯基（Henry Rosovsky）在《美国校园文化：学生·教授·管理》（1990 年）一书中首次将利益相关者理论引入高等教育领域，并根据一维分析法将大学拥有者区分为 4 个层次，这是首次有学者对高等教育利益相关者进行分类。中国学者胡赤弟于 2005 年发表的《高等教育中的利益相关者分析》一文中，从高等教育利益相关与大学管理、社会责任、建立合作伙伴关系以及相互作用 4 个维度对高等教育利益相关者进行分类，此为中国早期高等教育领域引入利益相关者理论研究的代表之一。此后，学者对此类研究的关注度不断提升，不少国内外学者分别运用一维分析法、多锥细分法和定性与定量分析法对高等教育利益相关者进行属性分类，使得国内理论界对高等教育利益相关者的认识逐渐从传统的经验判断转向实证分析，极大地提升了研究的科学性。

有了对高等教育利益相关者研究的成果，就发展至对利益相关者诉求的分析，进而推进我国高等教育治理方式的变革。利益相关者理论引导高等教育治理从"单项治理"走向"系统治理"，从政府治理走向高等教育各利益相关者共同参与、各负其责、相互制衡，实现社会效益最大化的共同治理模式。利益相关者共同治理模式将高等教育视为一个开放的组织系统，高校与各利益相关者之间建立互信的合作伙伴关系，并将各自的诉求纳入高等教育治理目标，形成网络化互动模式。对于高校内部管理而言，利益相关者之间又形成权力制衡的运行机制，尤其是在高校行政权力与学术权力之间形成制衡。无论是高校外部公共关系的构建还是内部权力的制衡，最关键的是保障高等教育质量的提升。根据利益相关者理论，高等教育利益相关者对高等教育质量的评价标准是其诉求或者期望能否得到满足，因而充分吸纳各方参与到高等教育质量保障体系是实现高等教育质量发展的关键。利益相关者理论的研究在我国尚处于发展阶段，随着研究者对理论研究的深入，在高等教育领域的运用也会不断拓展。

（三）利益相关者理论与民办高职院校分类管理的逻辑关系

民办高职教育作为高等教育领域不可或缺的重要组成部分，具有办学属性的特殊性与复杂性，营利性与非营利性民办高职院校分类管理决定了民办高职教育利益相关者更加多元和复杂，除了政府、举办者、教师和受教育者等关键的利益相关者之外，还包括私营机构、社会公益组织、行业协会、工商部门以及教育行政部门等利益相关者。根据利益相关者理论，民办高职院校分类管理必须理顺各相关利益者的不同，因为不同的利益价值影响着分类管理政策实施成效。基于此理论的原则就是需要将政府单项治理（或者说"单中心"管理结构）转向多利益相关者共同参与办学，平衡各方之间的利益诉求，使其形成伙伴关系，最终实现共同治理、风险共担、相互依存的网络治理模式。

利益相关者理论的核心是识别利益相关者，明晰利益相关者所能发挥的作用、功能以及诉求，权衡不同利益相关者诉求的优先顺序以及利益诉求的平衡点，协调和相对满足各利益相关者的诉求，推动各利益相关者的合作共赢，发挥各自的最大作用，确保组织整体利益的最大化。以民办高职院校举办者为例，不同的举办者有着不同的利益诉求，投资办学的举办者更倾向于经济利益最大化，而捐资办学的举办者更倾向于社会效益最大化，在分类管理政策中既要逐步放开教育市场的限制性政策，又要体现对捐资办学者的政策激励，还需要制定两类民办高职院校举办者变更机制，因此，民办高职院校分类管理的旨趣就是促进营利性与非营利性民办高职院校举办者诉求的平衡，形成以实现教育公益性最大化为目标的协调发展。

三、耦合理论

随着民办教育分类管理政策实施的深入，民办高职教育体系中必将明晰划分出营利性民办高职院校与非营利性民办高职院校，两类不同办学定位的民办高职院校同处于一个体系内并不是简单的并重和叠加，而是存在复杂的耦合关系。国家出台民办教育分类管理的目的在于突破民办教育发展的政策限制和发展瓶颈，以促进民办教育体系的健康发展。然而，两类不同办学定位的民办高职院校并不天然地具有正耦合的基础，也不是简单的结合关系，而是需要建立实现互利共赢、协调发展的政策支持体系。因此，耦合理论对建立民办高职院校分类管理配套政策的构建具有理论指导意义。

（一）耦合理论的源起与发展

耦合理论源于物理学理论，表示两个及以上的子系统之间的关联程度或相互作用，根据一个子系统发生变化对另一个子系统产生影响的强弱，可以将其划分为松散耦合和紧密耦合。在一个大系统之中，各子系统之间存在相互作用、依存关系以及协调发展的动态系统关系。从协同学角度看，耦合作用及其协调程度决定了系统在达到临界区域时走向何种序与结构，即决定系统由无序走向有序的趋势。系统由无序走向有序机理的关键在于系统内部序参量之间的协同作用，它左右着系统相变的特征与规律，耦合度正是反映这种协同作用的度量。①

伴随着耦合理论研究的深入，国内外学者将该理论引入人文社科领域，尤其在教育领域关注度越来越高。1973 年，加拿大心理学家格拉斯曼（William E. Glassman）根据控制论中耦合系统的理论，提出松散耦合理论（Loose Coupling Theory）。格拉斯曼根据两个系统中共享变量活动的多少来分类耦合的程度，松散耦合是处于紧密耦合和互相独立的一种中间状态，②换言之，就是各要素之间既保持一定的联系，又具有独立性。之后，美国密执安大学的维克（Karl E. Weick）将松散耦合理论引入组织管理学领域，针对马克斯·韦伯的科层组织理论的局限，提出组织中的很多要素并不是紧密关系，而是一种松散的联系，每个要素都有自身的独特性，并且在组织内部保持一定的联系。根据维克的观点，在组织系统中，各要素之间存在耦合关系，这是保持组织目标确定性的基础，而各要素又是动态变化的，这又使得组织目标具有一定的不确定性，因而必须限定特定变量对组织的影响。松散耦合理论表明组织既可以保持标准化的正式结构，又能根据环境或者具体的情景改变自身的活动，各要素既是相互独立的个体，也可以通过各要素之间的联系而形成任意模块，并且模块关系并不是一成不变的。

近年来，国内外学者对耦合理论的研究已经深入到机制研究，德国斯图加特大学的哈肯（Hermannn Haken）从协同学视角提出耦合协同关系，根据系统内各要素之间耦合关系的紧密程度进行定量分析后提出，具有协调关系的对象系统之间的交互影响能够实现系统之间搭配得当、资源高效利用和高产出水平的实现，

---

① 刘丽彬. 高等职业教育战略联盟形成机制研究. 国家教育行政学院学报，2013（9）：25-30.

② 李会军，席西民，葛京. 松散耦合研究对协同创新的启示. 科学学与科学技术管理，2015（12）：109-118.

反之，则系统之间相互抑制，难以发挥系统效应。[①]更多学者从解决组织普遍存在的冲突、矛盾现象出发进行研究，既不强调矛盾冲突的消解，也不采用脱偶模式，而采取一种辩证统一的兼容解决方式。

（二）耦合理论与民办高职院校分类管理的逻辑关系

在民办教育分类管理政策实施之前，民办教育被视为非营利性民办学校，从组织管理角度并未触及两类民办高职院校的耦合关系。随着民办教育分类管理常态化，两种办学类型的民办高职院校之间的耦合关系成为常见又复杂的系统现象。根据松散耦合理论，组织内各要素之间的耦合关系具有三个特征：①要素之间具有独立性，即要素之间不存在完全的依附关系。营利性民办高职院校与非营利性民办高职院校具有不同的办学目的、发展模式、组织结构以及运行机制等，两者之间并不是完全的依存关系，可以独立发展，因此这种特征为分类管理奠定了基础，否则分类管理难以实施。②要素之间具有关联性，这是形成组织结构的基础。两类不同办学定位的民办高职院校同属于民办高职教育体系，在体系内两类民办高职院校之间存在既竞争又合作的关联性，例如生源市场、劳动力市场、师资力量甚至公共资源等方面有着相互影响。③要素之间形成耦合关系是因为两者之间存在共性要素，共性要素越多，耦合关系越紧密。作为高层次技术技能人才培养的高等教育机构，无论是营利性民办高职院校还是非营利性民办高职院校，都属于公益事业，都应以满足人民群众对高质量教育需求为核心，民办教育分类管理、差别化扶持的政策核心以满足社会公共利益最大化为目标，即民办高职教育体系整体利益最大化，通过人才培养质量将民办高职教育体系的各子系统有机地结合在一起。

从人文社会科学的角度看，耦合研究的对象既是动态的，也是开放的；既体现了系统从低级到高级、从简单到复杂的演进，又体现了系统间相互配合、和谐发展的程度。[②]通过分析我们可以确定，在一个体系内的两类民办高职院校符合松散耦合的特征，在研究分类管理配套政策时必须考虑到政策的整体性、复杂性和一致性特点。首先，配套政策的整体性必须考虑到民办高职教育体系是两类民办

①　尹德伟，秦小云. 高等教育与区域经济发展的耦合协同机制研究. 中国成人教育，2015（8）：8-10.
②　吴丹丹，马海泉，张雷生. 浅析科学研究与高等教育的耦合机制. 中国高校科技，2018（1）：7-10.

高职院校的耦合关系的整体，单方面否定其中之一就会影响整个体系的质量。民办教育分类管理政策颁布之前，我国相关的教育法律法规否定营利性民办教育存在的合法性，造成民办高职教育体系内部存在办学定位混淆的现象。除人才培养之外，两类民办高职院校在社会服务、技术技能创新乃至国家公共资源资助等方面都存在关联性，这些都构成了民办高职教育的整体性，因而在制定分类管理政策时必须考虑各要素之间的耦合关系。其次，分类管理配套政策是一个复杂的系统工程，两类民办高职院校并不是简单的叠加，而是通过配套政策能够充分发挥各自的优势，并进行互补，这就需要政策协调两者间的矛盾冲突，使其进行良性的竞争与合作。除此之外，配套政策能够把握两类民办高职院校的一致性。根据耦合理论，决定组织内部发展方向的关键是各要素之间的关联要素，找准两类民办高职院校的关联要素是评估政策有效性的关键。两类民办高职院校存在诸多不同，例如办学定位、举办者的诉求等，但是两者都必须满足民众对高质量职业技术教育的需求。因此，配套政策需要把握这个关联点，以充分发挥民办职业教育体系的社会效益。

第二节　民办职业院校分类管理配套政策的实施障碍

2016 年 11 月 7 日，第十二届全国人民代表大会常务委员会第二十四次会议通过《关于修改〈中华人民共和国民办教育促进法〉的决定》，对《民促法》进行第二次修正，这标志着民办教育进入新的发展阶段，相关法律法规不断完善，之后政府连续三年对该法案进行修正，各项配套政策也逐步完善，为突破长期困扰民办高职院校发展的瓶颈提供了政策支持，例如办学法人属性问题、扶持政策落实问题等。随着民办教育分类管理改革不断深入，各项改革措施的落实需要充分发挥各层次民办教育分类管理配套政策体系的综合效应，在政策实施过程中仍然存在各种障碍，有客观条件造成的，也有主观认识产生的，因此，我们有必要梳理和剖析当前民办高职院校分类管理配套政策实施的主要障碍。

一、突破民办高职院校分类管理配套政策的观念障碍

"观念决定态度、态度决定行为、行为决定结果",民办教育分类管理是我国政府对民办教育领域一次重要的改革,对民办高职院校的发展也是一次难得的机会,各级政府与民众对待民办教育分类管理的观念和态度直接影响到分类管理配套政策的实施效果。随着近年来党和国家领导人多次在重要会议中呼吁职业教育对社会发展的重要性以及一系列职业教育改革措施的颁布,职业教育在社会教育中的地位明显提升,但是仍有一些旧观念阻碍了部分地方政府和民众对职业教育和民办职业院校的认知,进而影响分类管理配套政策的效果。

(一)对民办高职院校缺乏信任

自《中共中央、国务院关于深化教育改革,全面推进素质教育的决定》首次提出"大力发展高等职业教育"以来,我国高职教育发展取得的成就是有目共睹的,截至 2019 年,我国高职院校(专科)已经达到 1423 所,其中民办高职院校达到 322 所,在校生人数达到 1280 万。高职(专科)院校的师资与普通本科院校相比数量相当,学生与专任教师之比保持稳定,与普通本科院校持平。[1]通过数据分析我们可以看到,我国高职教育体系已经取得了较大的发展,尤其是民办高职院校分类管理政策的实施更加完善和规范了体系结构。但是,我们必须清醒地认识到民众甚至部分政府职能部门对高职教育仍缺乏信任,存在观念障碍或歧视。

一是对高职院校缺乏信任,对民办高职院校更是如此。虽然对高素质技术技能型人才的需要已经上升到关乎民族复兴的重大问题,但是在不少民众的观念中高职教育是"边缘教育""断头教育""替代选择"等。我国高职教育(尤其是民办高职教育)仍然是教育领域中的一个薄弱环节,其发展受限有我国传统文化对社会意识的影响,更主要的是由于我国长期以来将职业教育狭隘化和低层次发展。长期以来,我国普通教育与职业教育之间处于分离与割裂状态,尤其在中学课程中很少涉及职业性质的课程,学生往往不具备职业意识,虽然政府长期呼吁职业教育与普通教育融合、沟通,但实际情况却收效甚微,甚至在现实中存在将

---

① 王继平. 中国教育改革大系·职业教育卷. 武汉:湖北教育出版社,2016:22.

中考后生源"分流"视为学生未来社会分层的"分水岭"。另外，一些人狭隘地认为高职教育就是高职（专科）教育，这种认识反映了我国高职教育的现实。虽然近年来我国有部分省份已经开始尝试探索本科层次的职业院校和职教高考制度，例如山东省的职业教育改革，但是本科层次以上的职业教育体系仍有待完善，社会对其认可度普遍偏低。英国和澳大利亚高职教育都建立从专科到博士阶段的职业教育体系，并且通过学分转换系统实现职业证书与学位教育之间的融合。我国在这方面仍然属于探索阶段。

二是对民办学校分类管理政策认识不足，对民办学校办学性质产生误解。虽然我国政府早在2010年就开始在上海、浙江等省市实施营利性与非营利性民办学校分类管理的试点工作，但是直至2016年修正的《教育法》和《高等教育法》颁布前，我国各类法律法规都明确规定"任何组织和个人不得以营利为目的举办学校及其他教育机构"，换言之，从法律层面是将民办教育设定为公益性事业，并不允许营利性教育的存在。2016年修正的《民促法》中明确规定"民办学校的举办者可以自主选择设立非营利性或营利性民办学校"，自此，民办学校分类管理政策才有了法律依据。民办学校分类管理政策都是一个新生事物，因此，政府职能部门、民办教育举办者乃至广大民众，都可能对其产生一些误解，进而影响民办高职院校分类管理配套政策的价值取向。

第一种常见的误解是民办高职教育作为公益性事业，不应具有营利性行为，否则会损害教育的公益性。客观上讲，民办教育是市场经济的产物，加之我国民办高职院校大多属于投资办学，举办者追求经济利益是无可厚非的，而营利性民办高职院校是否会损害教育的公益性，这个讨论已经在本书第一章中论述过，此处不再赘述。对于一所教育机构，其公益性发挥的效果最主要的是看其提供的教育质量和受教育者的学业成就，根据国外营利性高职教育分类管理的经验来看，这取决于政府监管是否到位，以及各项配套政策是否落实。

第二种常见的误解是将民办高职院校视为私营企业。正如前文所述，民办高职院校带有深刻的市场经济烙印，加之政府大力推动社会力量参与办学的大背景下给予其宽松的政策环境，政府并不干预民办高职院校的办学，但也不会提供财政支持。早期的民办职业院校通过艰难的原始积累和个人投入维持着学校的发展，举办者大多没有营利性与非营利性的概念，最终形成投资办学的事实。另一个主要问题是我国尚未形成对非营利性学校的监管机制，从这个层面上看，民办高职院校的确与私营企业无异，这是我国长期以来对民办高职院校的普遍认识。

（二）地方政府配套政策制定中的惯性思维

2016年修正的《民促法》颁布后，配套政策的制定权交由各省份制定，中央政府对地方政府减少了行政干预，各地方政府根据自身实际情况和发展需要制定了配套政策，但是对各地方政府已出台的实施意见分析后我们不难发现，一些地方政府在制定配套政策中存在长久形成的惯性思维。

一方面，部分地方政府制定配套政策完全照搬上级政府的政策，缺乏针对性和创新措施。《民促法》中强调，地方政府出台配套政策的根本目的是要求在遵守原则性要求外，体现地方发展的实际需求，但从各地方颁布的配套政策或指导意见中反映出地方差异性较大，尤其涉及社会关注度较高或需要政策突破的政策条款，例如非营利性学校的奖补标准、具体税收优惠、国家财政性资助等问题，地方政府出台相关政策持谨慎态度，往往照搬上级政府的政策原则。涉及举办者选择的部分核心问题，部分地方配套政策语焉不详、缺乏操作性，使得民办学校举办者无所适从。例如，对选择营利性办学前以划拨方式取得的土地如何处理，是否需要补缴土地出让金，按何种标准缴纳土地出让金等问题，亟待地方行政部门进一步细化和完善。在具体操作过程中，部分地方行政部门出现了沿用《若干意见》的现象。[①]以上这些现象在经济欠发达地区和民办教育较为薄弱地区较为明显，但浙江、湖北、上海等地有创新举措。民办教育分类管理的配套政策是一项涉及多部门、多利益主体的复杂工程，部分地方政策采取谨慎态度是可以理解的，但是随着各地公布举办者完成分类选择的时间节点，各地方政府必须协调各职能部门，充分吸纳民办教育举办者的意见，吸收各专业人士充分参与共同完成配套政策的拟定，否则在分类管理的实际操作中就会出现各种问题。

另一方面，配套政策的价值导向过于偏重扶持非营利性教育，监管营利性教育的思维惯性并未将两者放在一个平等的地位衡量。从各地政府出台的配套政策和实施意见中可以看到政策的价值取向都将教育的公益性和民办学校的社会效益放到政策制定的最重要的地位，这符合我国民办教育分类管理的实际，也是必须坚守的原则。加大对非营利性民办教育的财政扶持和强调与公办学校的同等法律

---

① 阙明坤,谢锡美,董圣足. 民办学校分类管理:现实挑战与突围路径. 中国教育政策评论,2018(1):194-213.

地位是各地配套政策都重点强调的政策条文，但是对于营利性教育仍不信任或存有疑虑，各地的配套政策中对待营利性教育用"不得"这样的用语较多，扶持或平等地位涉及较少，一些地方政府对营利性教育的思维惯性较为突出。营利性民办学校对于我国政府而言是一个新生事物，虽然长期以来我国民办学校大多具有营利行为，但是我国对属性明确的营利性民办学校还缺乏认识和制度准备，完全照搬国外经验并不符合我国的实际，并且国外营利性私立学校的问题也逐渐暴露。营利性民办学校是民办学校分类管理体系不可分割的一部分，其健康发展有利于我国教育事业的多元化办学格局。以营利性民办高职院校为例，地方政府应该持鼓励态度，采用非行政手段为其提供发展空间和规范引导，而不是一味地出台"营利性民办学校监督管理实施办法"，甚至在一些地方仍然出现不公平待遇等问题。各地方政府在配套政策上应健全关键性政策，以促进营利性民办高职院校发展，例如办学范围层次、学历学位授予权、土地变更出让方式以及财政税收优惠等。对于非营利性民办学校而言，各地方政府配套政策中大多采用大力扶持的政策条文，而缺少当下急需的监管内容，分类管理政策的实施最大的变化是选择非营利性学校的举办者从投资办学转变为捐资办学，学校的收益只能用于学校教育事业发展，而不能用于个人分红。这就需要出台政策控制非营利性学校的营利行为，现有地方政府的配套政策中只有重庆市颁布了《非营利性民办学校监督管理办法》，而其他各地政府配套政策中缺失此项重要配套政策。如果没有对非营利性学校人、财、物的监督，我国非营利性学校就可能出现"挂羊头卖狗肉"的现象，从而造成公共资源的浪费。

除此之外，政策文本制定得过于宏观，缺乏操作性。"宜粗不宜细"原则是我国在改革开放初期所形成的立法策略，在特定历史时期对我国发展起到了重要贡献，但是随着我国进入法律体系完善阶段，该原则已经不再适合社会的实际需要。《民促法》以及"1+2"配套文件是国家对民办学校分类管理的整体原则和指导意见，政策条文宏观一些是为了给地方政府配套政策留有空间，地方政府的配套政策必须细化和具有操作性。但是，一部分地方政府出台的配套政策中对一些关键信息采取宏观指导，尤其对地方扶持性政策多有回避，这就是"宜粗不宜细"原则所形成的思维惯性，导致民办学校举办者在进行选择时往往感到无所适从，这也是研究团队对举办者访谈中了解到的共性问题。

二、民办职业院校举办者的选择障碍

民办学校分类管理政策已经从理论探索发展到政策落实，各地方政府落实配套政策的第一步就是要明确划分出营利性民办学校和非营利性民办学校，"营非选择"是摆在所有民办学校举办者面前的一道难题。为了保证民办学校分类管理的平稳实施，各地方实施意见中都提出不同的过渡期限和过渡要求，部分地方政府还出台了明确的配套政策，过渡期限最长的是内蒙古，即举办者在 2023 年前做出"营非选择"；过渡期限最短的是上海市，要求举办者于 2019 年底完成非营利性民办学校登记，贵州省甚至明确提出在 2017 年 9 月后选择非营利性学校登记的不得转设为营利性民办学校。各地方政府纷纷出台过渡期限和相关配套政策就是因为"营非选择"的复杂性及其关乎我国民办学校发展的平稳性。由于我国民办职业院校发展的特殊性和民办学校财产混同现象，举办者也对非营利性与营利性的概念不清晰，并且一些举办者反映地方政府还未明确对学校举办者财产移交的补偿和奖励措施，此时做出选择有诸多阻力，进而影响民办学校分类管理政策的实施效果。民办职业院校举办者选择障碍的主要原因如下。

（一）利益主体多元化

我国民办高职院校是改革开放的产物，带有历史特殊性，大多数民办高职院校并不是纯粹公益性的捐资办学，从创办初期就带有投资办学的性质。长期以来我国政府由于并未对民办高职院校提供财政支持，也就没有严格地实施对非营利性民办职业院校的营利性行为的监管，造成一些举办者习惯性地认为自己所创办的学院通过不断的办学积累，其资产理应属于自己。这种举办者实际上是不愿意主动选择非营利性民办高职院校，甚至对民办教育分类管理存在疑虑。

民办高职院校由于利益主体多元化，其举办者做选择时往往犹豫不决或者最终决策难以敲定，因此，民办高职院校的举办者多元化是"营非选择"最大的阻碍。我国民办高职院校有个人完全出资办学、企业投资创办、混合所有制以及公立与民办合办的股份制，因而做出"营非选择"是一个复杂的决策过程，各方利益主体的诉求平衡直接影响着选择的结果。民办教育分类管理政策的制定者相信，从模糊的"合理回报"走向"分类管理"是对民办教育制度的完善，投资办学的营利性民办学校取得合法性，名正言顺地通过办学取得经济利益不仅有利于社会力量和民间资本进入教育市场，还理顺了民办学校的产权关系和主体责任，这有利于民办教育的发展。然而从实际情况来看，"营非选择"是一个复杂的过程，部分民办高职院校的举办者仍然处于观望或被迫选择阶段。

除民办高职院校举办者多元化问题之外，"营非选择"直接关系到院校的其他利益相关者的诉求，首先就是教师和学生的诉求能否得以满足。《国家工商总局 教育部关于营利性民办学校名称登记管理有关工作的通知》明确提出营利性民办学校名称应当满足"五个不得"①。选择营利性民办高职院校可能带来办学声誉的损失，因为一些民众对营利性的教育类"有限责任公司"或"股份有限公司"还存在诸多疑虑，这可能导致师资和生源流失。除师生诉求外，与民办高职院校发展密切相关的地方政府、企业、行业协会等都有着不同的诉求，使得举办者"营非选择"具有复杂性特征。因此，解决这个问题的关键是地方政府尽早出台明确的分类管理配套政策，让民办高职院校的利益相关者能够清晰地了解自己的诉求如何能够得到满足，使利益主体之间相互协调，最终获得相对满意的选择决策。

（二）信息不对称

民办高职院校举办者"营非选择"困境的另一个主要原因是各利益主体所获得的分类管理政策信息不对称。从举办者角度而言，多数举办者是不愿意做出"营非选择"的，因为按照 2016 年修正的《民促法》之前的规定，民办高职院校都属于非营利性，不仅可以获得地方政府一定的扶持，还可以获得稳定的合理回报。民办学校分类管理政策的实施意味着民办高职院校利益主体之间的利益分配将重新洗牌，利益主体所获得的信息将直接影响举办者的"营非选择"结果。

按照现有各地方政府已经出台的配套政策和实施意见来看，选择营利性民办

---

① 民办幼儿园、高中、特殊教育学校的行业表述应当符合教育规律和儿童身心发展规律，不得含有片面强调办学特色等误导家长或者引发歧义的内容和文字；民办学校不得使用已登记的学校名称及其简称、特定称谓等作字号，但有投资关系或者经该学校授权，且使用该学校简称或者特定称谓的除外；民办学校不得以个人姓名作字号，法律、法规和国务院决定另有规定的从其规定；民办学校名称不得冠以"中国""中华""全国""国际""世界""全球"等字样，在名称中使用上述字样的，应当是行业的限定语并符合国家有关规定；其他企业未经法律法规规定具有行政审批权限的审批机关审批并获得相应行政许可，名称中不得含有"大学""学院""学校""高中""幼儿园""进修""专修"等可能对公众造成误解或者引发歧义的内容和文字，但从事相关行业、作行业限定语等使用的除外。

高职院校的举办者存在信息不确定性。选择营利性民办高职院校时，首先面临资产清算、补交土地出让金和各种税费等，但是如何进行资产清算、补交土地出让金的标准以及补缴各种税费追缴到多少年等具体问题，各地方政府的配套政策中大多没有明确规定。由于这些不确定性，贸然选择营利性民办高职院校存在巨大风险，例如以往民办高职院校的教育用地都是政府扶持发展的供给土地或教育用地标准出让，一旦举办者选择营利性民办高职院校，就要马上补交高额的土地出让金，类似的选择困境还发生在补缴各种税费上。其次，对营利性民办高职院校的扶持政策往往缺乏明确的标准和措施。从法律角度上看，民办教育分类管理有利于明晰学校产权和主体责任，使举办者拥有合法地位保障，但是对其所提供的各项扶持政策仍然处于原则阶段，各地方政府对其持谨慎态度，一些影响"营非选择"的关系信息模糊不清。例如，各地配套政策都提出对营利性民办学校提供税收优惠，但标准却不明确；营利性民办学校可自行确立学费标准，但招生指标仍掌握在院校所在地政府手中。

选择非营利性民办高职院校的举办者同样存在选择困境。我国民办高职院校主要依靠举办者个人投入或筹集经费，经过学院办学的不断积累以及政府的部分扶持措施，举办者选择非营利性民办高职院校首先要考虑补偿与奖励标准。这是因为选择非营利性民办高职院校不是简单的捐资办学，而是举办者将多年投资办学积累的学院资产一次性进行资产性质转变，这意味着转变为捐资办学后，这些资产不再属于个人，而属于学校，举办者不再拥有学校资产的利润分配。当前各地方政府除少数出台了对非营利性学校举办者的补偿与奖励标准外，大多数地方政府的配套政策中表述得较为含糊。另外，无论是《民促法》还是各地方政府的配套政策，都强调民办学校的教师、受教育者与公办学校的教师、受教育者具有同等的法律地位。一些地方政府的配套政策中专门强调提高非营利性学校教师的工资待遇，例如山东省在 2016 年就开始在全省启动非营利性民办学校教师参加机关事业单位养老保险试点，但是大多数地区仍然属于探索阶段，使得民办职业院校相关利益主体做出"营非选择"时产生疑虑。

（三）民办高职院校发展前景不确定性

从民办高等教育行业整体看，未来仍会保持稳定增长。教育部发布的《2020

年教育统计数据》显示,我国民办普通高等学校有 771 所,在校生人数达到 7 913 376 人,毕业生达到 1 780 293 人。但是,民办高职院校发展有着不同的表现,近年来招生人数从 2015 年最高达到 81.29 万人下降至 2017 年 73.74 万人,民办高职院校招生更是出现明显的地域差异性。由此可见,民众对学历教育的热衷度要高于职业技术教育,正如前文所述,观念障碍在我国教育中仍然是民办高职教育发展的瓶颈之一。民办高职院校举办者进行"营非选择"不得不考虑其行业发展的前景,这将直接影响举办者的选择。

营利性民办高职院校在我国是一个新生事物,所以要完善制度保障,否则可能为其发展带来风险。2016 年修正的《民促法》颁布之前,我国民办高职院校大多具有投资办学的特征,院校举办者可以通过"搭便车"来保证投资收益,还能享受非营利性学校的政策优惠。2016 年修正的《民促法》虽然明确提出"营利性民办学校的举办者可以取得办学收益,学校的办学结余依照公司法等有关法律、行政法规的规定处理",但是改变了举办者原来的运作模式。现阶段摆在举办者面前的问题是《民促法》以及各地方政府配套政策中一些关键信息并不明确,以及一些制度保障措施并不完善。例如,没有对营利性民办学校的准入与退出机制进行完善,以往的政策更多的是针对非营利性民办学校,一些政策条文缺少适用性,而这项机制是保障民办高职院校举办者长期投资,防范短期投机的重要措施。除此之外,从现阶段来看,我国营利性民办高职院校不同于国外的营利性私立大学或者营利性高等教育机构,一些发展的关键权力并不在学院自身,如招生自主权、学生的助学贷款资格以及政府未来将会提供的优惠政策等,这些都影响着营利性民办高职院校的发展前景。在营利前景不明确的情况下,一些举办者将民办高校出售或转手,从民办高等教育抽身而获得不菲的收益。仅 2019 年 7 月,就有 5 所民办高校被出售,共涉金额 43.8 亿。多所民办高校的出售价超过 10 亿,其中,山东某高校以 14.92 亿出售了 90% 的收益权,被称为民办高等教育并购史上最大的一笔单体交易。①

非营利性民办高职院校的发展同样存在不确定性。一方面,民办高职院校的举办者选择将多年办学积累捐赠给学校,那么举办者实际上已经不具备学院资产的支配权,也同样对学院发展不负有主体责任,学院发展好坏和举办者个人经济

---

① 别敦荣,石猛. 民办高校实施分类管理政策面临的困境及其完善策略. 高等教育研究,2020(3):68-76.

收益并不具有直接相关性，甚至学院决策权由举办者转为董事会或理事会来执行。那么，需要思考的是学院举办者是否还会全身心地致力于学院的发展。另一方面，各地方政府的配套政策中对非营利性多有扶持政策，但同时也有诸多限制，如举办者不得取得办学收益、学院学费标准交由所在地政府制定，等等。除此之外，一些优惠扶持政策难以落地，例如"县级以上各级人民政府可以设立专项资金，用于资助民办学校的发展，奖励和表彰有突出贡献的集体和个人"。但是，笔者了解到一些三、四线城市没有真正落实此项奖励措施。另外，民办学校教师虽然可以享有与公办学校教师同等的法律地位，但现阶段还不可能解决民办教师的事业编制问题，反而可能由于限制学费而影响非营利性高职院校教师的实际收入。

无论是营利性民办高职院校还是非营利性民办高职院校，在新的制度环境下都存在发展的不确定性，这会影响学校举办者的"营非选择"结果。

三、民办高职院校分类管理长效监管体系有待完善

完善长效监管体系、提升治理效能是民办高职教育发展的客观需要，也是民办学校分类管理政策切实落地的根本保障。纵观国外私立教育发展经验，教育发达国家基本上对私立教育建立起一套科学合理的内外部监管体系，能够较为公平、客观地反映私立教育的实际状态，以尽可能发挥其最大效能。民办学校分类管理是我国政府对民办教育体系的一次改革，也是对原有的既得利益者的重新洗牌，必然面临一系列新问题和新挑战。

（一）应增强民办高职院校分类管理配套法律法规的一致性

我国民办高职院校的发展由于政治和经济体制的需要具有历史间断性，其相关政策法规是在办学体制改革之后逐渐发展起来的。一方面，长期以来民办高职院校发展所需要的制度构建滞后于其发展的实际需要。因此，只有把握好政策制定超前和政策制定滞后之间的度，才能充分理解和发挥民办学校分类管理的政策实效。另一方面，民办职业教育有其特殊性，又涉及众多法律法规的监管。因此，随着国家层面分类管理制度框架的基本成型，必须加快构建与之相适应的法律法规体系。制度先行原则强调制度构建的重要性，属于顶层设计，政策条文更多的

是原则性和方向性规则,明确了国家对不同类型民办高职院校发展的战略定位;我国对民办教育分类管理政策的制定从倡议到落地已历经 20 余年,属于政策制定的有意滞后,政策制定者在充分认识分类管理暴露出的问题以及相关利益者的诉求后再出台相关政策符合政策制定的科学性。

现阶段,众多法律法规对民办高职教育产生影响,使其不仅要遵守《教育法》《高等教育法》《民办教育促进法》等法律,还要接受《职业教育法》等与职业教育相关法案的监管。除此之外,营利性民办高职院校还要接受企业相关法案的监督,如《中华人民共和国公司法》(简称《公司法》)、《中华人民共和国审计法》(简称《审计法》)等,不同法律体系之间存在对民办高职院校监管不一致的政策条文。例如,《民促法》与《公司法》之间就存在一些政策条文的矛盾,因此对营利性民办学校剩余财产的认定方式就存在不一致。《民促法》将营利性民办学校的财产清偿所产生的"支付清算费用"[①]认定为学校剩余财产范畴,《公司法》则将其认定为法定债务范畴,如此民办高职院校举办者一旦选择营利性民办高职院校或终止办学,就会首先面临这一矛盾。再如,《若干意见》与《民办非企业单位登记管理暂行条例》也存在矛盾,《若干意见》提出对捐资举办的非营利性民办学校,2016 年 11 月 7 日前终止的,进行剩余资产进行分配时,可以给予出资者相应的补偿或者奖励;《民办非企业单位登记暂行办法》明确提出"民办非企业单位须在其章程草案或合伙协议中载明该单位的盈利不得分配,解体时财产不得私分"。类似矛盾还有一些,究其原因,我国各项法律法规原来制定法律条款时以教育"不得以营利为目的"为前提,但是现在营利性教育拥有合法地位,而各类法律的修订并未及时跟上。

除了民办高职院校分类管理配套法律法规的矛盾之外,现阶段最为突出的问题是地方政府配套法律法规缺失问题,这阻碍了营利性和非营利性民办高职院校的监管机制的构建。第一,对于民办高职院校清偿后的学校剩余财产对举办者(出资者)的奖励与补偿标准是各地方政府出台配套政策必须有明确的政策条文,因为这项标准可能是举办者进行"营非选择"的重要参考依据。现阶段大部分地方政府并未及时出台此项标准,造成一些举办者非理性地进行"营非选择"。第二,正如前文所述,民办学校分类管理政策中较为明确地提出了对非营利性民办学校

---

① 清算费用是指清算过程中发生的各项支出,是清算组为开展清算工作而支付出的全部费用,如公告费、咨询费、差旅费、办公费、清算组成员的报酬等,应从公司清算财产中优先拨付。

的扶持措施，强化了民办教育的公益性，但是缺少对于非营利性民办学校的监管政策，难以体现支持与规范并举的基本原则。基于以往我国民办学校投资办学的特征以及当下举办者非理性选择的可能，地方政府有必要尽早出台对非营利性民办高职院校营利性行为的监管措施。2018年2月出台的《关于非营利组织免税资格认定管理有关问题的通知》强调了"对取得的应纳税收入及其有关的成本、费用、损失应与免税收入及其有关的成本、费用、损失分别核算"，但并没有与此相关的针对不合法合规关联交易的具体办法和实施细则。①第三，要进一步明晰差别化扶持政策体系，尤其对营利性民办高职院校的扶持措施。《若干意见》提出，对营利性民办学校主要采取政府购买服务与税收优惠，但是各地方政府配套政策中难以真正落实，例如营利性民办高职学院转设就涉及缴纳各种税费，而各项税费的减免需要上级部门有明确的细则，地方政府难以执行，因而在各地配套政策中常见到"营利性民办学校税费优惠政策按照国家有关规定执行"的政策条文。政策制度最终定性通常是各方利益相关者相互妥协和平衡的过程，也是一个逐渐完善的过程，民办高职教育分类管理培养政策更是一个不断解决新矛盾、新问题的过程。

（二）应加强民办高职院校行政监督与问责机制

在我国职业教育监管体系中存在"多头管理"的现象，现阶段我国所谈到的"多头管理"主要指横向职能部门之间的职责交叉重叠问题。民办高职院校的监管部门涉及民政部门、工商部门、发展规划部门、公安部门、财政部门等十几个职能部门，这些职能部门之间职能交叉、多重监管，既增加了政府监管成本又容易造成监管失灵，严重降低了民办高职教育的监管成效。从世界范围来看，高职教育模式有企业模式、学校模式和双元模式，不同国家的监管方式也各有不同，但总体而言，多部门监管的矛盾普遍存在。

《国家职业教育改革实施方案》提出，"经过5—10年左右时间，职业教育基本完成由政府举办为主向政府统筹管理、社会多元办学的格局转变"的发展目标，因此，职业教育需要政府行政综合执法，多部门协同治理、共同参与。沟通协作机制是保证行政综合执法效率的基础，如果行政综合执法产生职能部门之间

---

① 董圣足，等. 民办学校分类管理推进策略研究. 上海：华东师范大学出版社，2019：108.

进行利益博弈或者相互推诿，就会造成职能部门监管缺位，就难以在各职能部门间建立高效率的沟通。一方面，不同的行政职能部门存在工作目标的差异性。民办高职院校分类管理虽然是一个整体目标，但是具体实施落实在各个行政职能部门，不同的工作职责致使目标存在差异性，甚至会因不同的监管权力与监管责任而产生矛盾，从而成为有效沟通的障碍。另一方面，应在各行政职能部门之间建立一个沟通平台。行政综合执法通常是根据需要临时组合在一起的，并不是一个长期合作的共同体，如果各部门之间缺乏协同合作经验，就容易造成无人监管的空白区域。除此之外，部门之间由于绩效考核的目标不同，在确定和划分具体监管责任时也可能出现对难以落实的监管职责悬而不决的情况。

在民办教育行政监督中，还应建立有效的行政问责机制。民办教育（尤其是民办高职教育）领域往往处于良莠不齐的发展状态。行政监督缺乏规范性是一个严重问题，2006年左右的民办高校"倒闭潮"就是例证。究其原因，政策执行效果缺乏有效的行政问责机制。我国行政问责制度长期采取的是同体问责，即行政系统内部按照行政层级对主要负责人进行内部监督和责任追求，这种方式易于实施，监督成本也较低，但是缺乏相应的法律制度来监督问责主体的行为，也缺乏相应的考核标准。除此之外，民办高职院校涉及多利益相关者、多监管部门的特征，如果问责客体责任划分不清，就会造成行政问责实施不畅；如果再有问责信息不透明、相关利益主体和监管部门之间信息不对等问题，就会造成对问责客体监督力度不够。纵观私立高等教育发达国家，政府通常建立了明确有效的问责机制，例如通过政府购买服务来扶持引导营利性私立高等教育机构，以项目的形式对其加以推动，双方在合作之前必须签订相关法律文书来明确执行效果的问责机制，对政府部门的行政问责多采用异体问责与同体问责相结合的方式。我国可以结合自己的实际情况，选择性地借鉴国外的问责机制。

（三）应加强构建第三方监管体系

教育治理体系和治理能力现代化是深化教育领域综合改革的重要任务，民办学校分类管理实施后，各级教育职能部门都面临新的挑战，尤其是对营利性民办学校的认知和监督体系建设。从教育发达国家对私立高等教育机构的监管特点来看，政府通常较少直接介入私立高等教育机构的发展中，往往通过委托独立的第三方评估机构来监督其各方面的发展状况，政府将第三方评估机构的评估报告作为是否对其进行拨款或资助的重要参考。例如，美国高等教育认证机构包括国家认证机构、区域性认证机构以及各专业认证机构，非营利性高等教育机构主要通过区域性认证机构的认证评估，而营利性高等教育机构和教会大学通过国家认证机构的认证评估。英国政府的高等教育质量保证署和澳大利亚政府的高等教育质量与标准署都是对第三方评估机构进行认证和授权，再通过第三方评估机构来保障高等教育机构的教育质量。这些第三方评估机构无论是在法律层面还是在行政层面都具有独立性，与政府之间并不是依附关系，而是合作或委托关系，使得第三方评估机构能够进行自主评估活动。

近年来，我国政府也正在积极探索第三方评估制度服务教育领域，2014 年颁布的《国务院关于加快发展现代职业教育的决定》中明确提出"积极支持第三方机构开展评估"；《民促法》也规定"国家支持和鼓励社会中介组织为民办学校提供服务"；2019 年国务院颁布的《国家职业教育改革实施方案》也提出"建立健全职业教育质量评价和督导评估制度"。在实践层面，教育部一直积极推动全国行业职业教育教学指导委员会和职业院校教学（教育）指导委员会等来保障职业教育院校的教育质量，但是对民办高职院校缺乏有效的第三方评估机制。这主要是因为：①能胜任对民办高职院校进行高质量第三方评估的机构数量不多。高职教育评估对专业性要求极高，加之民办教育性质的特殊性，使得评估工作更加复杂。这就要求评估主体不仅具有职业教育的专业能力，也要充分了解民办教育体系的需求。我国大多数第三方评估机构处于起步阶段，所以从业人员的专业性易受到质疑。②第三方评估机构的公信力有待提高。从公信力角度而言，第三方评估以机构的独立性作为评估结果公平公正的前提，机构的专业性与权威性是评估结果具有公信力的保证。现阶段我国第三方评估机构的评估主体通常与高职院校或者政府职能部门之间保持着密切联系，例如全国行业职业教育教学指导委员会的委员大多是各职业院校的行政领导或者国内该领域的知名学者，这种联系很难在评估过程中保持独立性。另外，由于我国第三方评估机构成立的时间较短，机构的国内外知名度还不高，这就易使公众对机构的权威性产生怀疑，从而影响评估的结构。③第三方评估的法律保障有待加强。虽然我国政府从 20 世纪 90 年代开始就鼓励第三方评估机构参与教育评估，但是往往停留在政策性层面，规范第三方评估机构的法律依据还有待进一步完善，这有利于提高第三方评估机构的合法性。

评估结果披露制度不到位也会影响第三方监管体系的有效性。我国民办高职院校的评估结果通常提交给教育职能部门或院校内部整改时的参考，公众往往并不了解具体情况。因此，我国民办高职院校的信息披露制度亟待加强，不仅体现在第三方评估机构的评估工作之中，还体现在年度财务报告、年度工作报告等事关民办高职院校公信力的重要信息，因为这些重要信息直接影响着考生理智判断自己的意愿。高等教育发达国家有一个共同特点，即每年定期公开披露高校的运行实际情况，以防止求学者在申请学校时出现盲目申请的行为。例如，英国在2000年就颁布《信息自由法》，以及每年发布《高等教育白皮书》，除此之外还不断更新《高等教育信息公开指导》，以引导公众了解高校的真实信息，这些做法都值得我们借鉴。

第五章

民办职业院校分类管理配套政策
耦合机制的推进构想

民办高职院校分类管理政策实施后，"分类管理"成为未来民办高职教育发展的总体方针，从法理层面厘清困扰民办高职院校发展的一系列关键问题，例如明确两类民办高职院校的界定标准、完善社会资产管理体系、明确营利性民办职业院校的经营范围等，有利于我国民办高等教育体系健康发展，也符合我国民办高职院校发展的实际需要。但是从各地方政府已经出台的配套政策和具体实施意见来分析，与中央政府出台的"1+2"政策相似度很高，创新不足，配套政策与地方民办高职院校的实际需求之间的契合度不高，对营利性与非营利性民办职业院校分类管理的关键制度还有待完善，甚至在部分地区出台政策要求举办者"营非选择"不可逆现象，这是有悖于分类管理政策的设计初衷。

第一节　民办职业院校分类准入机制与资产管理

民办学校分类管制政策实施后，中央政府与各地方政府突破原有的体制性障碍，将举办者的"营非选择"作为法人分类登记的标准，完善了国家行政许可与登记管理办法。《若干意见》中明确提出，"社会力量投入教育，只要不属于法律法规禁止进入以及不损害第三方利益、社会公共利益、国家安全的领域，政府不得限制"。降低民办高职院校准入门槛在一定程度上有利于社会力量办学，但也存在一定的隐患，建立完善的民办高职院校分类准入机制是保障办学质量的重要措施，国外私立教育发达国家通常以建立私立高职教育准入的注册制度、学位授予权审批制度、受教育贷款申请制度以及高等教育机构学位课程资质认证制度来保障准入机制的质量。

一、民办高职院校分类准入机制的现行政策

2016 年后，我国民办高职院校分类准入机制主要通过民办学校法人分类登记和分类审批的形式实施，与国外的分类准入制度有所不同，因为我国民办高职院校主要在专科层次办学，较少涉及学位授予审核以及学位课程资质认证。

（一）民办高职院校分类登记的法律保障体系逐步完善

法人登记与行政审批是我国民办高职院校分类准入机制的重要组成部分，对于明晰民办高职院校产权归属具有重大意义。在民办高职院校分类管理政策实施之前，我国各地方政府对待民办高职院校登记管理制度上并不一致，这也反映出民办高职院校法人登记属性的复杂性，这里有着民办高职教育发展的历史遗留问题，例如民办高职院校产权不明，也有着非营利性民办高职院校无法登记为事业单位法人等问题，导致民办高职教育体系的混乱和办学声誉下降。

2016 年修正的《民促法》颁布后，我国民办高职院校法人登记开始聚焦分类登记，进而实现院校产权清晰。为此，《中华人民共和国民法总则》（以下简称《民法总则》）、《教育法》、《高等教育法》等相关法律相应做出修正，为民办高职院校分类法人登记提供法律保障。2017 年 3 月 15 日，第十二届全国人民代表大会第五次会议审议通过了《民法总则》。《民法总则》第七十六条规定，营利法人包括有限责任公司、股份有限公司和其他企业法人等；第八十七条规定，非营利法人包括事业单位、社会团体、基金会、社会服务机构等；第八十八条规定，具备法人条件，为适应经济社会发展需要，提供公益服务设立的事业单位，经依法登记成立，取得事业单位法人资格；依法不需要办理法人登记的，从成立之日起，具有事业单位法人资格（2020 年 5 月 28 日，《中华人民共和国民法典》通过，《民法总则》同时废止，但第七十六条、第八十七条、第八十八条的内容相同）。《民法总则》的修订为营利性与非营利性民办高职院校分类法人登记提供了法理依据，之后《教育法》《高等教育法》相继修改了法律条文，明确了营

利性学校的合法地位，进一步为民办高职院校分类法人登记提供法律支持。一系列行政法规也相继出台，如《民促法实施条例》《若干意见》《民办学校分类登记实施细则》《营利性民办学校监督管理实施细则》《工商总局　教育部关于营利性民办学校名称登记管理有关工作的通知》等，地方政府也出台了相应的实施办法和配套政策支持民办学校分类法人登记，我国民办学校分类法人登记制度逐步形成了完善的法律保障体系和实施细则。

《民促法》第三次修正后，我国民办学校分类法人登记有着三项原则性的指导意见，这也是未来我国民办高职院校法人分类登记的基本要求，具体规定以各地方政府的实施意见为准。第一，除义务教育阶段不允许设立营利性民办学校之外，其他学段的民办教育学校由举办者自主进行"营非选择"，"非营利性民办学校的举办者不得取得办学收益，学校的办学结余全部用于办学。营利性民办学校的举办者可以取得办学收益，学校的办学结余依照公司法等有关法律、行政法规的规定处理"。第二，确立"先筹设后设立"的原则，民办学校举办者根据举办学校的类型向不同的审批机关提交申请筹设材料，"举办实施学历教育、学前教育、自学考试助学及其他文化教育的民办学校，由县级以上人民政府教育行政部门按照国家规定的权限审批；举办实施以职业技能为主的职业资格培训、职业技能培训的民办学校，由县级以上人民政府人力资源社会保障行政部门按照国家规定的权限审批，并抄送同级教育行政部门备案"。审批机关同意筹设后，发给声请人筹设批准书，并规定"筹设期不得超过三年。超过三年的，举办者应当重新申报"。《民促法实施条例》第十七条明确规定，"民办学校的举办者在获得筹设批准书之日起3年内完成筹设的，可以提出正式设立申请。民办学校在筹设期内不得招生"。民办学校筹建完成后，举办者可向审批机关提交相关材料申请正式设立民办学校。《民促法》规定，"审批机关对批准正式设立的民办学校发给办学许可证。审批机关对不批准正式设立的，应当说明理由"。根据2017年1月由教育部等五部门共同发布的《民办学校分类登记实施细则》规定，"正式批准设立的非营利性民办学校，符合《民办非企业单位登记管理暂行条例》等民办非企业单位登记管理有关规定的到民政部门登记为民办非企业单位，符合《事业单位登记管理暂行条例》等事业单位登记管理有关规定的到事业单位登记管理机关登记为事业单位"，"正式批准设立的营利性民办学校,依据法律法规规定的管辖权限到工商行政管理部门办理登记"。第三，明确民办非企业单位或事业单位属于非营利法人，举办者捐资办学，资金不得以任何形式抽回或转让，学校的办学结余全部用于办学；而营利性民办学校属于营利法人，举办者投资办学，按照《民促法》规定，"营利性民办学校的举办者可以取得办学收益，学校的办学结余依照公司法等有关法律、行政法规的规定处理"。办学结余或学校终止时都适用于《公司法》的相关法律法规执行。

除此之外，国务院颁布的《若干意见》和各地方政府实施的配套政策和实施意见中都对民办学校分类法人登记提出重要的原则和政策。《若干意见》中明确了民办学校分类管理，根据举办者自主选择的办学性质，对非营利性民办学校的办学结余和营利性民办学校的办学收益区别对待；明确"放宽办学准入条件"的原则，除特定领域外，政府鼓励社会力量参与投入教育领域，并设置准入负面清单，列出禁止和限制的办学行为；健全民办学校退出机制，根据民办学校的办学性质依法依规按照不同的剩余财产处置方式执行，"选择登记为非营利性民办学校的，终止时，民办学校的财产依法清偿后有剩余的，按照国家有关规定给予出资者相应的补偿或者奖励，其余财产继续用于其他非营利性学校办学；选择登记为营利性民办学校的，应当进行财务清算，依法明确财产权属，终止时，民办学校的财产依法清偿后有剩余的，依照《中华人民共和国公司法》有关规定处理"。

各地方政府在落实中央政府颁布的各项法律法规外，根据各自实际需要出台具体的实施意见和配套政策，例如湖北省发布的《省人民政府关于鼓励社会力量兴办教育促进民办教育健康发展的实施意见》明确提出：①积极鼓励和大力支持社会力量举办非营利性民办学校。"规范学校属性变更。鼓励和支持营利性民办学校变更登记为非营利性学校。义务教育阶段民办学校不得变更登记为营利性学校。已登记为非营利性的非义务教育民办学校，5年内不得变更登记为营利性民办学校；5年后，按时价评估，实行资产回购后，可变更为营利性民办学校。"②确定分类登记过渡期。"湖北规定是3年，要求各地在民办学校清产确权、重新登记的过程中，要充分尊重学校实际和办学历史，分校施策，给予1～3年的过渡期，但必须在2020年9月1日前完成分类登记。"③明确对非营利性民办学校补偿与奖励措施。"2016年11月7日前设立的民办学校，选择登记为非营利性民办学校的，终止时,举办者在2017年9月1日前的出资可纳入补偿或奖励范围，清偿后的剩余资产可按不高于经确认的出资额返还举办者，仍有结余的，可视情况给予举办者学校净资产（扣除国有资产、捐赠、土地房产增值部分）15%的奖励。"

（二）民办高职院校分类申办审批制度体系基本建立

民办高职院校分类申办与审批制度是我国政府行政管理的主要手段之一，政策颁布后，政府进一步完善民办学校准入条件，以防范以往民办教育长期存在的各种"搭便车"现象。2021年正式实施的《民促法实施条例》对举办者参与民办学校提出了几点重要变化：①第七条明确提出，"实施义务教育的公办学校不得举办或者参与举办民办学校，也不得转为民办学校。其他公办学校不得举办或者参与举办营利性民办学校。但是，实施职业教育的公办学校可以吸引企业的资本、技术、管理等要素，举办或者参与举办实施职业教育的营利性民办学校"，"公办学校举办或者参与举办民办学校，不得利用国家财政性经费，不得影响公办学校教学活动，不得仅以品牌输出方式参与办学，并应当经其主管部门批准。公办学校举办或者参与举办非营利性民办学校，不得以管理费等方式取得或者变相取得办学收益"。此政策一方面有利于厘清民办高职院校的产权关系，明确公办学校与民办学校之间的界限，使不同属性的高职院校有不同的办学定位和服务目标以及差异化的发展路径，能够促进教育市场的公平竞争与持续发展；另一方面，也体现了《民促法实施条例》对职业教育采用了相对宽松和鼓励的政策，有利于吸引社会资本进入民办高等职业教育领域，也为民办高职院校混合办学模式提供了政策支持。②第十三条明确提出，"同时举办或者实际控制多所民办学校的，举办者或者实际控制人应当具备与其所开展办学活动相适应的资金、人员、组织机构等条件与能力，并对所举办民办学校承担管理和监督职责"，"任何社会组织和个人不得通过兼并收购、协议控制等方式控制实施义务教育的民办学校、实施学前教育的非营利性民办学校"。《民促法实施条例》弱化了民办学校集团化办学的相关概念，可以看出政府对以往民办学校集团化办学中出现的直接或间接取得办学收益以及关联交易等现象采取限制或禁止手段，这有利于民办教育长期健康发展。另外，对实施义务教育和学前教育的民办学校，采用限制兼并收购和协议控制等手段，但是对非义务教育阶段并未提出限制条款。研究者认为集团化办学是民办高职院校未来发展的一个重要途径，尤其营利性民办高职院校融资上市成为多元筹措办学经费的主要形式。

随着两类学校准入条件的变化，分类审批是政府行政干预方式的必然选择，无论是中央还是地方政府都已经明确不同层次民办学校的分类审批办法，不仅涉及传统的办学模式，还出台了针对在线教育的新政策。按照《民促法实施条例》的规定，根据不同层次不同类型的民办学校审批权归于不同层次的政府部门，省一级的教育职能部门和人力资源社会保障部门负责对民办学校申办的规划与办学许可，省级民政局和工商局负责民办学校获得办学许可证之后的分类法人登记。《民促法实施条例》将此概括性地表述为"设立民办学校的审批权限，依照有关法律、法规的规定执行"。2018年《民促法实施条例（修订草案）（送审稿）》对此做出较为明确的表述，"设立实施学前教育、中等及以下学历教育的民办学校，由县级以上地方人民政府教育行政部门参照同级同类公办学校设置标准审批，具体办法由省级人民政府教育行政部门制订。实施高等学历教育的民办学校，由国务院教育行政部门和省、自治区、直辖市人民政府依据《中华人民共和国高等教育法》第二十九条的规定分别审批。设立实施以职业技能为主的职业资格培训、职业技能培训的民办学校由县级以上人民政府人力资源社会保障部门按照国家规定的权限审批，并抄送同级教育行政部门备案"。针对新出现的在线学历教育和混合教学形式，《民促法实施条例》第十六条也明确提出，"国家鼓励民办学校利用互联网技术在线实施教育活动。利用互联网技术在线实施教育活动应当符合国家互联网管理有关法律、行政法规的规定。利用互联网技术在线实施教育活动的民办学校应当取得相应的办学许可。民办学校利用互联网技术在线实施教育活动，应当依法建立并落实互联网安全管理制度和安全保护技术措施，发现法律、行政法规禁止发布或者传输的信息的，应当立即停止传输，采取消除等处置措施，防止信息扩散，保存有关记录，并向有关主管部门报告。外籍人员利用互联网技术在线实施教育活动，应当遵守教育和外国人在华工作管理等有关法律、行政法规的规定"。此项政策有助于规范民办教育的新业态，纵观国外私立教育发展，在线学历教育或在线职业技能教育是极为普及的现象，此类教育模式在我国虽然还属于起步阶段，但是提前制定好申办规则能起到防范在线教育混乱办学的作用。

民办高职院校的设置门槛较之以往的政策也有所变化，民办高职院校的设置标准可分为筹办和正式法人登记两个阶段。除以往在举办者资格条件、办学环境、学生规模等方面的要求之外，2018年《民促法实施条例（修订草案）（送审稿）》的设置标准中将学校的注册资本作为一项重要的参考标准，"实施学历教育的营利性民办学校注册资本应当与学校类别、层次、办学规模相适应。其中，实施高等学历教育的，注册资本最低限额为2亿元人民币；实施其他学历教育的，注册资本最低限额为 1000 万元人民币。前款规定的营利性民办学校批准筹设时，举办者实缴资金到位比例应当不低于注册资本的 60%；正式设立时，注册资本应当缴足"。而在 2021 年正式出台的《民促法实施条例》中又改为，"民办学校开办资金、注册资本应当与学校类型、层次、办学规模相适应。民办学校正式设立时，开办资金、注册资本应当缴足"。由此可见，《民促法实施条例》并未对不同类型、层次和规模的民办学校的最低注册资本进行明确规定，而是交由各地方政府根据地方实际来进一步明确，例如安徽省、武汉市、深圳市等地已经发布了民办学校设置标准，在注册资本、土地和师资等方面做出明确规定。

（三）民办高职院校分类准入机制的基本原则

就民办学校分类管理的相关法律法规而言，《中华人民共和国民法典》《教育法》《高等教育法》《民促法》《民促法实施条例》《事业单位登记管理暂行条例》《民办非企业单位登记暂行条例》构成了民办学校分类管理的顶层设计以及明确分类法人登记的制度支撑体系。从各项法律法规关于法人登记以及申办、审批的相关政策条文中，不难总结出民办高职院校分类准入机制的基本原则。

第一，明确两类民办高职院校分类法人登记，已经选择非营利性的民办高职院校，不能再变更办学性质。此项原则在各地方政府的实施规定中基本一致，广西的实施办法中提出"明确依法依规选择登记为非营利性民办学校的，不能再转为营利性民办学校；相反，已经选择等级为营利性民办学校的，可以经申请转为非营利性民办学校，重新进行法人登记"[1]。湖北也明确提出非营利性民办学校不允许更变办学性质，"鼓励和支持营利性民办学校变更登记为非营利性民办学校。已按照分类登记有关程序选择登记为非营利性的民办学校，不得再次变更登记为营利性民办学校。有财政性经费参与举办的民办学校不得选择登记为营利性民办学校"[2]。各地方政府的实施办法都明确现有民办学校在分类选择后向审批职能部门提交相应材料后申请换领"营利性"或"非营利性"的办学许可证。此项政策原则是为了防止出现民办学校举办者出现可能的"悔选"问题，也是为了防范民办学校的举办者出现办学的投机行为。

---

① 周海涛，等. 民办教育分类管理政策实施跟踪与评估研究. 北京：经济科学出版社，2019：108.
② 省人民政府关于鼓励社会力量兴办教育促进民办教育健康发展的实施意见. http://www.hubei.gov.cn/zfwj/ezf/201712/t20171228_1712063.shtml.（2017-12-20）[2021-10-15].

第二，明确现有举办者选择非营利性民办高职院校的补偿与奖励措施。现阶段，出台符合各省实际情况的补偿与奖励措施是举办者进行"营非选择"的重要参考，也是促进非营利性民办高职教育体系发展的必要政策保障。根据各地方政府现已出台的对非营利性民办学校出资人的补偿与奖励措施，可以总结出其共同的要求：①获得补偿和奖励措施的是于 2016 年 11 月 7 日前设立的民办学校，此后设立的民办学校已经按照营非分类法人登记不能享有补偿与奖励措施；②学校举办者或出资人重新选择登记为非营利性民办学校；③根据学校举办人或实际出资人申请，在 2017 年 9 月 1 日前有实际出资行为、合理回报以及办学产生的实际效益的，可以享有相应的补偿与奖励；④民办学校在进行清偿后有剩余财产。

第三，明确现有举办者选择营利性民办高职院校需进行类型变更程序后再重新继续办学。由于举办者选择营利性民办高职院校是到工商部门登记，而不是原来的民政部分，并不能直接变更办学性质，需要先将原学校注销后再到工商部门重新登记一个有限责任公司。虽然是同一所学校变更办学性质，但是民非法人和公司法人是两个独立法人，在变更过程中必须首先通过财务清算明确学校产权后才能承继。

第四，明确简化事前审批、加强事中事后监管的工作原则。民办学校分类管理政策的实施意味着我国政府对民办教育管理的方式需要全面改革。《若干意见》中明确提出，"各级人民政府和行政管理部门要积极转变职能，减少事前审批，加强事中事后监管，提高政府管理服务水平"。从政策中我们可以看到，我国政府在降低民办教育准入门槛的同时，加强了对民办学校监督管理机制，"加强民办教育管理机构建设，强化民办教育督导，完善民办学校年度报告和年度检查制度。加强对新设立民办学校举办者的资格审查。完善民办学校财务会计制度、内部控制制度、审计监督制度，加强风险防范。推进民办教育信息公开，建立民办学校信息强制公开制度。建立违规失信惩戒机制，将违规办学的学校及其举办者和负责人纳入'黑名单'，规范学校办学行为。健全联合执法机制，加大对违法违规办学行为的查处力度。大力推进管办评分离，建立民办学校第三方质量认证和评估制度。民办学校行政管理部门根据评估结果，对办学质量不合格的民办学校予以警告、限期整改直至取消办学资格"。这种政府管理方式更适合鼓励社会力量参与民办教育领域，也可以规范民办学校的办学行为，有助于民办教育领域更加健康发展。

二、民办高职院校分类准入机制需要改善的问题

2016 年修正的《民促法》颁布后，中央和地方政府都先后出台了一系列法律法规来保障民办学校分类管理政策的落实，尤其是 2018 年第三次修正的《民促法》和 2021 年修订的《民促法实施条例》的发布，通过短短数年的实践，我国政府已经基本完成民办学校分类管理的顶层设计，不同省级政府采取 3—10 年的过渡期完成民办学校分类法人登记，部分省份已经开始分类法人登记制度。民办高职院校分类准入机制是一场不同于以往的政府管理方式的改革，虽有国外的一定经验可以借鉴，但对我国政府而言仍然是一个新生事物，在实施过程中仍有一些需要改善的关键问题。

（一）分类准入机制相关法律法规之间仍有矛盾

正如前文所述，我国政府已经基本上完成民办学校分类管理的顶层设计，并修订了部分法律法规的文本来为改革提供法律保障，但是民办高职院校分类准入机制的现实诉求仍需完善，例如在政策的顶层设计下对于《职业教育法》的修订尚未完成。不同法律条文之间的矛盾仍然存在，这容易在分类管理中出现政策条文之间的缺位和错位现象，例如对于集团化办学的问题，不同的法律法规对其导向就有所不同，2018 年的《民促法实施条例（修订草案）》对集团化办学行为采取相对谨慎的态度，"实施集团化办学的，不得通过兼并收购、加盟连锁、协议控制等方式控制非营利性民办学校"。此项限制有利于防范集团化办学内部既有非营利性民办学校又有营利性民办学校，在学校资产认定以及办学收益等问题出现混乱和变相营利的现象。2021 年修正的《民促法实施条例》更是取消了关于"集团化办学"的提法，由此可见政府对民办学校集团化办学持谨慎态度。但是，在2019 年印发的《国家职业教育改革实施方案》中对集团化办学持鼓励态度，"2020年初步建成 300 个示范性职业教育集团（联盟），带动中小企业参与。支持和规范社会力量兴办职业教育培训，鼓励发展股份制、混合所有制等职业院校和各类职业培训机构"。不同的法律法规从不同的角度看待集团化办学，这就使得举办者在实际办学中容易产生法律法规认识错位的问题。

同样的矛盾还存在上位法与下位法不一致现象，由于上位法通常是原则或方

向性政策条文，其具体实施交由各下位法或地方性法规来具体化，从法理上而言下位法或地方性法规的效力来源于上位法，其法律条文含糊不清容易产生政策困扰。就以民办学校分类法人登记需要是否对现有学校的举办者记性"补偿或奖励"为例，根据 2016 年颁布的《全国人民代表大会常务委员会关于修改（中华人民共和国民办教育促进法）的决定》，"本决定公布前设立的民办学校，选择登记为非营利性民办学校的，根据依照本决定修改后的学校章程继续办学，终止时，民办学校的财产依照本法规定进行清偿后有剩余的，根据出资者的申请，综合考虑在本决定施行前的出资、取得合理回报的情况以及办学效益等因素，给予出资者相应的补偿或者奖励，其余财产继续用于其他非营利性学校办学；选择登记为营利性民办学校的，应当进行财务清算，依法明确财产权属，并缴纳相关税费，重新登记，继续办学。具体办法由省、自治区、直辖市制定"。2018 年第三次修正的《民促法》中并未明确此条款，或可视为将"补偿或奖励"具体措施交由地方政府根据实际情况实施。其中，各地方政府的配套政策中对"本决定施行前的出资、取得合理回报的情况以及办学效益等因素"如何判断？按照什么标准进行资产清偿？这些问题还比较模糊，而这些直接关系到民办学校举办者进行"营非选择"的重要影响因素，相信政府在考量后未来会做出详尽的规定。

（二）非营利性民办高职院校法人登记制度仍有矛盾

根据民办学校法人分类登记原则，营利性民办高职院校可以登记为企业法人，这一点不存在争议，但是对非营利性民办高职院校的法人登记是存在一定的争议的。非营利性民办高职院校可以登记为事业单位法人或社会服务机构法人，而两者之间在享受国家相关扶持政策时具有较大的差距。如果登记为"社会服务机构法人"，按照现有的《中华人民共和国民法通则》的规定，无法享有与公办学校同等的待遇，因为现有配套政策中还缺乏地方财政投入、税收优惠以及土地等相关保障政策。以非营利性民办高职院校教师的编制问题为例，按照《民促法》规定，"民办学校的教师、受教育者与公办学校的教师、受教育者具有同等的法律地位"，但是民办学校教师是否能获得编制，并不仅由教育部门决定，还涉及各地方机构编制委员会办公室（简称"编办"）、人力资源和社会保障部门，各职能部门之间所依据的法律法规也不尽相同。

即使能够登记为"事业单位法人"也难以实现真正意义上与公办学校在法律上的平等地位，仍有诸多的制度障碍。首先，民办学校举办人登记为"事业单位法人"具有一定的限制条件，并且依据的法规之间存在矛盾。根据《事业单位登记管理暂行条例》的规定，"本条例所称事业单位，是指国家为了社会公益目的，由国家机关举办或者其他组织利用国有资产举办的，从事教育、科技、文化、卫生等活动的社会服务组织。"而《民促法》规定，"国家机构以外的社会组织或者个人可以利用非国家财政性经费举办各级各类民办学校"。"是否能够利用国有资产"举办民办学校成为能否登记"事业单位法人"的一项限制，法律法规之间对此问题的界定具有矛盾，而《中华人民共和国民法典》中对此问题也未做出明确要求。其次，民办学校即使登记为事业单位法人并不意味着具有公办学校同等的政策待遇。根据一些地方政府将非营利性民办学校登记为事业单位的经验，也并不是完全落实在学校税费减免、教学用地、教师编制等方面享有公办学校同等地位。除此之外，民办学校登记为事业单位法人是为了凸显非营利性学校的公益性，创造民办学校与公办学校公平竞争的制度环境，也便于政府统一监管，但是并不将非营利学校办成公办学校，否则就失去了发展非营利性民办学校的意义，并且事业单位走向社会组织是未来的发展趋势。

（三）对营利性民办高职院校的准入门槛实则提高

2016年修正的《民促法》的亮点之一是营利性民办学校获得了合法地位，但是作为新生事物，各级政府在制定相关政策时都是采取防范和规范的谨慎态度，实则提升了营利性民办学校的准入门槛，加大了对其监管力度。

一方面，根据2018年《民促法实施条例（修订草案）》的规定，"实施学历教育的营利性民办学校注册资本应当与学校类别、层次、办学规模相适应。其中，实施高等学历教育的，注册资本最低限额为2亿元人民币；实施其他学历教育的，注册资本最低限额为1000万元人民币。前款规定的营利性民办学校批准筹设时，举办者实缴资金到位比例应当不低于注册资本的60%；正式设立时，注册资本应当缴足"。各地方政府制定配套政策都是按照此政策条文作为参考标准，但是值得注意的是《民促法实施条例（修订草案）》是修订草案，并不是正式的法律文本，具有法律效力的《公司法》还未对营利性民办学校注册资本作出明确规定，换而言之，现有的这项政策条文是缺乏法律依据的。2021 年正式实施的《民促法实施条例》并未对民办学校办学资金和注册资本做出明确规定，对地方政府下放了权限，这将使各地政策具有一定的差异性。

另一方面，从现有的分类管理制度中对营利性民办学校有着诸多限制，《工商总局　教育部关于营利性民办学校名称登记管理有关工作的通知》规定，民办学校应当按照《公司法》《民促法》的有关规定，登记为有限责任公司或者股份有限公司。但是根据《民法典》的规定，营利法人包括有限责任公司、股份有限公司和其他企业法人等。除此之外，现有民办学校举办者选择营利性民办学校，也就意味着必须将现有学校名称修改为"某教育责任有限公司"或"某教育股份有限公司"，虽然此举有利于民众识别民办学校的办学性质，但是对现有民办学校的办学声誉可能存在隐患，因为我国部分民众对营利性教育存在根深蒂固的偏见。因此，所谓降低民办学校的准入门槛，实则倾向于社会力量发展非营利性民办学校，提高了营利性民办高职院校的准入门槛，甚至在扶持政策中，一些地方政府的配套政策中明确政府购买服务优先考虑非营利性民办学校。

三、民办高职院校分类准入的耦合机制策略

民办高职院校分类准入机制是实现有效分类管理和差别化扶持的基础，此项工作不仅涉及教育部门，更涉及多职能部门之间的分工与合作，必须进一步完善民办学校分类管理的顶层设计，消解举办者"营非选择"的困惑，以公益性最大化探索混合所有制的准入机制，优化监管审批制度，推进集团化办学体制。民办高职院校分类准入机制的根本目的是促进两类民办学校能够有法可依、合作共进，这就需要地方政府在制定配套政策时充分考虑两类民办学校的特性与优势，创新法人登记的配套制度。

（一）进一步完善分类管理的顶层设计和合作机制

正如前文所述，我国分类管理政策的顶层设计已经基本完成，但是在上位法与下位法、法律与规章之间的仍然存在冲突和不一致，这种现象直接制约着地方政府制定相关配套政策和实施办法，也影响民办学校举办者理性进行"营非选择"，

并且在现有禁止"悔选"的政策导向下，举办者采取观望的态度或者被动选择的状态在所难免。民办高职院校举办者进行分类法人登记并非简单的"二选一"，而是一个需要考虑多方面因素的系统决策，这就涉及金融、财政、土地和工商等一系列相关工作，而这些事项隶属于不同的部门，事涉不同的法律法规，存在不一致甚至冲突也是在所难免的。

　　要解决法律法规之间以及各部委之间的问题，就需要加强中央各职能部门之间的沟通与合作，完善民办教育工作部际联席会制度，形成一种常态工作制度。2017年8月，国务院同意建立由教育部牵头的民办教育工作部际联席会制度。联席会议由教育部、中央编办和发展改革委等14个部门组成，联席会议办公室设在教育部，承担联席会议日常工作。[①]次年，教育部等十四部门联合制定了《中央有关部门贯彻实施〈国务院关于鼓励社会力量兴办教育促进民办教育健康发展的若干意见〉任务分工方案》，部际联席会议的工作成效显著。民办教育工作部际联席会制度已经形成定期例会制度、重大事项报告制度、工作研判制度以及联合工作组制度，在国务院的领导下各部门统筹协调对推动民办教育改革起到积极作用。

　　在此工作基础上，根据民办学校分类准入机制的形式需要，需要进一步完善部级联系会议制度。一方面，为增强部际联席会议的统筹力和执行力，可提升召集人的层级，由国务院副总理来担任召集人。2017年，民办教育工作部级联席会议由教育部部长作为召集人，但是对于统筹各部门的协调工作需要层级更高的领导担任。类似的例子已有先例可供参考，2004年，职业教育工作部际联席会由教育部部长作为召集人，此后召集人都由国务院副总理担任。另一方面，为落实民办学校分类准入机制的各项政策，亟待建立省级民办教育工作联席会议制度，现阶段已有部分省份落实联席会议制度，例如浙江等地进一步明确各职能部门的分工与协调，消除由于制度障碍带来的执行困境。除此之外，联席会议制度还需要根据实际情况实行动态地调整成员机制，以及将联席会议的重要事项通过媒体及时进行发布，以加强信息公开度，使社会和学校举办者能够了解到相关的准确信息，并做出理性的选择。

---

① 董圣足，等. 民办学校分类管理推进策略研究. 上海：华东师范大学出版社，2020：159.

（二）以公益性最大化探索混合所有制民办高职院校的准入机制

《民促法》对民办教育事业已经做了明确定位，"民办教育事业属于公益性事业，是社会主义教育事业的组成部分"。民办教育的发展必须以"公益性原则"为发展的大前提，并依此找准自身的发展定位。民办教育分类管理对民办高职院校的发展是挑战与机遇并存的，首先，它从法理层面第一次明确了营利性民办学校的合法性，这对促进资本市场与教育市场合法对接提供了制度保障，符合我国民办高职院校大部分属于投资办学的现实；其次，从现有分类管理政策的顶层设计来看，在政策层面，鼓励非营利性民办教育发展的导向性十分明确，而对营利性民办学校更多的是从规范或防范的视角来进行制度设计的。在还没有完善相关配套政策的制度环境下，民办高职院校的举办者实质上进入"两难选择"的境地，导致部分民办学校分类管理难以推进，或难以实现政策预期。正如前文所述，民办高职院校公益性与营利性存在非矛盾性，并且其"营非选择"的复杂程度远大于体量较小的民办中小学，动辄数以亿计的教育投入使得投资者对举办者有更大的期待。正如潘懋元等所言："把民办高校划分为非营利和营利性两类的二分法，不符合现阶段我国民办高等教育的实际，既难于为广大办学者所接受，也无法涵盖我国民办高校的类型，更不利于民办高校的可持续发展。"[1]因此，推进民办学校分类管理政策的实施，必须考虑将义务教育阶段与非义务教育阶段的民办学校区分开，并积极探索符合我国民办高职院校发展实际需求的混合所有制办学模式，这也对民办高职院校的准入机制带来了新的课题。

《国务院关于加快发展现代职业教育的决定》提出，"探索发展股份制、混合所有制职业院校，允许以资本、知识、技术、管理等要素参与办学并享有相应权利"。此政策条文为民办高职院校发展混合所有制提供了政策依据。"混合所有制"并非单一的公有制，也不是完全的私有制，其产权归属于具有不同所有制性质的多元主体。混合所有制民办高职院校可以突破"二分法"的局限性，更符合我国民办高职教育发展的现实需要。一方面，单纯的捐资办学无疑是民办高职院校发展的最佳选择，也是未来民办高职院校发展的主要方向。但是，我们必须清醒地认识到捐资办学不仅是一个教育问题，也是一个社会经济和文化达到一定程度的产物，我国现阶段还未形成具有大范围捐资办学的经济基础和社会文化氛

---

① 潘懋元，邬大光，别敦荣. 我国民办高等教育发展的第三条道路. 高等教育研究，2012（4）：1-8.

围。另一方面，无论从国际经验还是我国的实际来看，营利性民办高职院校只能是民办高职教育体系的补充力量，而不能成为主要的发展渠道。营利性民办高职院校对我国而言还是新生事物，各项规范和标准尚待完善，尤其是学历教育是否能够降低准入门槛都是具有争议的现实问题。从国外的经验来看，营利性私立高等教育机构或营利性职业院校主要从事继续教育和在职培训，虽有一定的学历教育，但并不是其主要的业务范围。

除上述两个方面外，混合所有制是现阶段我国民办高职教育发展的最适合的选择。这是因为：①混合所有制回避了举办者在营利性与非营利性之间"二选一"的困扰，以往通过投资办学积累的现有民办高职院校举办者在补偿和奖励政策并不明确的政策环境中，难以心甘情愿地转为捐资办学，难免出现举办者回收或变相回收投资，如此会在短时内极大地影响民办高职教育的健康发展。②混合所有制有利于引导营利性民办高职院校向非营利性转变。就混合所有制的本质而言，它将民办高职院校的公益性与营利性有机地统一起来，既鼓励社会资本进入公共事业领域（例如在我国医疗机构和养老机构中早有先例可循），又能为满足广大民众对高质量高职教育需求寻找到非财政经费支持。混合所有制民办高职院校的举办者可以获得来自政府的税收优惠和扶持，扩大其公益性，并通过规范的年度财务制度和监管制度来控制盈利空间，在一定年限内逐步引导其完成办学性质的变更。③混合所有制有利于民办高职院校治理水平的提升。混合所有制民办高职院校以实现产权多元主体为前提，进而实行多元主体共治制度，其中包括地方政府参与学校决策，在给予支持的同时也对决策的执行拥有合法、合理的监督管理权，进而实现利益相关者共同治理的管理模式。

对混合所有制民办高职院校而言，虽然在政策层面已经多有提及，但是在制度顶层设计方面仍需逐步完善，尤其是对其准入机制更需要进行深入研究。①混合所有制民办高职院校必须以"公益性"为大前提。从现有试点高职院校的发展来分析，大致可以将混合所有制民办高职院校划分为三大类：公立混合所有制、非营利性私立混合所有制和营利性私立混合所有制。对于不同类型的混合所有制民办高职院校的发展成效，无疑是与优质的非营利性基金会组织合作最为理想，因为它可以最大限度在保障经费支持的情况下凸显院校的公益性；而各国使用最多的是 PPP 模式，这种合作模式中，各方之间是"利益共享、风险共担、全程合作"的共同体关系。现阶段，我国大多数混合所有制高职院校属于公办职业院校引入社会资本，而在民办高职院校引入国有资产相对较少，这也存在一定程度的制度保障不完善的问题。②混合所有制并不意味着产权混乱，而是以明晰产权制度为混合所有制民办高职院校发展的基础。混合所有制打破了公私界限，实现学校产权多元主体共治制度，这里就必须厘清混合所有制民办高职院校举办人和法人之间的关系，举办人可以是多人，因此应科学合理地量化股权；而学校法人代表仅为一人，举办人与法人之间民事能力要求不同，权利也不相同，股份制将替代传统的所有制，形成多元投资主体共同参与协商治理的局面。③进一步完善配套政策是混合所有制民办高职院校发展的保障。现阶段，大力发展混合所有制民办高职院校仍然存在政策缺失，尤其是相关配套政策并不完善，例如公办高职院校引入社会资本是有法可依，但是民办高职院校引入国有资本或国有资产缺乏政策支持，仅有部分试点省有地方性政策，但是仍然缺乏上位法支持；再如非营利性民办混合所有制高职院校是否能够登记为"事业单位法人"仍然存在争议，虽然江苏省已有先例可循，但是大多数省份尚无政策支持，还有一些类似的问题，这些都制约着混合所有制民办高职院校的发展。

（三）完善集团化办学体制促进两类民办高等院的耦合发展

2018年颁布的《民促法实施条例（修订草案）》对集团化办学做出明确的规定，"同时举办或者实际控制多所民办学校、实施集团化办学的社会组织应当具有法人资格，具备与其所开展办学活动相适应的资金、人员、组织机构等条件与能力，并对所举办民办学校承担管理和监督职责。实施集团化办学的，不得通过兼并收购、加盟连锁、协议控制等方式控制非营利性民办学校"。"集团化办学的社会组织不得滥用支配地位，排除、限制竞争，所属民办学校应当依法独立开展办学活动，存续期间所有资产由学校依法管理和使用。" 从政策价值取向而言，此政策条文是基于民办学校分类管理的角度来设计的，就是要保障两类民办学校之间有着清晰的界限，避免我国长期存在的"搭顺风车"现象，这是可以理解的，也是现实需要，但是此政策条文也的确存在一定的商榷空间。在2021年正式实施的《民促法实施条例》中未见"集团化办学"的提法，而是表述为"同时举办或者实际控制多所民办学校的，举办者或者实际控制人应当具备与其所开展办学活动相适应的资金、人员、组织机构等条件与能力，并对所举办民办学校承担管理和监督职责"，"同时举办或者实际控制多所民办学校的，应当保障所举办或者实际控制的民办学校依法独立开展办学活动，存续期间所有资产由学校依法管理和使用；不得改变所举办或者实际控制的非营利性民办学校的性质，直接或者间接取得办学收益；也不得滥用市场支配地位，排除、限制竞争"。

我国职业教育集团化办学最早可以追溯到成立于1992年的北京蒙妮坦美发美容职业教育集团，随着近30年的探索，我国对职业教育集团化办学已经累积了一定的经验。但是，我国职业教育集团绝大多数是非营利性的公办职教集团，即以学校或政府职能部门作为主体，联合行业协会、研究机构以及企（事）业单位等通过签订契约等形式组成多层次协作关系，各成员机构之间隶属于不同的法人实体，不存在产权联系，因而我国职业教育集团大多属于没有法人资格的松散内部治理机构。随着营利性民办高职院校拥有合法地位，营利性民办职业教育集团随之发展起来，这是市场化发展的必然性，在私立高等教育发达国家并不鲜见，这在前面章节中已经做了大量介绍，此处不再赘述。无论是2018年的《民促法实施条例（修订草案）》还是2021年正式实施的《民促法实施条例》对"集团化办学"或"同时举办或者实际控制多所民办学校"主要还是停留在"非营利性"导向上，对营利性民办教育集团仍持谨慎态度，另外，对营利性教育集团过于限制。按照现行政策对"集团化办学"的规定的确有利于区分营利性与非营利性民办教育集团的界限，但是并不利于营利性教育集团的发展，也不利于引导其向非营利性方向转变。根据国外的经验和国内的实践，我国营利性民办学校或者教育集团还处于发展的初期阶段，仍需要通过规模效应来提升影响力，小而优的民办职业教育集团较少，营利性民办教育集团也需要通过规模效应为证券上市做准备。但是根据新规，实质上就从产权关系上否定了营利性教育集团协议控制下属非营利性民办学校的做法，这与我国多所高教集团的实际具有较大差别。实际上，母公司与下属学校之间的财务规范是可以通过政府的财务监管来实现的，而不是通过全盘禁止来杜绝。除此之外，民办职业教育集团化办学管理体制仍不完善。实际上，我国对民办职业教育机构的认识和管理经验欠缺，即使对非营利性民办职业教育集团的政策支持，也仍显不足。非营利性民办职业教育集团不同于以教育资源共享为主要目的的公办性质职教集团，也不同于以营利为主要目的的营利性职业教育集团，更需要明确的补偿与奖励政策作为支持，否则在公益性与营利性之间很难形成长效机制。而对营利性民办职业教育集团也缺乏有效的引导和监管措施，长期以来在民办高校领域一直存在营利性教育集团内部拥有多家非营利性民办高校的现象，这给新政策的落地带来了现实问题。

"集团化办学"是发展我国民办高等职业教育的现实需要，我们有必要进一步优化治理机制。①必须分层分类规范民办学校集团化办学。民办职业院校集团办学具有其特殊性，不同于区域内优质中小学名校牵头实现教育均衡为目的的中小学教育集团，也不同于区域联盟为特征的高等教育集团，其内部也明确划分非营利性民办高职教育集团和营利性民办高职教育集团。对待非营利性民办高职教育集团必须完成补偿和奖励措施，明确其社会服务机构的法人身份，而对营利性民办高职教育集团必须厘清旗下单位的产权隶属关系，规范集团内部子单位与举办集团公司之间的合作关系。②区分民办高职教育集团内部的治理结构。对于非营利性民办高职教育集团，应当鼓励发展紧密层治理结构，根据"合作共赢、资源共享"的原则，集团成员之间可以采用互持股份等形式来实现多元主体共同出资举办，真正实现"事业共同体"；对于营利性民办高职教育集团，应当发展松散层治理结构，以各单位独立产权为基础，加大理事会或监事会对组织在集团内部的作用，甚至可以强化第三方监管机构的介入，利用不同类型集团成员的优势来强化集团的资源配置。③应当鼓励符合规范的民办职业教育集团的发展。新规的出台并不是对集团化办学的全盘否定，而是希望通过规范来防止社会资本的投机行为，也是为了减少以往集团化办学的"灰色地带"，与之相对应的是亟待出台符合民办高职教育集团发展的配套政策，这也是民办高职教育发展的重要方向。

第二节　民办职业院校分类扶持政策

分类扶持政策是民办高职教育分类管理落地的重要保障，在 2016 年修正的《民促法》颁布之前，民办高职教育体系内部由于存在"合理回报"的诉求，加之我国大部分民办高职教育院校属于投资办学的现实，政府对民办高职院校扶持的意愿和政策（尤其是推动民办高职教育非营利性发展）往往难以真正落到实处，营利性民办高职院校并未取得合法地位，社会资本规范投入的意愿也就更小，这不利于民办高职院校的健康发展。2018 年修正的《民促法》实施后，对非营利性民办学校的扶持在土地政策、税收优惠政策、政府财政扶持等多方面进行了改革，同时通过政府购买服务和鼓励资本市场介入来规范和推动营利性民办学校发展。

一、民办高职院校分类扶持的现行政策与特点分析

我国民办高职院校的教育经费来源结构不同于西方发达国家私立大学，社会捐赠的社会习惯还在逐渐形成过程中，社会捐赠教育经费所占比例偏小，而大部分地方政府也并未将民办高职院校纳入地方财政资助范围，因而大部分民办高职院校依靠学杂费来维持教育运行和办学积累。根据我国原有的政策设计，民办高职院校被认定为"民办非企业单位"，既区别于公办高职院校，也不同于一般的企业。通过"合理回报"促使举办者获得一定的经济回报空间，可以缓解政府举办高职院校的财政压力，这种设计比较符合我国的现实需求，但是政府对"合理回报"并未出台具体的实施办法，因而其政策的模糊性影响了政策的实施效果。2016 年后，政府通过一系列政策杠杆突破我国民办教育发展瓶颈，在承认营利性学校合法性之外，必然需要加大对非营利性民办学校的扶持力度。因此，无论是中央政府还是地方政府所出台的政策中，都明显强调扶持非营利性学校和规范营利性学校，这也是未来民办高职院校的发展方向。

（一）"同等的法律地位""同等权利"是差别化扶持政策的基础

《民促法》中分别两次提出"同等的法律地位"和"同等权利"，这代表着中央政府对民办学校的态度，也为地方政府确立配套政策设立了原则，"同等的法律地位"代表着民办学校从我国教育体系中的"边缘"或"补充"地位走向了与公办学校的同等地位，这规范了民办学校发展，也为下一步差别化扶持的支持体系奠定了法律基础：一方面，明确"民办学校与公办学校具有同等的法律地位"，随后指出"国家保障民办学校的办学自主权"，换言之，民办学校具有与公办学校同等的权利，也需要履行同等的义务，政府不会过于干涉民办学校的办学自主权，否则民办学校就失去了自身的优势与特点；另一方面，强调民办学校的教师与学生同公办学校师生具有"同等的法律地位"，此前，民办学校作为"民办非企业单位"，民办教师作为"民办非企业员工"，往往难以在法律层面与公办学校及其教师获得同等地位，而民办学校的学生在助学贷款、生均拨款等方面也往

往难以落实，明确民办学校师生的法律地位有利于下一步推动配套政策的实施。

我们必须认清的是，《民促法》中所强调的"同等的法律地位"不能理解为享有"同样"的权利，两类学校拥有不同的办学主体、办学方式甚至不同的受教育群体，所享有的权利必然有所区别。差别化扶持政策体系并不仅仅是对民办学校内部营利性与非营利性民办学校的区别，还是对公办学校与民办学校的区别，这实质上意味着我国政府对教育扶持体系的一次重构。政府实施的差别化扶持政策力度直接影响到民办学校举办者的"营非选择"，也影响到能够真正改变我国民办教育体系长期办学性质混淆的实际。就现阶段而言，我国政府首先明确民办学校的法律地位，为进一步实施差别化扶持政策奠定了基础，也为实现民办学校公益性发展指明了方向。

（二）以公益性为导向的"分类管理、差别化扶持"政策体系

2015年4月，教育部副部长鲁昕在出席非营利性民办高校联盟第二次工作会议指出，"要构建非营利性和营利性民办学校分类管理、差别化扶持的政策体系，在财政、税收、土地等方面突出对非营利性民办学校支持的导向，引导民办学校为社会提供更多优质的公益性教育产品和服务"[①]。教育回归公益属性是政府支持发展民办教育发展的前提条件，扶持政策的出台代表着政府对待民办教育态度的转变。在《民促法》和《民促法实施条例》的第七章"支持与奖励"中，以及《若干意见》中第四点"完善扶持制度"中都对差别化扶持政策体系做出了明确要求和制度设计。《若干意见》明确提出，"国家积极鼓励和大力支持社会力量举办非营利性民办学校。各级人民政府要完善制度政策，在政府补贴、政府购买服务、基金奖励、捐资激励、土地划拨、税费减免等方面对非营利性民办学校给予扶持。各级人民政府可根据经济社会发展需要和公共服务需求，通过政府购买服务及税收优惠等方式对营利性民办学校给予支持"。《若干意见》《民促法》《民促法实施条例》等已经系统地重构了民办学校差别化扶持政策框架，具体而言主要包括以下几个方面。

第一，鼓励地方政府设立专项资金鼓励和支持民办学校发展。2018年修正的

---

① 教育部：民办学校将构建分类管理、差别化扶持政策体系. http://www.gov.cn/xinwen/2015-04/14/content_2846428.htm.（2015-04-14）[2020-12-21].

《民促法》规定，"县级以上各级人民政府可以设立专项资金，用于资助民办学校的发展，奖励和表彰有突出贡献的集体和个人"。此前，各地方政府对是否将设立专项经费支持民办学校无法可依，这一政策条文确立了民办学校发展专项纳入地方财政预算的法律依据，虽然此项制度并未划分是哪类民办学校，但是从各地配套政策来看，更倾向于非营利性民办学校。

第二，对非营利性民办学校实施生均补贴政策。此项政策一直以来在各地差别较大，一是由于各地经济发展水平的差异，二是由于原民办教育体系中很难区分营利性与非营利性办学性质。《民促法实施条例》规定，"县级以上地方人民政府可以参照同级同类公办学校生均经费等相关经费标准和支持政策，对非营利性民办学校给予适当补助"。这一政策对非营利性民办学校的扶持最为重要，我们也要清晰地看到政策条文中用了"适当补助"这项规定，换言之，非营利性民办学校还是与同级同类公办学校有所区别的。

第三，明确两类民办学校差别化教育用地政策。此项政策是民办学校举办者最为关心的问题，也是"营非选择"中最大的影响因素之一。根据《民促法》规定，"新建、扩建非营利性民办学校，人民政府应当按照与公办学校同等原则，以划拨等方式给予用地优惠。新建、扩建营利性民办学校，人民政府应当按照国家规定供给土地"。《民促法实施条例》中细化为"新建、扩建非营利性民办学校，地方人民政府应当按照与公办学校同等原则，以划拨等方式给予用地优惠。实施学前教育、学历教育的民办学校使用土地，地方人民政府可以依法以协议、招标、拍卖等方式供应土地，也可以采取长期租赁、先租后让、租让结合的方式供应土地，土地出让价款和租金可以在规定期限内按合同约定分期缴纳"。简言之，非营利性民办学校享有土地划拨为主的优惠政策，而营利性民办学校主要通过政府出让土地的方式获得，政府差别化教育用地政策的公益性导向突出。

第四，实施差别化税收优惠政策。从总体上分析，两类民办学校都可以享有国家规定的税收优惠，而非营利性民办学校可以享有更多的免税政策。《民促法》和《民促法实施条例》都明确规定，"民办学校享受国家规定的税收优惠政策，其中，非营利性民办学校享受与公办学校同等的税收优惠政策"，但是并未明确提及税收优惠的标准。《若干意见》第十四条中将税收优惠进一步细化，"民办学校按照国家有关规定享受相关税收优惠政策。对企业办的各类学校、幼儿园自用的房产、土地，免征房产税、城镇土地使用税。对企业支持教育事业的公益性捐赠支出，按照税法有关规定，在年度利润总额 12%以内的部分，准予在计算应纳税所得额时扣除；对个人支持教育事业的公益性捐赠支出，按照税收法律法规及政策的相关规定在个人所得税前予以扣除。非营利性民办学校与公办学校享有同等待遇，按照税法规定进行免税资格认定后，免征非营利性收入的企业所得税。捐资建设校舍及开展表彰资助等活动的冠名依法尊重捐赠人意愿。民办学校用电、用水、用气、用热，执行与公办学校相同的价格政策"。从现有政策中我们不难发现，对非营利性民办学校享有的税收优惠较为清晰和具体，但是对营利性民办学校的税收优惠较为模糊，甚至与《企业法》之间存在某些法律条文冲突。

第五，落实同等资助政策和鼓励社会力量捐资助学。我国民办学校办学经费来源单一是其发展的主要瓶颈之一，地方政府除了设置专项扶持资金外，是否应该对民办学校实施同类同等资助一直存在争议。但是随着民办学校分类管理政策的实施，拓宽非营利性民办学校办学经费多元渠道是保障其公益性发展的必要条件，也是符合国际惯例的做法。《若干意见》的规定，"民办学校学生与公办学校学生按规定同等享受助学贷款、奖助学金等国家资助政策。各级人民政府应建立健全民办学校助学贷款业务扶持制度，提高民办学校家庭经济困难学生获得资助的比例。民办学校要建立健全奖助学金评定、发放等管理机制，应从学费收入中提取不少于 5%的资金，用于奖励和资助学生。落实鼓励捐资助学的相关优惠政策措施，积极引导和鼓励企事业单位、社会组织和个人面向民办学校设立奖助学金，加大资助力度"。《民促法》中也规定，"县级以上各级人民政府可以采取购买服务、助学贷款、奖助学金和出租、转让闲置的国有资产等措施对民办学校予以扶持；对非营利性民办学校还可以采取政府补贴、基金奖励、捐资激励等扶持措施"。相对于营利性民办学校，落实同等资助政策和鼓励社会力量捐资助学主要倾向于非营利性民办学校，与此同时，政府必须完善对非营利性民办学校财务监督、会计和审计制度，否则可能出现新的财务风险。

第六，完善政府购买服务政策。民办教育作为公益事业，是一种特殊的公共服务，有着其自身特有的复杂性。2013 年出台的《国务院办公厅关于政府向社会力量购买服务的指导意见》专门对教育购买服务做出指导，一些经济发达地区也对购买民办教育服务进行过探索，但总体而言我国政府对购买教育服务的机制还处于初级阶段，尚未形成成熟的实施模式。我国政府购买服务是对民办学校创新财政扶持方式之一，无论是营利性民办学校还是非营利性民办学校，都具有申请资格。政府将进一步建立绩效评价制度和过程性监管。

第七，探索民办学校金融服务支持。《民促法》明确提出，"国家鼓励金融机构运用信贷手段，支持民办教育事业的发展"。《民促法实施条例》中进一步明确，"国家鼓励、支持保险机构设立适合民办学校的保险产品，探索建立行业互助保险等机制，为民办学校重大事故处理、终止善后、教职工权益保障等事项提供风险保障。金融机构可以在风险可控前提下开发适合民办学校特点的金融产品。民办学校可以以未来经营收入、知识产权等进行融资"。我国对民办教育进行金融服务支持还处于探索阶段，按现有政策制度，政府对民办教育的金融服务支持主要集中在通过开发保险产品防范民办学校的办学风险、开发符合民办学校办学特点的金融产品和利用自身优势进行融资，与此同时政府必须完善民办学校金融服务支持的监控机制。

（三）政府对民办学校差别化扶持政策的特点分析

民办学校差别化扶持政策既是民办学校分类管理真正落实的重要保障，也是体现民办学校公益化发展的重要举措，现阶段从中央到地方已经形成较为完善的制度体系。从中央政府颁布的一系列法律法规和地方政府制定的配套政策、实施办法中我们不难发现，政府对民办学校差别化扶持政策是将常规扶助方式和超常规举措相结合，既有利于引导社会资本有序进入教育领域，也符合民办学校自身发展需要，总体而言，现有差别化扶持政策具有以下特点。

第一，坚持民办学校公益性发展导向明确。根据政府已经出台的各项扶持政策我们不难发现，政府对非营利性民办教育的支持与引导既符合我国民办教育发展的实际需要，也符合私立教育发达国家的一贯经验。民办教育作为我国教育事业发展的重要组成部分，同样肩负着办人民满意教育的重任，因此，越能够实现其历史责任和社会价值，越能获得国家和社会各界的认可与支持。公益性价值取向是民办学校分类管理中扶持政策的主要导向，无论哪类民办学校，都以实现其外部效益作为获得政府扶持的最主要条件。由于非营利性民办学校属于捐资办学，学校的办学结余用于学校教育支出，即使学校终止办学，学校剩余财产也用于其他非营利性民办学校办学；而营利性属于投资办学，其性质从本质上而言与营利性工商企业没有区别，学校办学结余可以对举办者或股东进行分配，学校办学终止后属于学校剩余资产，依照《公司法》的相关规定进行处理。因此，政府出台民办学校扶持政策必须是"差别化扶持"，对非营利性民办学校进行扶持是为了最大化地扩大学校外部效益，以承担一定的教育成本，并促进其公益性发展；而对营利性民办学校进行扶持是运用政府财政杠杆来引导其规范办学，防止出现短期内过度追求利润最大化而损害其应发挥的公益价值。政府对民办学校的资助政策体系既是相对独立的扶持措施，又是有机的扶持系统，对扶持民办学校公益性发展态度明确，对非营利性民办学校在政府专项补贴、土地划拨、税费减免、政府购买、补偿奖励措施以及师生权益保障等方面全面支持，对营利性民办学校采取税收优惠、政府购买以及金融支持等方面的扶持。这既符合两类民办学校的办学性质的区别，也在一定程度上满足了两类办学者的利益诉求。

第二，政策的统一性与差异性相结合。民办学校差别化扶持政策体系是由中央政府到地方政府自上而下、多层次多部门组成的庞大体系，政策体系设计既有差别化扶持政策体系的顶层设计，也包含地方政府配套政策的对接。政策的统一性代表着中央政府出台一系列法律法规具有普遍的约束力，也代表着中央政府对民办学校差别化扶持的态度。差别化扶持政策必须考虑到各地方具体情况和发展的不平衡，因此。在制定地方配套政策中要防止简单的"一刀切"，寻求地方差别化扶配套政策的实效性，给予地方政府充分的自主权，以便在政策的制定和落实过程中做到异中求同。以差别化教育用地政策为例，我国大部分省份已经按照中央政策采取对非营利性民办学校参照公办学校享有"土地划拨"政策，而营利民办学校则采取"有偿供地"。但是各地方政府根据实际情况对此政策执行情况有所差别，在已出台的各地方政府的配套政策中，大部分根据中央政府的要求执行，但是部分地方政府对非营利性民办学校的适用范围做出不同规定，例如广东省将"符合《划拨用地目录》的民办学校设施用地，按划拨方式"供地；海南省将"国际及国家的教育类非营利性组织在海南设立分支机构"也归为非营利性民办学校，享受土地划拨。[①]类似的差别化政策还出现在民办学校专项发展基金、税收优惠、购买服务等方面，各地方政府在贯彻中央精神的同时，综合考虑自身的发展需要制定更适合地方民办学校发展的配套政策有利于民办学校差别化扶持政策体系的落实。

---

① 周海涛，等. 民办教育分类管理政策实施跟踪与评估研究. 北京：经济科学出版社，2019：132.

第三，民办学校师生权益保障摆在突出地位。此次民办学校差别化扶持政策中将民办学校师生权益作为一个极为重要的改革目标是此次我国民办教育改革的典型特征，而此问题也是制约民办学校健康发展亟待需要解决的瓶颈问题。就教师权益保障问题上，2018年《民促法实施条例（修订草案）（送审稿）》中明确提出，"县级以上人民政府应当将分担非营利性民办学校教职工社会保障的资金纳入预算，依法采取财政补贴、基金奖励、费用优惠等方式，支持、奖励民办学校为教职工建立职业年金制度，并可以采取政府补贴、以奖代补等方式鼓励、支持民办学校保障教师待遇"。但在2021年《民促法实施条例》中改为，"民办学校应当依法保障教职工待遇，按照学校登记的法人类型，按时足额支付工资，足额缴纳社会保险费和住房公积金。国家鼓励民办学校按照有关规定为教职工建立职业年金或者企业年金等补充养老保险。实施学前教育、学历教育的民办学校应当从学费收入中提取一定比例建立专项资金或者基金，由学校管理，用于教职工职业激励或者增加待遇保障"。由此可见，政府通过加强监督民办学校来保障教职工待遇，进一步加大了对民办学校的扶持力度。地方政府也通过各种形式来保障非营利性民办学校教师权益，例如浙江省作为试点地区，将非营利性民办学校纳入"事业单位"，进而解决民办学校教师身份问题，以保障教师权益。在民办学校学生权益方面，进一步明确民办学校学生可享有与公办学校学生同等的助学贷款、奖学金及补助政策，并规定由民办学校在学费中用不低于5%的比例来奖励和资助学生。此次民办教育重构过程中，重点通过法律法规来保障民办学校教师与学生的应有权益，进一步推进非营利性民办学校与公办学校的平等待遇，支持非营利性民办学校健康发展。

二、民办高职院校分类扶持政策存在的主要问题

《民促法》以及一系列事关民办教育发展的法律法规的颁布为民办高职院校分类扶持奠定了政策基础。作为新的扶持体系，它仍然存在需要根据实际情况不断完善之处。

（一）扶持政策向非营利性民办高职院校倾斜力度过大

民办教育改革的重点是将教育的"公益性"摆在首要地位，民办学校要将实现社会公益性作为发展方向。两类民办学校的所有权和收益分配方式不同，政府制定扶持政策倾向于"公益性"更突出的非营利性民办学校，这些都是政策价值导向的必然选择。但是，民办学校不同于公办学校，主要是利用非国家财政性经费办学，换言之，民办教育扶持政策主要起到引导社会力量和社会资本进入教育领域的作用，如果向非营利性民办学校倾斜力度过大，不仅不利于民办教育体系内部的公平竞争，而且往往难以真正激发民办学校的办学活力，也难以吸引更多的社会力量参与办学。因此，民办教育扶持政策的倾斜不应只考虑民办学校的办学属性，也应将民办学校所实现的社会效益纳入评估范围，多利用竞争性资助项目来引导两类民办学校的发展。

现阶段，无论是中央政府出台的各项扶持政策还是地方政府的配套政策，都明显倾向于发展非营利性民办学校，政府对非营利性民办学校采用直接资助的方式（或称为转移性支出），通过政府专项补贴、基金奖励、土地无偿划拨、税收优惠以及捐赠激励等公共财政资金投入来扶持发展。而对于营利性民办学校而言，政府采用间接资助（或称为购买性支出），通过土地使用权转让优惠、税收优惠以及政府购买服务等形式来进行扶持，营利性学校能否获得政府的财政扶持各级政府还未形成共识。从客观上分析，无论是非营利性民办学校还是营利性民办学校，都具有教育公共服务属性，既补充了政府教育资源和教育公共产品不足，也满足了民众对教育日益多样化的需求。民办教育差别化扶持政策并不是一味地将两类民办学校一分为二，或者将营利性民办学校完全推向市场，否则民办学校分类管理政策难以取得预期的成效，国外很多案例已证明这是不完善的扶持政策。正如前文所述，政府向民办学校提供公共财政资金投入不应是无偿的转移性支出，而应是以实现社会公益性为导向的竞争性资助，无论是营利性民办学校还是非营利民办学校获得政府扶持，都应以实现公益性的绩效评估为前提，而不是简单的办学属性问题，否则，既不利于营利性民办学校获得高质量发展，也不利于民办教育体系的健康发展。

（二）政府购买教育服务扶持制度有待进一步健全

政府购买教育服务源于西方社会 20 世纪 70 年代，政府通过市场机制将一部分公共教育服务项目转交由社会力量来承担，并按照等价原则支付费用，这也是许多西方国家所谓"小政府"理念下社会福利改革的一项重要措施。2013 年出台的《国务院办公厅关于政府向社会力量购买服务的指导意见》明确指出，在教育、医疗以及社保等基本公共服务领域将逐步加大政府向社会力量购买服务的力度。该指导意见为政府向社会力量购买教育服务提供了政策保障，也是供给侧结构性改革不断深化的重要体现。高职院校办学更具特殊性，需要与企业、行业建立更紧密的合作，才能提高专业匹配度和职业技能教育水平，政府购买教育服务能够调动更多的社会力量参与高职院校办学。

政府采取"同质同价、一视同仁"的原则进行购买教育服务是对民办高职院校间接扶持的一种重要方式，也是西方国家普遍采用的一种政策杠杆。对于我国而言，政府购买教育服务还属于新生事物，在制度建设和操作上尚面临挑战。一方面，现有政策体系中对政府购买教育服务的准入门槛缺乏完善的市场准入机制。虽然我国政府已先后出台《中华人民共和国政府采购法》《政府购买服务管理办法》，对规范政府采购行为以及提高政府采购财政资金的使用效益等方面起到了指导作用，但是公共教育服务不同于一般的政府采购行为，具有较强的公益性和育人的特殊性，供应方提供的育人环境、条件以及教育服务能力等都影响着政府购买教育服务的成效。因此，提供公共教育服务的供应方应当具有"特定资格条件"，在前文中已经详细介绍了欧美国家对提供教育服务的供应商采取的资格认证制度，我国在此领域还较为滞后。如果教育服务供应商的过程服务效果难以得到有效监管，就会影响公共教育服务的整体质量。另一方面，政府购买教育服务存在"雇主化"倾向，有效的市场竞争机制尚未形成。由于我国政府购买教育服务还处于初级阶段，加之服务意义的思维还有待加强，政府在购买教育服务中的越位和错位现象时有发生。现有政府采购的政策体系中缺乏对公共教育服务范围进行明确界定，也没有明确供应商的资格条件，因此我国公共教育服务市场应建立必要的竞争机制和制度保障。一些公共教育服务项目存在"定向"购买倾向，甚至在一些省市的实施办法中明确规定，在同等条件下优先向非营利性民办学校倾斜，这对营利性民办学校参与公共教育服务有失公允，也导致公共教育服务市场缺乏竞争活力。

除此之外,政府在购买教育服务中职责缺位现象也影响着教育服务成效。购买教育服务是我国政府利用财政资源转变政府职能的一个重要举措,但并不意味着政府将公共教育服务完全交由社会,政府仍肩负着在购买服务过程中组织、监督和评价等重要职责。缺乏政府监管的政府教育购买难以在公共教育服务市场形成良好的竞争环境,容易产生教育服务与实际需求之间的偏离。民众的公共教育需求、政府的购买主体和社会供应者之间产生共赢局面是保证公共教育服务市场健康发展的基础,各利益主体之间相互协作与监督是良性发展的最有力保障。

(三)民办高职院校差别化用地政策操作性有待加强

我国民办高职院校的用地用房政策是实现分类扶持政策的关键,也是民办教育分类管理政策瓶颈之一。《民促法》规定,"新建、扩建非营利性民办学校,人民政府应当按照与公办学校同等原则,以划拨等方式给予用地优惠。新建、扩建营利性民办学校,人民政府应当按照国家规定供给土地。 教育用地不得用于其他用途"。但是,国家宏观政策需要地方政府配套政策按照地方实际需要来落实,并且国家宏观政策中应该有具体的指导意见。

第一,现有民办学校用地差别化分类扶持政策缺乏实施细则。《民促法》中明确,对非营利性民办学校,"与公办学校同等原则,以划拨等方式给予用地优惠",但是,在各地方政府推动统筹公办学校与民办学校教育用地规划中,推进力度和方式不尽相同,致使民办学校教育用地用房政策难有突破性创新来落实中央政府的政策要求。因此,真正落实非营利性民办学校教育用地用房政策还需要中央政府在宏观指导意见下出台具体的实施细则。而对于营利性民办学校教育用地用房政策更需要明确的指导意见,现有政策中仅以"按国家相应规定供给"的模糊性表述,缺少进一步的描述。"国家规定"是按照现行国家教育用地用房有偿使用政策,还是根据营利性民办学校发展实际需要提供相对有利的教育用地用房扶持政策,仍然需要中央政府出台明确的实施细则。各地方政府出台相应配套政策还处于观望状态,大多数地方政府只出台了对非营利性民办学校教育用地采用"土地划拨",而对营利性民办学校采取模糊的政策表述。

第二,现有民办教育用地用房政策单一。按照现行民办学校教育用地地方差别化扶持政策来分析，总体而言不外乎"非营利性学校无偿划拨用地，营利性学校有偿用地"的原则，与之相关的配套政策也是围绕这一原则展开的。对于非营利性民办学校采用与公办学校同等的"土地划拨"是符合非营利性民办学校的实际需要；对营利性民办学校仅采取"有偿用地"，或者说购买教育用地的方式过于单一，不利于社会力量举办营利性民办学校。按照《民促法》的相关规定，"民办学校的设置标准参照同级同类公办学校的设置标准执行"，那么按照《高职学校设置标准（暂行）》，"建校初期，生均教学、实验、行政用房建筑面积不得低于 20 平方米；校园占地面积不少于 150 亩"。仅此一项，举办者创办一所营利性民办高职院校就面临高额的有偿用地费用，因此对营利性民办学校探索多元土地供给模式是亟待解决的现实问题。

第三，对民办学校办学性质变更所对应的政策操作性不强。在《民促法》颁布之前，民办高职院校进行"营非选择"时，已有教学用地用房的实施政策将会是一个重要的影响因素。例如，以往享有过"土地划拨"政策的民办高职院校，举办者要选择登记为营利性民办高职院校，那么首先需要解决的问题是补缴以往"土地划拨"的土地出让价，这将是一笔相当可观的费用，现有各地方政府的配套政策并未明确是按什么时候的土地价格来补缴土地出让金，这将对举办者选择登记为营利性民办高职院校造成巨大的经济障碍。各地方政府对此问题还在探索期，例如温州市出台的配套政策中就是按照学校"批准时间点"来计算土地出让金价格。

（四）民办高职院校财政专项扶持资金地区差异明显

《民促法实施条例》规定，"县级以上地方人民政府可以根据本行政区域的具体情况，设立民办教育发展专项资金，用于支持民办学校提高教育质量和办学水平、奖励举办者等"。但是，在各地方政府设置民办教育专项扶持资金主要是用于义务教育阶段，例如落实义务教育阶民办学校的生均补贴等，对于非义务教育阶段民办教育的财政扶持比例较小。虽然按照西方教育发达国家对私立高职教育的财政资助比例一般控制在 20%以下，以保证私立高职院校的办学自主权，促进其通过市场竞争获得办学资源多元化发展，但是我国民办高职院校属于弱势群体，如果缺乏国家财政扶持资金，就更难与公办高职院校形成良性竞争的格局。

按照当前各地方政府公布的配套政策，仍有部分省市并未设置民办高等教育财政专项扶持资金，尤其是我国经济欠发达地区。究其原因，一方面，中央政府所颁布的政策中使用的是"可以"根据本行政区域的具体情况，设立民办教育发展专项资金，而不是强制性约束，如此在经济欠发达地区往往难以真正落实财政专项扶持资金政策，加之是否应该使用财政资金扶持民办教育现在仍具有一定的争议性，对设置专项资金鼓励营利性民办教育发展更难以实施。现阶段仅有上海市设置引导营利性民办学校投资专项基金。另一方面，现阶段相关政策中并未对设置专项财政资金的额度做出明确指导意见，导致各地设置的标准差异较大，也在一定程度上间接地造成各地区民办高职院校发展水平的区域化差异。除此之外，我国还没有形成完善的中央和地方两级财政专项扶持资金，正如前文所述，无论是美国、英国还是澳大利亚，联邦政府财政资助都在私立高职教育的办学资金中占一定的比例，地方政府在此基础上投入一定的财政资助，这样也减轻了地方政府的教育财政投入压力。

三、民办高职院校差别化扶持政策的耦合机制策略

民办教育分类管理的改革背景下，国家公共财政资源差别化扶持民办高职院校发展是必然选择，区分扶持对象并不是简单地将民办高职院校按"营非性质"一分为二，而是通过政府差别化扶持政策来促进两类民办高职院校最大化的公益性发展。虽然从本质上而言，营利性民办高职院校和工商企业一样，都是追求办学利润最大化，提供优质教育产品只是获取利润的手段，但是教育服务产品具有特殊性，可以弥补我国公共教育服务的不足，因此通过一定的扶持政策引导其办学公益性属性的最大化是必要手段。同时，民办教育具有不同于公办教育的发展特征，即使是非营利性民办高职院校，也不宜与公办学校实施完全一致的政府资助政策，这实际上阻碍了民办学校的办学自主权和削弱其市场竞争能力。

（一）完善既有共性也有区别的扶持政策体系

民办学校差别化扶持政策是落实分类管理的基础，它既体现了我国政府对发展民办教育的重视，又体现了政府逐步加强对民办教育的干预。两类民办高职院

校虽然有着不同的诉求，但是也有着共同的育人属性，我国实施差别化扶持政策就是要根据两类民办学校的办学特征，有针对性地提供扶持措施，以实现公共教育服务效能的最大化，并且引导民办学校公益化发展。因此，推进民办学校差别化扶持政策体系首先必须充分体现两类民办学校的共性与区别，否则扶持政策难以支撑分类管理的实际需要。

两类民办高职院校的发展具有共性特征。一方面，在法律层面，两类民办高职院校具有同等的法律地位和教育定位。《民促法》中对民办教育已有明确定位，"民办教育事业属于公益性事业，是社会主义教育事业的组成部分"，"民办学校与公办学校具有同等的法律地位，国家保障民办学校的办学自主权。国家保障民办学校举办者、校长、教职工和受教育者的合法权益"。因此，两类民办高职院校具有相同的合法性，其举办者、教职员工和受教育者的权益应当得到政策保障。对民办高职院校的歧视观念难以在短时间完全扭转，但是在分类管理政策和差别化扶持政策中必须着重消除这种观念影响。另一方面，两类民办高职院校的受教育者应当享有平等的教育权利和教育资源。同样作为国家纳税人子女或自身就是纳税人，应当享有同等的权利，包括将生均补贴转移到受教育者个人，而不是直接发放到学校，而我国还有部分省市并未落实民办高职院校学生的生均补贴，也没有出台相应的补贴标准。除生均补贴外，同为接受学历教育的受教育者应当享有平等获得助学金、助学贷款、奖学金等教育资源的权利。政府可以尝试推行教育券制度等资助方式，让学生凭教育券自由选择政府所认可的学校，这样既可以保障受教育者的平等权益，又可以推进民办高职院校不断提升自身办学质量来吸引生源。此制度在西方各国和我国香港地区已经实行多年，效果显著。除受教育者的权益保障外，也应对教师权益予以平等对待。《民促法》中表述民办学校教职员工的工资待遇、社会保险以及养老保险等问题，所用的是"应当""鼓励"这类非强制性约束用词，换言之，即使是非营利性民办高职院校教师，也不具备与公办学校相同的待遇保障。政府部门应当在民办学校审批过程中将教师待遇保障纳入审批标准，除此之外，应当放开在科研项目申报、职称评定以及奖励性资助等方面对营利性民办高职院校的限制，让两类民办高职院校与公立学校都具有公平参与竞争的机会，这也能充分发挥政府扶持政策的引导作用。

除两类民办高职院校的共性诉求外，政府的差别化扶持政策必须体现对两类民办学校的区别对待，因为两类民办学校的办学诉求、公益性程度、法人属性等方面有明显区别，政府利用公共财政资源扶持理应倾向于非营利性民办高职院校，否则也无所谓差别化扶持政策，所以必须遵循"优先资助非营利性民办高职院校"的原则。现有差别化扶持政策体系中，政府通过财政专项补贴、基金奖励、捐资激励、土地划拨、税收优惠等方式对非营利性民办学校提供扶持政策；对营利性学校主要采取间接资助方式，如政府购买教育服务、土地使用权转让优惠、税收优惠等方式。值得注意的是，政府通过公共财政资源扶持民办高职院校发展，必须充分发挥民办教育自身的体制优势，即便是对待非营利性民办高职院校，也不能完全依靠政策财政扶持来办学，否则民办高职院校将名不符实。

另外，政府利用公共财政资源扶持民办教育发展并不能完全使用转移性支出，而需要强调公共财政资源的使用效益（即能够使民办学校公益化发展最大化），并且有必要多提供竞争性资助项目来激发民办高职院校的办学活力，也允许营利性民办高职院校公平参与竞争。除此之外，政府落实民办学校差别化扶持政策，并非仅靠某个部门来实现，而需要多个部门协同合作。

（二）优化以绩效评估为抓手的政府购买教育服务制度

正如前文所述，我国政府购买教育服务制度还处于探索阶段，仍有一些问题需要进一步完善。

第一，政府有必要明确民办高职教育的购买范围。在西方国家，政府购买教育服务项目通常是有相对稳定的方向，如特殊群体的职业培训、新兴专业的课程开发、某特定方向的学位教育、教育教学改革专项服务等。政府只有提供相对稳定的教育购买服务项目，才能真正引导民办高职院校的发展，尤其是营利性民办高职院校的发展。因此，政府购买教育服务并不能简单地被视为间接资助民办学校发展的方式，而是一个市场培育的过程，在公共教育服务市场中各利益主体之间需要进行信息表达与传递，这正是政府部门应尽的职责。

第二，规范和完善政府购买教育服务的承接机制。公开透明的承接机制是实现政府购买教育服务制度的质量保障，承接机制应包含对于承接服务项目主体的资质条件、公开的项目购买范围、招投标程序、项目完成的验收方式等。承接主体的资质认定是政府购买教育服务的基本条件，通常每个购买项目需要对承接主体进行资助审查和声誉认定，例如，美国私立高等教育机构必须通过认证后才有资格参与联邦政府或州政府的教育服务项目。因此，完善资格认证制度是保证承接主体质量的保障。第三方评估机构参与承接机制的过程性评价有利于促进政府购买教育服务项目的达成度，但是我国第三方评估机构仍处于起步期。

第三，加强民办学校高质量内涵式发展，以提高市场竞争能力。政府通过教育购买服务扶持民办学校发展只是提高其教育质量的一种引导手段，重点是实现两类民办学校的高质量内涵式发展，只有这样，才能更好地实现两类民办学校的公益性。政府购买教育服务通常并不限于民办学校，因此提供高质量教育服务成为形成民办高职院校与公办学校良性竞争的契机。

第四，通过项目绩效评估强化政府的监督职责。政府购买教育服务过程中，政府的职能也在发生转变，从以往的公共教育服务的直接提供者转变为公共教育服务市场的监督者，因此，强化政府的监督职责是实现服务项目成效的保障。

（三）落实两类民办高职院校差别化用地政策

在民办教育"分类管理、差别化扶持"的大背景下，民办高职院校根据办学性质落实教育用地用房差别化已是大势所趋，落实此政策的关键是在营利性民办高职院校教育用地用房政策层面获得更加灵活的操作空间。按照现有政策，非营利性民办学校与公办学校一样享有"土地划拨"的政策支持，换言之，在中央政府的顶层设计下，地方政府将非营利性民办学校纳入土地利用总规划和年度用地计划中，关键是地方政府合理配置公办学校和民办学校教育用地用房的规模、布局，实现用地规划"全纳、同等"的原则。

对于营利性民办高职院校，教育用地用房政策的单一性将成为其发展的瓶颈之一。按照现有教育用地政策，营利性民办学校注册登记必须达到不同类型的学校的校园占地标准和生均校舍标准，而营利性民办学校获得教育用地用房只能通过有偿转让，高额的土地使用权转让金在很大程度上限制了社会力量参与民办教育发展。鉴于此，政府对营利性民办学校教育用地可以在两个方面进行探索。

第一，为营利性民办学校提供多元化的教育用地供给模式。《民促法实施条例》规定"实施学前教育、学历教育的民办学校使用土地，地方人民政府可以依法以协议、招标、拍卖等方式供应土地，也可以采取长期租赁、先租后让、租让结合的方式供应土地，土地出让价款和租金可以在规定期限内按合同约定分期缴纳"。换言之，这项政策突破了民办高等院校必须具有自有产权的土地和校舍标准的限制，租赁土地将成为营利性民办高职院校教育用地的主要方式，这也符合国际上众多国家发展私营教育的一种方式。虽然《民促法实施条例》强调"地方人民政府出租、转让闲置的国有资产应当优先扶持非营利性民办学校"，但是此项政策并未否定扶持营利性民办学校。

第二，政府需要同步完善民办学校教育用地用房的配套政策。现阶段，民办学校举办者在教育用地用房方面最关心的问题之一是减税降费问题，"在民办高校落实法人财产权、独立学院转设以及现有民办高校分类登记过程中，涉及民办高校土地房产的权属转移手续，其中权属转移涉及的税费尚无配套的税收优惠政策"[1]。由于各地方政府尚未出台具体的税收优惠政策，部分民办高职院校的举办者仍采取观望态度，并不急于将土地房产过户到学校名下，因为这可能是一笔可观的税费。现有政策体系中对非营利性民办学校比较明确按照同类公办学校执行税收优惠，但是对营利性民办学校的税收优惠并未做出明确表述，而是采用"按国家规定"这样模糊的政策表述，因此各地方政府以及相关行政部门往往难以落实配套政策。除了民办学校教育用地用房税收优惠外，举办者也非常关注民办学校不动产抵押融资的政策松动。随着《若干意见》相关规定的出台，营利性教育机构以有偿取得的转让土地和教育设置可以进行抵押融资，这为营利性民办高职院校进一步参与资本证券市场提供了有利条件，当然这也可能为其办学带来金融风险。

（四）提升民办高职院校专项财政扶持的绩效水平

为民办高职院校提供专项发展资金是中央政府出台的多项政策条文中明确规定的重要举措，但是其配套建设发展相对滞缓。随着民办学校分类管理制度的推进，各地方政府已经开始提供非营利性民办高职院校的财政资金扶持专项。例如2016年，重庆市财政局、市教委制定了《重庆市民办高校财政扶持资金管理办法》，不仅加大了对非营利性民办高职院校的财政资金扶持，而且规范了资金使用管理。实际上，虽然我国各区域经济发展水平和教育财政投入不一致，但从整体上看，各地方政府的确正在加大对非营利性民办高职教育的扶持力度，经济发达地区也

---

[1] 刘永林，周海涛. 统筹破解民办高校用地用房的制度性瓶颈. 复旦教育论坛，2019（2）：27-32.

开始探索出台鼓励社会力量投资举办营利性民办学校的专项财政扶持项目，例如江苏、浙江、上海等。在加大对民办高职院校的财政专项扶持力度和师生权益保障的同时，我国政府有必要同步提升财政扶持绩效水平，以确保国家公共财政资源的使用安全和效益，可从以下四个方面完善配套措施。

第一，建立民办高职教育专项财政扶持经费的预算制度。专项政府扶持经费并不是一个偶然为之的短期投入，而是一项需要长期稳定规划的资助方式，其中包括中央财政和地方财政每年能够拿出真金白银的教育经费预算，明确学校举办方每年对发展专项资金进行配比，这并不包括举办方前期办学投入，而是每年根据办学收益而进行的教育教学新投入。民办高职院校可以根据稳定的专项经费明确学校中长期发展规划，这有利于政府财政扶持经费使用效益最大化。

第二，明确民办高职教育专项财政扶持经费的使用范围和绩效评价。《民促法实施条例》规定，"县级以上地方人民政府可以根据本行政区域的具体情况，设立民办教育发展专项资金，用于支持民办学校提高教育质量和办学水平、奖励举办者等"。从我国各地方政府所设置的专项经费使用项目来看，对民办高职院校主要在教学实习实训基地的建设、专业设置、专业技能开发、校园设施的专项经费以及用于保障学校师生权益的各项财政补贴，例如生均经费和教师"五险一金"等，除此之外，根据民办高职院校的实际需要，各地方政府还有单列的专项扶持经费。在明确专项扶持资金使用范围的同时，上级教育主管部门必须加强过程管理和项目监管，根据年度财政扶持资金使用绩效评价报告在学校公益性办学、财务管理等方面进行绩效评价，并且与次年的专项扶持经费相挂钩。

第三，健全民办高职教育专项财政扶持经费的分类财务管理和评价机制。在推进政府专项财政扶持政策的同时，必须同步推进专项财政扶持资金的财务管理制度，并且根据民办学校分类管理的需要实施符合两类民办学校实际的分类监管制度。根据我国第一批作为民办教育分类管理试点上海市的经验，政府专项资金专户制度、民办高校财务管理办法以及相应的会计制度，实施"专款专用、专户管理、专项核算"，以及专项经费的负面清单等措施的推行，能够有效保障政府公共财政资金的使用规范。

第四，建立民办高职院校的征信制度。随着民办学校分类管理制度的推进，教育领域推行信用承诺制度成为一项必不可少的重要环节。正如前文所述，由于历史原因，我国民办教育体系发展并不充分，投资办学仍然是最主要的办学来源，举办者的办学动机、政府对待民办教育的认识和态度、监管制度的不完善等，都会给民办学校办学过程中带来诚信风险而影响学校的稳定发展。现阶段，我国政府采取信用承诺主要适用对象是营利性民办学校和社会教育培训机构，通过签订信用承诺书、纳入信用档案、建立评价机制等方式来实施征信制度。对于出现违规办学的学校和举办者纳入失信名单或"黑名单"对其实施惩戒，这种做法应延伸至政府财政专项扶持资金项目，对于未尽专款专用义务，甚至挪用专项资金以及专项经费使用效益低下的学校，应追回专项资金，取消其获得专项资金的资格，将国家公共财政经费资源引向优质的民办高职院校。

第三节　民办职业院校教育经费分类筹措与资金管理

客观上，教育经费来源单一是我国民办高职院校发展的主要瓶颈之一，受教育所缴纳的学费收入是大多数民办高职院校的主要教育经费来源，甚至是唯一的教育经费渠道。但是我们不得不承认，在 20 世纪 80 年代民办高职院校的初创期，第一代民办高职院校依靠学费收入完成了学院的原始积累，办学环境和办学条件有了长足的进步，甚至部分民办高职院校在国内拥有较好的知名度和口碑。我们必须清晰地认识到，民办学校不同于公办学校的最大特征是其拥有的市场属性和更强的自主性，民办高职院校教育经费的最主要来源仍然应该是利用非国家财政性经费，或者说来源于市场。民办高职院校要获得更多的教育经费，不仅依靠自身的筹措能力，更需要政策层面的支持。

随着民办学校分类管理改革的深入推进，非营利性民办学校在很多方面获得来自政府的扶持，包括在教育经费筹措方面，如专项财政资助项目、专项发展基金、社会捐赠、税收优惠以及信贷融资等多方位提供教育资源；营利性民办学校也可以获得来自竞争性资助、政府购买教育服务、税收优惠以及信贷融资等支持。因而，民办高职院校教育经费分类筹措是未来发展的必由之路。政策的设计与政策的落实是一个曲折而复杂的过程，任何制度都是在不断完善、动态发展的。在完善民办学校教育经费分类筹措制度改革的同时，与之相匹配的分类资金管理制度必须得到发展。

一、民办高职院校教育经费分类筹措政策变化的机遇与挑战

随着举办者对民办高职院校进行"营非"分类登记，这在一定程度上解决了我国民办高职院校产权不清的发展限制，也为政府真正介入民办学校的发展创造了条件，政府可以利用财政杠杆来引导民办学校的发展。教育经费分类筹措政策的变化为民办高职院校的发展提供机遇的同时，也给两类民办学校带来了挑战。我们有必要清晰地认识到底发生了哪些政策变化。

（一）民办高职院校办学经费筹措的政策变化

民办学校举办者实施"营非"分类登记制度为民办高职院校获得政府财政资助提供了先决条件，也为教育经费分类筹措提供了基础。我国政府难以真正向民办学校提供更多的公共财政资源主要有两大争议：一方面，2003 年 9 月 1 日施行的《民促法》提出民办学校出资者可获得"合理回报"这一模糊概念。这里的"合理回报"究竟是作为社会力量办学的"奖励"还是作为投资办学的"利润"，这与当时各项法律中所规定的教育"不得以营利为目的"是相违背的。如果"合理回报"是作为民办学校出资人的"奖励"，原有政策条文中一直缺乏具体标准的指导意见。另一方面，我国政府是否应该将民办教育纳入各级政府教育财政预算，即政府是否通过民办教育专项资助直接拨付财政经费。随着民办学校分类管理制度的推进，民办学校举办者首先必须完成民办学校"营非选择"，确立民办学校办学性质，这就解决了政府运用财政杠杆资助的现实争议。《若干意见》规定，非营利性民办学校举办者不得取得办学收益，学校的办学结余全部用于办学；对于捐资举办的民办学校，2016 年 11 月 7 日《全国人民代表大会常务委员会关于修改〈中华人民共和国民办教育促进法〉的决定》（简称《民办教育促进法修法决定》）公布前设立的，终止时，民办学校的财产依法清偿后有剩余的，按照国家有关规定给予出资者相应的补偿或者奖励，其余财产继续用于其他非营利性学校办学；2016 年 11 月 7 日后设立的民办学校终止时，财产处置按照有关规定和学校章程处理。即使民办学校终止办学也不拥有学校剩余财产所有权，但可以获得相应的"补偿或者奖励"。而营利性民办学校的举办者可以取得办学收益，办学结余依据国家有关规定进行分配。根据两类民办高职院校举办者登记注册

的区别，政府应采取不同的资助方式，因此才出现民办高职院校教育经费分类筹措政策。

分类学费政策更符合"营非"民办高职院校的各自特点。根据我国民办高职院校教育经费的来源来分析，学费收入仍然是学校经费最主要的渠道，"以学养学"在大多数民办高职院校中占据重要地位。但是按照以往的政策，学校对受教育的学费标准并没有完全的自主权，而需要通过上级教育部门审核，即政府定价。2016 年之后颁布的各项政策法规中，民办学校学费定价标准已经实现分类管理。一方面，民办高职院校学费定价更加科学。对于学前教育与学历教育的民办学校需根据办学成本、市场需求、学校发展等因素，综合考虑民办学校的社会效益与经济效益来制定民办学校成本核算制度。对于非营利性民办高职院校的学费定价标准逐步回归市场定价，这符合民办教育的市场属性，《民促法实施条例》规定"对公办学校参与举办、使用国有资产或者接受政府生均经费补助的非营利性民办学校，省、自治区、直辖市人民政府可以对其收费制定最高限价"。这项规定符合国家资助民办学校发展的初衷，即公共教育财政经费要让民众直接受益。营利性民办学校的学费定价权完全交由市场决定，政府并不干预。营利性民办学校所提供的教育服务、教育产品与市场认可度是决定学费标准的关键，完全符合优胜劣汰的市场规律，但是教育部门对政府购买教育服务项目的价格可以根据实际情况进行调控。另一方面，民办高职院校学费收入管理更加完善。在逐步放开民办学校学费定价权的同时，政府也进一步完善民办学校学费收入的管理制度，建立民办高职院校学费收入信息管理系统、信息披露管理制度及学费专户监管制度，部分地区还对营利性民办高职院校采取风险保证金制度及负面清单制度，此举降低了民办高职院校办学风险。

分类公共财政扶持政策提升了政府资助民办高职院校的合理性和科学性。对民办教育采取分类财政资助的方式既符合于国际共识，也符合于我国民办学校分类管理的实际需要。正如前文所述，民办学校分类管理在很大程度上突破了我国公共财政资金扶持民办教育发展的现实障碍，并且在我国民办教育政策的顶层设计中已经形成了政府分类扶持的具体措施。2018 年修正的《民促法》对非营利性民办学校的扶持政策在土地政策、税收优惠政策、政府财政扶持等多方面进行了改革，同时也通过政府购买服务和鼓励资本市场介入来规范和推动营利性民办学校的发展。值得注意的是，各级各类民办学校具有其特殊性，在落实分类扶持政策时必须考虑民办高职院校的特殊性。一方面，民办高职院校的培养成本要高于普通高校。民办高职院校培养目标更偏向应用型的高技能人才，因此实习实训基地场所的要求高于普通高等教育，换言之，民办高职院校的实践教学的办学投入更大。另一方面，民办高职院校的社会声誉度普遍不高，社会捐赠较为有限。我国民办高职院校的办学时间普遍较短，其社会声誉远不及普通知名高校，社会捐赠在学校办学经费来源中极为有限，因此需要政府采取更加鼓励的措施来吸引社会向民办高职院校进行捐赠。除此之外，民办高职院校的科研转化能力也普遍有限，往往难以利用科研技术创新获得教育资源。民办高职院校的以上问题是政府在细化分类公共财政扶持政策时需要进一步完善的内容。

分类信贷融资政策拓宽民办高职院校教育经费来源渠道。我国民办高职院校较之西方历史悠久的私立职业院校的一个明显区别就是学校自身的融资能力，社会资本介入民办教育发展是未来的必然趋势。但是，根据《中华人民共和国民法典》及相关政策，民办学校是难以具备抵押物进而获得金融资本的投入，这也削减了民办高职院校自身的办学资源。《民促法实施条例》《若干意见》等相关法律法规逐渐开始对民办学校融资信贷提供指导意见。一方面，政府开始鼓励和支持保险机构设立适合民办学校发展特点的保险产品，进而增强民办学校的办学风险保障；另一方面，政府对民办学校金融信贷开始"松绑"，鼓励开发适合的金融产品和未来收益融资。此政策有利于提高营利性民办高职院校的筹资能力。

（二）政策变化所带来的发展机遇

《民促法》所提出的民办学校分类管理是对我国民办教育体制改革的一次重大突破，其酝酿时间长、影响范围广，是具有里程碑意义的改革，因为它需要与我国经济发展水平相适宜。就现阶段来看，民办学校分类管理政策的落实还需要一个漫长、复杂的过程，但必须承认的是民办学校公益化发展是民办教育发展的必由之路，分类管理政策的确给民办学校带来了一定发展机遇。

对于非营利性民办高职院校，分类管理政策的落实为其发展提供了以下机遇：①教育经费分类筹措政策以明晰民办高职院校产权为基础，为捐资办学奠定了政策基础。由于历史原因，我国民办学校长期以来以非营利性之名行投资办学之实，学校产权不清是困扰民办教育进一步发展的主要阻碍之一。随着民办学校法人分类登记注册制度的实行，从源头上确立了非营利性民办学校将以捐资办学为办学形式，这也成为民办教育未来发展的主要形式。学校举办者与学校资产之间有了清晰的划分，举办者或其他利益相关者不能像以往一样取得办学收益，民办高职院校每年的办学结余只能用于学校发展和教职工福利待遇等，非营利性民办高职院校办学的公益性更加凸显，因此在国家政策上也获得与同级同类公办学校同等的政策支持。②非营利性民办高职院校可以获得更多来自政府的财政支持，极大地拓宽了学校教育经费的渠道。从前文分类扶持政策中我们不难发现，现阶段我国政府将非营利性民办学校放在优先发展的地位，将利用财政杠杆引导更多的公共财政资源投入非营利性民办高职院校，这在很大程度上会解决其发展的资金短缺问题，也将培育更多优质的民办高职院校。③民办高职院校筹措教育经费的政策环境日益优化，有利于非营利性民办高职院校内涵式发展。以往政府担心公共财政经费流失，因而对民办高职院校的财政资助一直持谨慎态度。随着民办学校分类管理政策的持续推进，非营利性民办高职院校的筹资环境将更加多元和优化，非营利性民办高职院校也将从外延式发展转向内涵式发展，高质量办学将成为非营利性民办高职院校获得更多政府支持的前提条件。

对于营利性民办高职院校，其同样具有发展机遇。①明确营利性民办高职院校的合法性，有利于优化教育市场的投资环境。从法律角度而言，民办学校举办者投资办学所获得的办学收益属于法律的灰色地带，投资办学存在法律政策的不确定风险，因此以往民办高职院校通常难以获得银行的信贷。随着营利性民办学校合法地位的确立，投资人投资办学取得合法收益，可以吸引更多的社会资本介入营利性民办教育领域，政府提供更加宽松的学费定价制度、更优惠的税收扶持、更灵活的教育用地用房政策以及政府购买教育服务的引导，将激发营利性民办高职院校的办学活力，并增强其投资意愿。②政府逐渐放开融资信贷渠道，为资本市场介入民办高职教育领域铺平政策限制。根据国际经验，我国营利性民办高职院校将进一步与资本市场联姻，从而成为更具影响力的上市高职教育集团。③教育经费分类筹措政策迫使营利性民办高职院校培育优质教育产品，以提升其市场竞争力。营利性民办高职院校要获得更多的办学资源，就必须走教育品牌发展路线，民众对其教育产品的认可度将成为营利性民办高职院校发展的生命线。

（三）政策变化所产生的挑战

民办学校分类管理在提供发展机遇的同时，也是对现有民办教育的一场重新洗牌，优胜劣汰的市场竞争法则将在民办教育体系内快速发酵。这种竞争不仅是民办教育体系内部的竞争，更是民办教育与公办教育的竞争，甚至为了获取更多的教育资源，国内优质的民办教育将参与国际竞争，这无形之中就对我国民办高职教育提出了更多的要求，使其面临更多的挑战。

对于非营利性民办高职院校，其面临的主要挑战包括：①随着分类管理改革的进一步深入，政府监管将影响非营利性民办高职院校的办学自主权。民办高职院校办学主要利用非国家财政性经费，因而能获得更多的办学自主权，这也是民办教育的办学活动所在。随着政府加大财政支持力度，非营利性民办高职院校将接受更多来自各级政府的管理，这就需要政府能够在财政引导和保障民办学校自主权之间取得平衡，这也是教育治理能力的体现。随着非营利性民办高职院校更加依赖政府财政支持，政策的不确定性以及多头管理矛盾性将影响民办高职院校的办学活力。②捐资办学将影响资本市场对非营利性民办高职院校的青睐。随着"合理回报"这一政策影响的消退，加之政府监管的增强，非营利性民办高职院校只能走捐资办学的发展路线，那么追求利润最大化的资本市场将转向营利性民办教育市场，这在一定程度上也使得非营利性民办学校的办学经费紧张。如果政府财政扶持政策不能及时到位，将影响非营利性民办高职院校的发展。③非营利性民办高职院校与公办职业院校的竞争将加剧。随着中国特色高水平高职学校和专业建设计划（简称"双高计划"）的实施，政府进一步加大对公办高职院校的投入，这无疑给同层次的非营利性民办高职院校带来了巨大的办学压力。为了获取更多政府财政支持，非营利性民办高职院校与公办学校的竞争将加剧，特色发展和高质量发展将成为非营利性民办高职院校发展的选择。

对于营利性民办高职院校，其面临的主要挑战包括：①教育资产证券化将对营利性民办高职院校运作方式提出更高要求。2017 年后，我国已经有十多家中资民办高等教育机构在香港证券交易所挂牌上市，其中不乏像中国新高教集团有限公司这样从事民办高职教育的上市教育公司。这意味着我国营利性民办高职院校已经从作坊式发展向教育资产证券化发展转型，这无疑给营利性民办高职院校提出了新课题，例如资本市场需要的利润最大化和民办高职教育的公益性之间的矛盾、办学需要的高质量与举办者变更在资本扩张中的风险防范等问题都需要提前谋划。②营利性民办高职院校投资办学的风险将加剧。随着民办高职院校分类管理的实施，教育用地的有偿转让、税收的增加、政府监管的加强、间接扶持政策是否到位、市场竞争加剧等都给营利性民办高职院校带来办学风险。③对营利性民办高职院校的社会偏见在短期内仍会存在。《工商总局、教育部关于营利性民办学校名称登记管理有关工作的通知》的规定，营利性民办学校只能使用"公司"名称进行登记注册，这无形中就放大了学校"营利性"属性，公众对营利性教育的认可度还需要一段时间的磨合，这极大地削弱了营利性民办高职院校本应具备的"公益性"形象。

二、民办高职院校教育经费分类筹措政策体系存在的问题

纵观历史发展，我国民办高职院校教育经费的政策体系一直在不断完善，日益表现出与民办高职教育发展相适宜的趋势，经历了从"以学养学"到"多元筹措"再到"分类筹措"的过程。民办学校分类管理政策实施后，无论是营利性民办高职院校还是非营利性民办高职院校，在教育经费筹措方面上都存在各自的问题，这些问题有客观原因造成的，也有政策体系建设不完善导致的。

（一）教育经费分类筹措的政策体系缺乏系统性设计

分析英国、美国和澳大利亚私立高职教育的办学经费筹措经验，我们发现一个共同特点，就是政府制定教育经费政策具有系统性，即具有一个"生态链"的政策之间能够相互衔接、相互支撑，能够确保民办高职院校教育经费分类筹措政策体系能够落实到位，尽可能减少制度障碍。由于民办学校分类管理政策是一个新的政策体系设计，尤其营利性民办高职院校更是一个新生事物，政府职能部门对制定与其发展密切相关的经费政策体系采取谨慎态度、对原有政策条款进行修订持有慎重的做法是可以理解的，但是教育经费分类筹措的政策体系建设缓慢将影响民办高职院校分类管理政策的落实，并增大两类民办高职院校的办学风险。

政策系统性不强是制约我国民办教育经费筹措能力的一大障碍。教育经费分类筹措政策体系，并不是由哪个部门、哪项法规政策能够完全落实的，而涉及多

部门、多政策，甚至政策群，政策与政策之间是否衔接或相互一致都会影响教育经费分类筹措政策的实施效果。我国政府各部委在制定民办教育经费政策时，不应站在自身相关利益角度来考虑问题，而应将各项政策系统置于一个体系去设计，以防止政策"碎片化"现象的发生，进而避免各政策的价值取向、实施目标以及执行力等方面难以整合，影响政策整体功能的实现。例如，分类管理政策加大了对非营利性民办学校的扶持力度，但是如果对适合各级各类民办学校办学质量以及监督的管理制度建设跟不上，就可能造成公共财政经费的流失。再如，政府为支持营利性民办高职院校的发展而提供税收优惠，但是如果不同税收政策之间存在冲突，就会造成地方政府实施此项扶持政策往往难以落实。除应加强整体设计之外，在教育经费分类筹措的政策体系中存在不少上位法与下位法，中央政策与地方政策相冲突现象，此问题已在前文中进行过分析，此处不再赘述。

（二）教育经费分类筹措存在现实障碍

民办学校分类管理政策实施后，全国大部分地区两类民办高职院校已基本完成分类登记注册，但是随之而来的教育经费分类筹措的现实问题也暴露出来。

对于非营利性民办高职院校，其主要现实障碍体现为：一方面，政府利用公共财政资源的扶持力度偏小。近年来，各级政府的确加大了对非营利性民办学校的扶持力度，我国绝大部分地区设立了民办教育发展专项资金，部分经济发达地区还专门设立了民办高职教育发展专项。但是从整体投入来看，国家公共财政投入仍然相对有限，在民办高职院校教育经费总收入中占比偏小，远低于欧美国家对私立高职院校的投入。我国中央与地方两级财政支持体系还没有形成，中央一级的财政还没有设立民办教育发展专项，地方政府由于经济发展水平和认识偏差，区域性差异较大，难以形成可持续性、常态化的政府财政经费扶持。另一方面，非营利性民办高职院校吸引社会捐赠的能力偏弱。社会捐赠日益成为高等教育办学经费的重要渠道，但是我国民办高职院校办学历史普遍较短，其社会声誉还难以吸引社会力量捐赠；其培养出来的学生社会层次普遍较低，难以在经济上回馈母校。加之我国社会捐赠文化尚未形成，政府引导社会捐赠的政策与机制仍不完善，因此难以形成对民办高职学院的经费支持。除此之外，非营利性民办高职院校信贷融资缺乏政府担保。虽然在《民促法实施条例》中，政府鼓励金融机构开发适合民办学校的金融产品，但是并未对非营利性学校信贷融资提供具体的政策支持，金融机构对非营利性民办学校提供信贷融资的热情不高。20 世纪 90 年代，我国公立高校曾出现一波"银行贷款热"，虽然此举饱受争议，但是客观上的确对我国公办高等教育发展提供了极大帮助。然而，民办高职院校并不能像公办高校一样获得政府的财政担保，加之非营利性民办高职院校资产大多属于教育教学资产，不能作为抵押物用于向银行贷款，而对于未来办学收益，银行也不愿意承担贷款风险，这实际上截断了非营利性民办高职院校信贷融资的渠道。

对于营利性民办高职院校，其主要现实障碍体现为：①营利性民办高职院校收购、并购加剧市场竞争。民办学校分类管理政策实施后，营利性民办高职院校有偿获得的教育教学资产可以作为抵押物进行信贷融资，走教育资产上市并在证券市场获得办学资源将成为学校拓宽教育经费的必然选择。近年来，民办高职学院时有被收购，仅 2020 年民办学校收购、并购案就高达 16 起，包括洛阳职业科技学院、南昌影视传播职业学院、四川城市职业技术学院等，其中不乏我国老牌民办高职学院。营利性民办高职院校收购、并购可以起到优化资源配置的作用，但是也给弱小的营利性民办高职院校带来了办学风险，最主要的是国家需要及时出台与之相配套的保障制度，以确保师生权益得到有效保证。②过度追求经济回报将影响民办高职教育的公益性。资本市场介入民办高职教育市场将加剧学校公益性与逐利性之间的矛盾，进而产生的教育问题在西方教育市场中已经有著名的案例，例如美国阿波罗集团招生虚假广告案等。资本市场更倾向于投入资本的快速获利，而学校办学更需要长期稳定、可持续性的发展，这就是所谓"快资本与慢教育"的矛盾，如果没有政府有效制度的介入加以调和，这种矛盾必然影响营利性民办高职院校的公益性发展。③营利性民办高职院校缺乏政府资助扶持将加大办学压力。正如前文所述，随着民办学校分类管理的推进，政府将减少甚至取消对营利性民办高职院校的财政支持，这无疑会给营利性民办高职院校办学带来更大的压力。

除上述原因之外，两类民办高职院校还存在教育经费自身筹措能力不足的问题。整体而言，与公办学校相比，民办高职院校无论是在社会声誉、办学资源、师资队伍上还是在生源质量上，都存在差距，即使政府提供竞争性财政扶持项目或政府购买服务项目，民办高职院校往往也难以获得机会。另外，民办高职院校自身的研发能力有限，也难以通过科技技术创新获得办学资源。

（三）社会力量参与办学的激励政策不完善

由于两类民办高职院校举办者的诉求不同，所需要的激励政策也应该有所区别。对于营利性民办高职教育，政府只要能够提供良好的投资环境以及盈利空间，资本市场介入是市场行为，政府无须过于干预。对于非营利性民办高职院校，构建有效的奖励机制是保证社会力量参与办学或捐资办学的有效手段。分析我国现有相关政策后发现，对激励政策的建设仍须进一步完善。

第一，尚未构建合理的奖励政策来替代"合理回报"的政策条款。"合理回报"这一政策条款是在我国民办教育发展特定历史条件下的产物，既能够吸引社会力量投资发展民办学校弥补我国政府教育财政投入不足的问题，也能为民办学校出资人留有一定的经济回报，是一种在民办教育公益性与投资回报之间的折中选择。从客观上而言，"合理回报"的确在十余年的民办教育发展中起到了一定的推动作用，但是从长远来看，这项政策可能阻碍社会捐资办学的发展，还可能损害民办教育体系的长远利益。因此，2016年修正的《民促法》颁布后，这条政策条款就退出了历史舞台。民办学校分类管理从制度上理清了两类民办学校的办学性质以及办学结余的用途，明确了两类民办学校产权性质，将投资办学取得经济回报合法化，而不是存在于"灰色地带"，这更有利于投资人的财产安全。

《若干意见》规定，"2016年11月7日《全国人民代表大会常务委员会关于修改<中华人民共和国民办教育促进法>的决定》公布前设立的民办学校，选择登记为非营利性民办学校的，终止时，民办学校的财产依法清偿后有剩余的，按照国家有关规定给予出资者相应的补偿或者奖励，其余财产继续用于其他非营利性学校办学"。这项政策实质上是对非营利性民办学校终止办学后的补偿措施，并且明确了民办学校的创办时间，但并未明确对之后登记注册的非营利性民办学校举办者到底有哪些奖励措施或鼓励办法。

第二，缺乏有效的"退出"补偿机制。我国民办分类管理改革是对现有民办教育体系的重新洗牌，实现的前提是现有民办学校举办人首先按照国家相关规定"退出"，再来进行"营非选择"重新登记注册，这个过程之复杂、选择之艰难可想而知，这也是地方政府在实施此项政策时都提出"过渡期"的原因。这种退出不仅是其"捐资者、投资者"身份的退出，而且是其"学校管理者"身份的退出。^①随着民办学校分类管理的推进，我国将建立一批高质量的非营利性民办高职院校，但是对民办高等职业院校先行者的贡献应予以肯定，国家必须出台相应的补偿机制，以鼓励更多的社会力量参与民办教育建设。

第三，民办高职院校举办者在"营非选择"之外缺少替代选择。正如前文所述，民办学校分类管理改革是一个长期而复杂的过程，真正的非营利性民办高职院校也不是一蹴而就的，需要一个过渡阶段。在这个过程中，民办学校分类管理绝不是简单地"二选一"，而是需要政策引导和示范效应的。《若干意见》中，也明确提出"探索多元主体合作办学""探索举办混合所有制职业院校"，只有如此才能真正吸引更多的社会力量参与办学。

三、民办高职院校教育经费分类筹措体系完善策略

筹措充足的办学经费是民办高职院校得以快速发展的必要条件，在民办学校分类管理的大趋势下，民办高职院校教育经费分类筹措不仅需要政府不断完善制度环境，引导两类民办高职院校分类筹措教育经费，更需要多措并举地推动民办教育体制机制改革，落实分类管理的政策目标。但是，民办高职院校的教育经费筹措不能完全依靠政府的扶持，最终还得依靠自身能力的不断增强，否则非营利性民办高职院校将与公立学校混为一谈，也就失去了民办学校分类管理的初衷。

（一）提升民办高职院校教育经费分类筹措的制度环境

第一，教育经费分类筹措需要更加公平竞争的制度环境。民办教育分类管理的实施推动我国高职教育体系更加复杂，从"民办、公办"二元结构走向"营利性民办、非营利性民办和公办"三元结构，未来还会出现"混合所有制"，但是无论何种办学模式，都应体现"公益性"办学特征，这符合我国政府对民办教育的定位。公益性教育最大的特征并非免费的公共福利，而应该是增加"国家和社会的公共利益"，民办教育正是因为其发展满足了这项要求才能得到政府的重视和扶持，否则没有存在的必要性。既然"民办教育事业属于公益性事业"，那么

---

① 范跃进，王玲. 国际视域下的民办（私立）高等教育经费政策研究. 北京：中国社会科学出版社，2019：331.

从制度上，民办教育就应该拥有公平的制度环境。

从实际情况来看，虽然民办教育的社会地位在不断攀升，但是与公办教育相比较仍然相距甚远，营利性民办学校作为新生事物更会遇到制度建设不足所产生的办学风险。在分类管理的大背景下，民办高职院校需要的政府资助或扶持绝不是"一刀切"或"雨露均沾"，而是落实差别化分类扶持政策，甚至需要"一地（校）一议"的特殊政策。政府培育公平竞争的制度环境应在民办教育专项资助的基础上，提供"保障性资助和竞争性资助"，对无论何种性质的民办学校都应该首先保障公民的受教育权利，因此生均补贴、助学贷款以及贫困助学金等这类保障性财政资助都应该发放到个人，而不是学校。在此基础上，政府应该根据特殊领域（产业）需要设立竞争性财政资助项目，充分发挥财政杠杆作用，以促进民办高职院校不断提升自身的专业实力。对于营利性民办高职院校，其发展更需要不被歧视的公平环境，我国政府和民众对教育的"营利性"长期带有高度的警惕，而缺少教育市场机制的培育，政府应在落实各项优惠政策的同时，利用税收杠杆和认证制度来确保营利性民办高职教育的公益性。我国民办教育只有通过一段时期的重点扶持和培育，才能具备与公办学校公平竞争的基础，否则所谓的"公平"只能沦为一纸空谈。

第二，教育经费分类筹措需要进一步强化政府责任。在民办学校分类管理改革背景下，两类民办高职院校教育经费实现分类筹措需要更多的是政府参与。就政府财政资助而言，在资助方式上可以划分为直接财政资助、间接性竞争资助以及各项财政补贴。无论是何种资助，要达到财政杠杆的预期成效，就必须要求政府加强监督与管理，能够做到"事前认证、事中监管、事后评估"。事前认证是政府对财政资助对象的资格条件审核，也就是所谓的"准入门槛"；事中监管是政府对获得政府财政资助的对象进行全过程跟踪监管，以防止财政经费使用违规行为；事后评估主要是对政府财政资助项目的绩效考核。相较于政府直接财政资助，间接性竞争资助项目还需要政府与民办高职院校之间能够保持距离，这就需要政府借助第三方评估机构参与项目，而政府也要对第三方评估机构进行认证。除政府财政资助之外，对于其他扶持项目，都需要进一步强化政府责任，否则难以稳定和持续对非营利性民办高职院校进行扶持。

第三，教育经费分类筹措需要完善市场机制，培育开放的教育市场体系。无论是何种类型的民办高职院校都有着众多的利益相关者，要降低投资者或捐资者进入民办高等教育市场的风险，就必须使市场在资源配置中发挥决定性作用和更好地发挥政府作用。培育开放的教育市场体系应当从以下方面推进：①坚持"民办教育事业是公益事业"是培育教育市场体系的前提。无论是营利性民办高职院校还是非营利性民办高职院校，都必须以增加"国家和社会的公共利益"、实现公益化发展为前提。在此前提下，各类型办学形式的民办高职院校应处于"权利平等、机会平等、规则平等"的开放教育市场体系。②建立公平、开放、透明的市场规则是培育教育市场体系的关键。投资者或捐资者进入教育市场都必须按照市场规则运行，因此政府首先必须提出负面清单，即清单之外都可以自由发展，例如《民促法》明确"不得设立实施义务教育的营利性民办学校"，那么在非义务教育领域都可以举办营利性民办学校。政府还需要加强民办学校征信体系建设，建立信用奖惩机制。③建构以市场需求为导向的学费动态调整机制是核心。市场需求代表着民办学校的办学收益，因此民办学校学费定价权应该逐步由政府定价转变为市场定价，学费的动态调整是教育产品消费者与教育产品提供者之间博弈的结果，这也是为什么研究者认为国家财政补贴发放给个人是增强教育产品消费者的博弈能力。同时，政府应对学费定价进行监管，以防止教育市场异常波动。④健全以财政杠杆和税收杠杆为导向的协调机制。完善的教育市场必须有政府的管理，并不是政府利用行政破坏市场规则，而是利用间接的方式引导两类民办高职院校的发展方向。⑤行政体制改革是完善市场机制的保障。行政体制改革是为了处理好政府与市场之间的协调关系，"管住看得见的手，用好看不见的手，这是完善现代市场体系的重要环节"[①]，这对教育市场体系也同样适用。

（二）完善利益相关者多形式参与办学的激励制度

第一，积极发展政府与社会资本合作建设民办高职院校。2015 年 3 月，在政府工作报告会中李克强总理提出，"在基础设施、公用事业等领域，积极推广政府和社会资本合作模式"[②]。同年 4 月，国家发展和改革委员会、财政部、住房和城乡建设部、交通运输部、水利部、中国人民银行联合发布《基础设施和公用事

---

① 李振京. 市场体系需从六大方面完善. 中国报道，2013（12）：21-23.
② 政府工作报告（全文）. http://www.gov.cn/guowuyuan/2015-03/16/content_2835101.htm.（2015-03-16）[2021-12-21].

业特许经营管理办法》，首次明确提出"鼓励和引导社会资本参与基础设施和公用事业建设运营"。之后 PPP 模式开始运转于我国多个领域，也包括公共教育领域。PPP 模式主要是政府与社会资本在基础设施和公共服务领域为各自诉求实现双赢而建立的合作关系，社会资本主要负责项目的建设与后期运营和维护，通过"使用者付费"或"政府承担部分费用"的形式获得经济回报；政府主要负责中后期的监管以及项目绩效评估，并不参与具体项目设计与建设。政府与社会资本合作是政府职能转变的一次体制机制改革，政府既能从项目具体事务中抽离，也能减小政府财政支出，社会资本也能降低投资风险，而非营利性民办高职院校也可以降低办学成本。这种合作模式可以运用于非营利性民办高职院校的教育基础设施建设，如图书馆、游泳馆、运动场以及实验实训场地等，并且这些场所还可以向所在区域的民众开发，减少政府重复建设成本。除 PPP 模式之外，民办学校还可以与社会资本直接合作，即"建设－经营－转让"（build-operate-transfer，BOT）模式和"移交－经营－移交"（transfer-operate-transfer，TOT）模式。BOT模式是民办高职院校与社会资本直接签署协议，将学校一部分非必要的教育设施交由社会资本设计、出资和建设，在协议期内由社会资本来运营，协议期满后将这些设施所有权交还给学校，进而降低学校的建设成本；而 TOT 模式是将学校部分资产未来的经济收益来进行融资的一种方式，也是通常所说的"外包"，例如民办高职院校可以将学生公寓、食堂、超市以及类似的后期服务项目有偿转让经营权给社会资本，从而减少学校的办学投入和运营风险。

第二，探索混合所有制民办高职院校发展模式。"混合所有制"是源于 20世纪 90 年代初经济体制改革提出的概念，即多种所有制主体结合在一起而形成的所有制形式。混合所有制已经在经济领域充分证明能够促进社会生产力发展，在教育领域中最早也是职业教育领域开始运用的。随着分类管理政策的实施，学界与产业界都对这种模式产生大量质疑与讨论：一是质疑混合所有制民办学校的办学性质；二是质疑混合所有制学校办学收益的分配；三是质疑举办者的身份。产生这些质疑的最主要原因之一是我国政府对混合所有制民办学校缺少制度保障，现阶段混合所有制民办学校仍停留在政府的顶层设计之中和少数试点地区，国家并未出台具体的政策和实施办法。正如前文所述，民办学校分类管理的实现是一个长期形成的过程，而在这个过渡阶段，混合所有制形式可以吸引和鼓励社会力量参与民办高职院校发展。混合所有制民办高职院校并未改变学校组织形式，而是同一学校组织中不同所有制的产权主体间多元投资、相互融合、共同发展的，如股份制高职教育集团、不同产权主体合作办学、中外高职院校合作办学等。各参与办学的主体通过"有限回报"替代"合理回报"。不同于"合理回报"，"有限回报"是各相关利益主体共同协商制定合理回报比例，并且对外公开接受政府和公众的监督，并不存在以往民办学校办学收益的"灰色地带"，并且参与办学的主体不能像营利性民办学校举办者那样随意抽取学校经费，其能够保持学校办学经费的稳定性。混合所有制民办高职院校的举办者并不具有学校的管理权，而具有经费使用的监督权和建议权，类似董事会的董事。我们必须清晰认识到混合所有制民办高职院校是在民办学校分类管理落实过程中的学校组织形式，最终这种办学形式将转变为营利性民办高职院校或非营利性民办高职院校。

除此之外，政府需要积极搭建社会力量与民办高职院校的合作平台。积极寻求非财政资金支持是民办高职院校发展自身筹措能力的体现，但是受限于民办高职院校社会声誉不高，社会力量缺乏对民办学校的认识而更希望找同类公办学校合作，与民办学校合作意向偏弱。这就需要政府运用市场机制搭建符合民办高职院校办学特点的推广平台和合作桥梁，鼓励民办高职学院拓展校企合作、校校合作以及政校合作等社会资源。

（三）提高民办高职院校自筹办学经费的能力

第一，必须坚持走以提升教育质量为核心的内涵式发展道路。随着民办高职教育体系内部的分类，民办高职院校所面临的竞争局面将进一步加剧，举办者必须转变办学观念，走内涵式发展道路，不断提升自身的筹资能力。①积极寻找错位发展，提高学校差异化竞争能力。以往民办高职院校限于办学经费不足，专业建设通常发展办学成本较低的传统专业，这与公办学校和其他同类型学校难有差异性和错位发展。在新的发展背景下，民办高职院校必须发挥自身灵活办学的优势，设置劳动力市场分析部门，将人才培养与市场需求对接，瞄准新兴产业，寻求错位发展，提高与公办高职院校差异性竞争能力。②积极响应集团化发展，形成有效的规模经济。当前，举办者必须清醒地认识到传统作坊式办学已经不能适应新环境的发展需要，必须走联合发展的道路，集团化办学可以重新进行资源整合，减少区域内竞争。只有形成办学规模，才能不断提高声誉，打造教育品牌，才能与优质的公办高职院校竞争。③控制办学成本，提升办学资金使用率。民办学校具有体制优势，能充分借鉴企业成本控制经验，强化经费预算管理，控制办学成本和人员开支，尽可能减少固定资产开支，将有限的经费资源集中于学校核心业务。同时，强化学校资金风险防范意识，完善内部监管体系。

第二，必须积极融入区域经济发展的产业需要。随着政府逐渐加强对民办学校的财政资助和扶持，政府对民办高职院校的要求也越来越高，民办职业院校只有在区域经济发展中体现出自身的价值，才会获得更多的教育资源，因此必须与区域经济互动共生发展。民办高职院校的专业设置、人才培养以及产业服务和技术开发等都必须融入服务区域经济发展之中，实现精准对接，与区域经济中的龙头企业、优质企业实现"订单式"培养，将区域经济的需要与学校的发展紧密结合，构建发展共同体。

第三，民办高职院校可以鼓励校友捐赠众筹，创设校友基金。校友捐赠众筹是反映学生对学校满意度的间接指标，因此学校可以通过第三方或者直接成立校友办加强校友工作。虽然民办高职院校在办学条件、社会声誉甚至学生发展空间上较为有限，但是大多数学生对母校有着特殊的情感，这是开发校友捐赠众筹的基础。校友捐赠众筹不能仅仅依靠学生对母校的情感，更应在需求层面产生联系，因此，校友捐赠众筹应以具体项目为依托，以帮助学生成长为目的，实行对捐赠者的意愿跟踪，让捐赠者能够参与或了解众筹经费的使用情况，增强捐赠者的信任感，并通过各种方式对其加以宣传。

第四节　民办职业院校分类监管政策

在民办学校分类管理改革的背景下，构建适合两类民办高职院校可持续发展的监管体系是民办分类管理政策能够落实的制度保障。就现阶段而言，与民办学校分类管理制度相匹配的政府监管体系尚未理顺，尤其是对营利性民办高职院校的具体措施缺乏针对性，民办学校分类监管制度建设还较为滞后。

一、民办高职院校分类监管的现有政策与特点分析

民办高职院校取得快速发展的同时，我国民办高等教育管理机构的设置和有关制度建设也不断在完善。就专门的管理结构而言，中央政府和地方政府都设立了专门的管理机构，也设置了专门人员从事民办教育管理工作；在制度方面也从未停止过建设步伐，现在已经基本形成从准入机制到过程性监管再到退出机制等系统的监管体系。民办学校分类管理的推进给我国原有的监管体系带来了明显变化，尤其是分类监管措施对我国监管部门提出了挑战。

（一）民办高职院校现有监管体系

第一，通过实行"淘汰制"年度检查制度，确保民办高职院校达到基本办学标准。年度检查制度可以被视为一种淘汰机制，对年度检查评定为"不合格"的民办高职院校，将限制其招生，并进一步整改，如果还是"不合格"，将面临停止招生。民办高校年度检查制度始于2007年教育部出台的《民办高等学校办学管理若干规定》（简称《办学管理规定》），现在已经成为一项年度常规工作，采取学校首先自查，形成年度检查报告后，交由各自省教育厅相关部门组织专家审核报告，结合实地调查来确定年度检查结果，并反馈给被检学校。分类管理实施后，各地方政府也在积极探讨既符合民办学校分类管理精神，又能够体现两类民办学校共性要求的年检标准，营利性民办学校也在年度检查范围内。年度检查是各省根据本地区民办学校发展的实际情况确定年检办法，中央并未做出统一标准。通常各省教育厅会对民办学校的各方面（包括党建、办学条件、校园财务等）进行全面检查，以期通过年度检查保障民办学校的基本办学条件。

第二，通过"以评促建"的水平评估，提升民办高职院校的办学质量。水平评估不同于年度检查，以"指引办学方向，规范办学行为"为指导，对民办高职院校进行专项评估，例如民办高职院校人才培养水平评估、民办高职院校适应社会需求能力评估等。虽然它是专项评估，但也涵盖了民办学校的方方面面。水平评估一般是5年一次，民办高职院校并不会因为评估不通过就停止招生，而是减少招生名额和暂定备案新专业。民办高职院校接受专家组的指导和提出的发展建议，可以不断深化学校内涵式建设，提升人才培养水平和管理能力，概括来说，

即"以评促建、以评促改、以评促管、评建结合、重在建设"。

第三，推行信息公开制度，提升社会监督机制。信息公开制度是规范民办高职院校办学行为，防止学生盲目择校的重要手段。《民促法实施条例》《办学管理规定》《民办非企业单位年度检查办法》等一系列政策都明确强调，向社会公布相关信息。从政策条文中我们不难感受到，政府正在积极推进民办学校信息公开制度。

第四，培育民办高职院校第三方评估制度，增强监督体系的科学性。培育第三方评估制度是一直以来我国政府促进管办评分离的重要举措，早在 2013 年《中共中央关于全国深化改革若干重大问题的决定》中就提出，"委托社会组织开展教育评估监测"。2021 年修正的《民促法实施条例》中再次强调"教育行政部门、人力资源社会保障行政部门应当依据职责分工，定期组织或者委托第三方机构对民办学校的办学水平和教育质量进行评估，评估结果应当向社会公开"。但客观上，第三方评估制度在我国还处于起步阶段，一些现实问题尚在改善中。

（二）民办高职院校分类监管的政策变化

第一，出台专门对营利性民办学校监管的政策依据，有利于推进分类监管政策的落实。营利性民办学校具有其办学性质的特殊性，对以往的民办教育监管体系提出新的要求。随着 2016 年修正的《民促法》的实施，2017 年 1 月，政府及时出台了《营利性民办学校监督管理实施细则》，为营利性民办学校的监督管理提出指导意见。该实施细则对营利性民办学校的设立、组织机构、教育教学、财务资产、信息公开、变更与终止、监督与处罚等内容做出了制度安排。针对营利性民办教育的复杂性，该实施细则强调通过多部门协同和联合执法机制，例如教育行政部门、人力资源社会保障以及工商行政管理等部门联合执法，这种协同联合的监管方式有效缓解甚至解决了以往监管过程中出现的监管、处罚权限的冲突。

该实施细则通过年度检查、年度报告、信息公开等工作机制对民办学校办学进行常态化管理，尤其对民办学校教育质量、招生宣传、学籍管理等关键环节加大了监督力度。对营利性民办学校财务资产监督是监管的重点，防范营利性民办学校的财务风险，实施年度审计制度、建立专门的监管平台以及专门的账户管理等监督措施。实施负面清单制度明确哪类人不能举办或参与营利性民办学校，并且明确营利性民办学校的违规办学的处罚措施。

第二,对分类监管的重点和难点问题提出明确的指导意见。2016年修正的《民促法》实施后,解决了以往监管中的部分难点问题,例如产权归属不清、收费混乱和退出机制不健全等问题。对于产权归属问题,《民促法实施条例》根据分类管理制度,强化了民办学校的独立法人财产权,对不同办学形式的举办者、出资人也提出相应的办法进行认定,例如"实施职业教育的公办学校可以吸引企业的资本、技术、管理等要素,举办或者参与举办实施职业教育的营利性民办学校",拓展了这类学校出资人的出资方式,具有较强的灵活性。对于民办学校收费监管,《民促法》改变以往按照学历与非学历的性质来划分,主要由政府物价部门来审批确定的方式,分类管理后则主要按照学校的不同性质,决定主要是由政府确定还是交给市场确定。[①]对于民办学校退出机制方面,《民促法》最主要的变化是按照两类民办学校办学性质,分别提出了有针对性的退出办法与各类风险防控措施,以维护由于学校退出产生的社会问题。

第三,着力发展多部门协同联合执法机制和第三方监督管理。《民促法》中对于监管方式的变化主要体现在两个方面:一方面,加强多部门协同联合执法机制。以往监管多以教育行政部门牵头进行,多部门协同管理机制滞后于新形势的发展需要,而且出现多头管理、相互推诿、政策冲突的现象,极大地影响了政府监管成效。民办学校分类管理后,民办学校监管的形势变得更加复杂,尤其是营利性民办学校涉及更多的利益主体和监管部门,因此行政强化多部门协同联合执法机制因时因势而成,在监管实际中的成效还有待后观。另一方面,在民办学校监管多领域吸纳第三方组织参与评估和监督。这一改变体现了政府职能的转变,推进教育领域管办评分离机制有利于评价监管制度更加客观和科学,例如政府对民办学校财政直接资助项目的绩效评价,间接性资助项目或竞争性资助项目等需要保持政府与受资助对象的距离等情况,都需要吸纳第三方组织进行评估和监管。

(三)民办高职院校分类监管的特点分析

现阶段,我国民办学校分类管理制度正在持续推进中,各地方政府根据实际

---

① 周海涛, 等. 民办教育分类管理政策实施跟踪与评估研究. 北京:经济科学出版社, 2019:170.

情况出台了"民办学校分类许可登记管理办法",而分类监管政策的调整仍然处于过渡阶段,以遵循分类管理制度精神为基础,充分考虑两类高职院校的共性同时,必须考虑到两类学校的特性,因此政府监管表现出一定的过渡性特点。

第一,民办高职院校监管统一标准向分类监管过渡。2016年修正的《民促法》实施之前,我国民办高职院校监管制度都按照《办学管理规定》实施年度检查制度、民办高职院校人才培养水平评估和民办高职院校适应社会需求能力评估,除了年度检查的标准根据各地区的实际确定,会有区域性差异外,其他评估与监管都以统一的标准进行。《民促法》实施后,根据分类管理的精神,在实施常规性年度检查和专项水平评估外,对营利性民办高职院校在年度报告公示、招生简章、办学行为、办学质量、学籍学历以及财务资产状况等方面加大了监管力度,并提出具体的监管政策条文。除此之外,专门对营利性民办学校可能出现的7种违规办学行为规定相应的处罚措施。

第二,政府部门监管向多元主体协同监管趋势已成。伴随着民办学校分类管理制度改革的推进,分类监管的复杂性和难度日益加大,许多监管的新问题和新需求需要更强的专业能力和更高的监督成本,仅靠政府部门单独监管难以尽善尽美,向多元主体协同监管趋势已成。多主体协同监管需要充分调动学校自身、政府部门以及第三方组织,甚至需要调动民众监督参与到监管体系之中,形成以政府部门为主导、以学校内部监督为基础、以第三方组织和民众监督为重要力量的监管体系。

第三,单一执法向多部门协同联合执法转变。对民办高职院校的监管涉及众多利益相关者和行政部门,以往多部门协同管理制度滞后,并且政出多门,甚至出现各部门颁布的政策存在相互冲突的问题,这些都造成了监管成本的浪费。另外,民办高职教育办学过程中的具体问题可能不是教育部门的监管范围,例如非营利性民办高职院校出现乱收费现象、营利性民办高职院校超出工商执照经营范围现象等,这些就不能仅靠教育部门单独执法解决问题,需要多部门协同联合执法。随着多部委联席会议制度在多领域的实施,多部门协同联合执法将成为政府对民办高职院校违法违规行为的监督执法的主要形式。

二、民办高职院校分类监管体系存在的问题

《民促法》以及相关政策出台后，我们不难发现民办高职教育分类监管体系更加健全，监管主体更加多元。同时，我们也必须清晰地看到，分类监管体系是一个系统工程，是对原监管体系的问题不断完善的过程，例如民办高职院校分类管理长效监管体系不完善，此问题已在本书第三章中进行了详细分析，此处不再赘述。除此问题外，原监管体系仍然存在以下问题。

（一）教育质量评估与政府资助之间的关联性有待提高

年度检查制度与水平评估是保障我国民办高职院校教育质量的两项重要的评估监管方式，它们还可以发挥更大的功效，即将评估结果与政府财政资助形成关联机制。前文分析美国、英国和澳大利亚的政府财政资助方式中，各国虽然各有不同，但是对此关联机制都极为重视，都对接受政府财政资助的私立高职院校采取第三方评估，通过后才有资格接受资助经费。这种关联机制可以充分体现政府财政杠杆的引导作用，既可以保障财政经费的使用效益，也可以引导私立高职院校的发展。我国政府对民办高职院校财政性资助也有申请的资格要求，但是整体要求偏低，也没有将财政资助与评估认证相结合，这种方式既没有充分发挥评估监管理应起到的效用，也未能保障政府财政资助的引导作用。

（二）民办高职院校集团化办学防范机制有待加强

在我国政策的引导下，民办高职教育集团化办学已经形成大规模、多类型的发展态势，成为高职教育的主要办学模式之一。集团化办学可以充分利用办学质量高、教学设施好的民办高职院校带动薄弱校，形成资源共享、优势互补的办学规模效应。但是，集团化办学也存在办学风险和监管"灰色地带"，而我国对民办教育集团化办学专门的监管机制尚未形成。一是民办学校分类管理制度还在推进过程中，部分民办高职院校举办者的分类登记注册尚未完成，此阶段采用并购、收购或股份制合作而形成的高职教育集团存在极大的政策风险。《民促法实施条例》并未提及"集团化办学"的相关条款，那么在这个阶段形成的民办高职教育

集团是否具有合法性尚无政策依据。二是民办高职教育集团化办学存在资金断裂和 VIE 架构风险。集团化办学追求的是规模经济增长和融资上市，但是教育集团一旦出现资金链问题或者被收购，都会损害师生权益而造成较大的社会问题。另外，教育领域的 VIE 架构也给我国民办高职教育集团带来极大的办学风险。2016—2021 年，我国已经有 30 余家境外上市的教育公司，它们大多在我国香港地区和美国上市，因为只有这两个境外地区才承认 VIE 架构，通过相关协议控制我国境内民办高职教育集团或非营利性民办高职院校，再以订立业务合作协议的方式，例如咨询费、管理费或技术指导费等形式将非营利性学校的办学结余转移。这种形式的损害更大、更隐秘，而我国相应的监管机制并不完善。三是民办高职教育集团通过"股权置换"变更举办者，甚至恶意变更套取办学经费的不规范行为，缺乏有效的监督机制，加之信息不对称，师生通常是最后才知道学校变更了举办人，这种现象在当下也时有发生。

（三）社会监督机制有待健全

社会监督机制作为我国教育监管体系重要的组成部分，对于提升我国教育治理现代化具有重要意义。随着《民促法》和一系列相关政策的颁布和推行，民办高职院校的社会监督机制基本成型，尤其是各地方政府颁布"民办学校信息公开和信用管理办法"之后，民办学校社会监督得到了快速发展。但是由于长期以来我国民办高职院校的社会监督建设较为滞后，现阶段仍然存在以下问题：一是民办高职院校信息公开平台建设滞后。2016 年修正的《民促法》实施后，我国政府加强了民办高职院校信息公开制度，甚至对营利性民办高职院校采取强制信息公开制度，尤其是对学费和收费项目规定公示期限，这在一定程度上缓解受教育者或其家长信息不对称现象。但是，现阶段学校信息公开主要通过学校网站进行公示，存在"报喜不报忧"的现象，缺乏官方统一信息公开平台，即使是年度检查项目和水平评估项目的评审结果和排名也缺乏宣传平台来让公众知晓。除此之外，政府也缺乏对违反信息公开制度的惩戒机制。二是公众参与监督意识薄弱。长期以来，我国民众参与社会活动的主动性较弱，也很少行使法律法规所赋予的公众监督权，往往在自身利益相关时才会参与监督，也存在监督渠道不畅的问题。三是专业化的第三方评估机构有待培育。目前，随着我国政府对民办教育管办评分离的职能转变，也充分认识到第三方评估机构的重要性，尤其是现阶段一系列相关政策都要求培育第三方评估机构。但是民办高等院校质量的评估权往往掌握在相关行政部门手中，加之民办高职教育评估的特殊性，具有权威的独立专业第三方评估机构数量较少，多数第三方评估机构与政府部门之间存在利益关系或隶属关系，这样难以保证评估的独立性。

三、民办高职院校分类监管体系的完善策略

民办学校分类管理政策有助于解决长期以来由于营利性与非营利性不分而产生的一系列发展障碍，而分类监管制度是保障分类管理制度能够有效落实的基础。从《民促法》实施后的情况来看，民办高职院校分类监管体系已经基本形成，监管范围较以往更加细致，对营利性民办高职院校的监管也做到了有法可依，监管手段也更加多元。但是仍需要进一步完善监管，如进一步发挥评估监管的作用、调动社会监督力量对民办高等职业教育集团、关联交易等问题进行监督等。

（一）构建评估监管与政府财政资助的全程关联机制

我国政府对民办高职院校提供财政性资助，并不是一种无偿的转移性支付，而是以满足公共教育服务水平为前提，即使是对非营利性民办高职院校的直接财政资助或者财政补贴，也应该实现其引导作用。对于竞争性财政资助或间接性财政资助更应该是以绩效评价为导向，否则无异于财政资源的浪费，因此，政府的财政资助应与评估监管紧密结合。要真正实现科学合理的评估管理，就必须培育有资质认证的第三方评估机构和适合民办高职院校的评估指标体系，进而构建评估监管与政府财政资助的全程关联机制。

第一，培育有资质认证的第三方评估机构。随着我国政府推行"管办评"体制改革的深入，培育一批具有资质认证的第三方评估机构是当下亟待解决的现实问题，这需要政府、教育行业以及社会的通力合作。第三方评估机构就其本身的身份而言，并不具有权威性，而是和民办高职院校一样都是社会组织，或者说大部分属于非营利性社会组织，因此第三方评估组织必须获得政府的支持。对于政府而言，在评估活动中逐渐从直接评估者转变为引导者，也就是经常说的从"裁

判员"转为"掌舵人"。在这个转变过程中，政府需要成立第三方评估管理机构以确保第三方评估机构的资质；需要健全相关法律法规以保障第三方评估机构的合法性；需要将评估权力下放到第三方评估机构，并承认其评估结果，以确保第三方评估机构的权威性。

第二，建立专门的民办高职院校评估指标体系。任何合理的质量评估都是以科学的指标体系为基础的，在分类管理的大背景下，指标体系必须体现办学性质的差别化，否则民办与公办一致、营利性与非营利性一致，就成了"一刀切"的评估监管。对非营利性民办高职院校进行评估，可以参考同类型公办学校的指标，也要特别强调财务及效益指标，以防止出现关联交易问题。对营利性民办高职院校，更应突出教学质量和学生学业成就的指标，以确保教育消费者的利益；财务与效益指标更是评估的重点指标，以确保营利性民办高职院校的办学稳定。对于获得政府财政经费项目的评估，可以按照财政杠杆的需要，体现标准的统一性、开放性和竞争性。

第三，构建评估监管与政府财政资助的全程关联。只有具备相对独立的第三方教育评估机构和科学的评估指标体系，才能进一步构建评估监管与政府财政资助的全程关联。在政府财政资助项目的准入阶段、使用阶段和项目绩效评价全过程都应该与第三方教育评估监管集合在一起，政府根据不同阶段第三方教育评价机构的评估结果来进行资助决策，并可以考虑根据评估结果实施财政资助水平持续增长或减少机制。

（二）健全民办高职教育集团化办学的分类监管机制

我国集团化办学最早就是在职业教育领域开始探索的，随后才推广到其他教育领域，《教育部关于深入推进职业教育集团化办学意见》出台后，职业教育集团化办学得到快速发展，已经从单一的学校与企业合作发展成为职教集团与区域企业多边合作。现阶段，职业教育集团开始逐渐与资本市场融合，通过融资上市达到办学规模化发展道路，以获得更大的教育效益和经济效益。在高职教育集团资本化运作的同时，办学风险也在进一步加大，这是我国民办高职教育分类监管面临的新挑战。

第一，必须将教育质量列为民办高等教育集团年度检查和各项评估的第一指标权重。无论是营利性民办高职教育集团还是非营利性民办高职教育集团，提供优质的教育才是其发展的根本，集团化办学的本身也是为了实现这一目标。对于非营利性民办高职教育集团，政府可以通过财政杠杆强化教育质量导向；对于营利性民办高职院校政府可以通过税收杠杆引导。无论是何种性质的民办高职教育集团，如果盲目追求规模扩张或经济效益而轻视教育质量，都会以失败告终。

第二，明确民办高职教育集团化办学的指导意见。结合《民促法》以及相关政策的要求，按照实际情况出台民办高职教育集团设置标准（包括最低教学标准）、上市集团协议控制模式的政策导向，细化举办者变更核准程序性条例。同时，政府必须加强研制专门针对教育类企业 VIE 架构境外上市的监管制度。

第三，建立多元治理体系，强化多部门协同联合执法机制。民办高职教育集团所涉及的利益相关者众多，仅依靠教育行政部门难以实现有效监管和治理。必须联合证监会、金融机构等多部门协同联合治理。在加强外部治理的同时，也需要强化内部治理能力和风险防范能力，在进一步加强董事会治理结构和职责的同时，完善议事规则。民办高校集团及旗下高校要建立重大事项报告制度，主动向主管部门通报相关的重大事项，同时履行办学信息披露义务。

（三）调动社会监督机制的能动作用

长期以来，我国的监督机制是政府主导的"自上而下"的行政监督，并不具备广泛的社会性，这也造成我国民众社会监督意识薄弱。现代意义的监督机制不仅具有行政监督，更具有"自下而上"的社会监督，这是我国法律赋予公民的权利。随着民办教育分类管理的推行，仅依靠政府监督难以有效预防民办学校所带来的各项办学风险，充分发挥社会力量参与监督是我国民办高职院校分类监督的重要手段。除前文已述的第三方评估组织外，完善社会监督机制还可在以下几个方面着手。

第一，进一步完善信息公开与诚信机制。在我国民办高职教育领域长期存在信息不对称现象，受教育者往往难以通过学校公布的信息进行理性择校，这不利于学校诚信办学，例如招生时虚假宣传等现象时有发生。因此，信息公开制度与诚信机制应该是协同发展，这也是各地方政府出台"民办学校信息公开和信用管理办法"的原因。在现有政策的基础上，政府应建立信用评价制度，将民办高职院系信息公开与学校信用评级相结合，同时，加大监督和奖惩力度，保证公开信息与信用机制的约束力，以推动良好社会风气的形成。

第二，进一步发挥民办教育协会的监督作用。中国民办教育协会成立于2008年，是经由政府批准的全国性行业组织。随着我国教育治理现代化步伐的不断加快，充分调动行业协会的监督作用已成为必然选择。行业协会的功能之一是推动行业自律和行业自治，是为协会成员提供服务、咨询和资源的同时也起到监督的社会组织。一方面，行业协会需要完善协会章程，将信用体系和信息公开制度纳入其中，探索建立协会成员信用档案和信用评级制度，形成行业内部的奖惩机制，并将重要信息依托"全国信用信息共享平台"对外发布。另一方面，加强行业协会的行业自律和服务能力。中国民办教育协会可以加强引导协会成员找准行业定位，回归教育本质，研究制定行业自律规约，积极规范协会成员办学行为。

第三，进一步引导正确的舆论监督作用。当今社会是一个高度信息化社会，大众媒体的舆论监督可以为民办高职院校的发展起到重要作用。对办学质量高的民办高职院校进行正面宣传，可以促进其健康发展；对办学质量低、有违规办学行为的民办高职院校进行曝光，能够引起学校的高度重视和民众的警觉，因此政府应该充分重视大众媒体的监督作用。

第五节　民办职业院校分类退出机制

民办学校退出问题一直以来都是困扰法律界和学界的一个老大难问题，由于民办教育的特殊性，民办学校的退出不能完全依照《中华人民共和国企业破产法》的相关规定执行，必须遵循更加严格的审批制度和相关利益者的权益保护。2016年修正的《民促法》颁布后，两类民办高职院校退出可以遵照不同的法律依据执行，分类退出制度在一定程度上缓解了矛盾。但是，"民办教育事业属于公益性事业"不同于一般的企业破产，民办学校退出的社会负面影响更大，因此政府有必要及时出台"规范有序、有出有进、良性循环"的退出机制。

一、民办高职院校分类退出机制的现行政策

在分类管理大背景下，高职教育领域的竞争将加剧，部分社会声誉和办学质量难以获得生源市场认可的营利性民办高职院校甚至非营利性民办高职院校将会被市场淘汰。在民办高职院校资本化运作下，这部分学校会被其他优质民办高职教育集团或学院收购、并购或重组，因此民办高职院校已经从单一退出形态走向多元退出形态，这也对我国政府的监管提出新的挑战。根据民办高职院校退出后原学校资产的续存关系，可以将退出划分为续存型退出和终止型退出，两类退出形式具有不同的法律路径。

（一）民办高职院校续存型退出的法律依据与程序

随着民办高职院校市场化和资本化运作不断加强，民办高职院校之间通过合并、并购以及重组等形式达到资源重组、扩大生源市场等目的，出现一方或几方退出，形成新的民办高职院校或集团，这种形式的退出并不是办学终止，而是变换了存在形式。

《民促法》规定，学校理事会或董事会行使"决定学校的分立、合并、终止"的职权。学校理事会或董事会决议通过后；由双方或数方签订协议；进入财务清算环节；由学校理事会或董事会报审批机关批准，非营利性民办高职院校报送教育行政部门，营利性民办高职院校报送工商行政部门，"申请分立、合并民办学校的，审批机关应当自受理之日起三个月内以书面形式答复；其中申请分立、合并民办高等学校的，审批机关也可以自受理之日起六个月内以书面形式答复"；向社会发出公告；协议双方进行资产合并或财产移转；协议双方办学合并登记，续存方申请变更登记，退出方办注销登记，新设立学校办理设立登记。这就是续存型退出的整个法律程序，原学校的债权债务由续存学校或新设立学校承担。

（二）民办高职院校终止型退出的法律依据与程序

《民促法》第五十六条规定，"民办学校有下列情形之一的，应当终止：（一）

根据学校章程规定要求终止，并经审批机关批准的；（二）被吊销办学许可证的；（三）因资不抵债无法继续办学的"。终止型退出可以分为民办学校自行终止和强制性终止两类，退出的法律程序有所区别。

对于两类终止型退出的民办高职院校，一是需要妥善安置在校生。二是在财产清算阶段，根据学校终止退出的原因，分别由民办高职院校、审批机关、人民法院组织清算财务。三是债务清偿阶段按顺序清偿。清偿顺序为：①应退受教育者学费、杂费和其他费用；②应发教职工的工资及应缴纳的社会保险费用；③偿还其他债务。四是对民办高职院校剩余财产处理："非营利性民办学校清偿上述债务后的剩余财产继续用于其他非营利性学校办学；营利性民办学校清偿上述债务后的剩余财产，依照公司法的有关规定处理"。五是注销登记，由审批机关收回办学许可证和销毁印章。

（三）非营利性与营利性民办高职院校分类退出的法律依据

在民办学校分类管理制度改革下，两类民办高职院校退出机制的法律依据既体现了两类学校的共性，也体现了两类学校的不同，因此分类退出的法律依据既有相同也有不同，政府此举说明关于民办学校分类退出的法理基础已经形成。

非营利性民办高职院校法人属于非营利法人，并不取得办学收益，学校办学结余用于学校办学，学校办学终止退出后剩余财产也是用于其他非营利性学校办学，这是其与营利性民办学校的根本区别，也是其获得政府大力扶持的最主要原因。非营利性民办高职院校并不是企业单位，因此不受《公司法》的约束，但其隶属于民办非企业单位或事业单位，因此退出的法律依据除了教育类法律约束，例如《教育法》《民促法》《职业教育法》《高等教育法》等，还需要受到《民办非企业单位登记管理暂行条例》《事业单位登记管理暂行条例》的约束。

营利性民办高职院校法人属于营利法人，可以享有资产收益，学校办学终止退出时清偿债务后的剩余财产，依照公司法的有关规定处理，换言之，营利法人可以获得清偿后的收益。因此，我国政府对营利性高职院校监管更加严格，除了要遵守教育类法律外，必须接受《公司法》《营利性民办学校监督管理实施细则》《中华人民共和国公司登记管理条例》《企业法人登记管理条例》等相关法律法规的约束。

二、民办高职院校分类退出机制存在的主要问题

从法律层面分析，我们不难发现民办学校分类退出机制的法律基础已经基本形成，但我们也需要清晰地认识到分类管理制度还有很多问题并没有完全落实，历史遗留问题也没有解决，例如不少民办高职院校的举办者并未完成法人财产权过户，研究团队访谈时也发现不少举办者对此积极性不高。民办高职院校分类退出机制所依据的法律较多，一些法律政策之间仍然存在条文冲突，这将影响分类退出机制的实施。除此之外，在民办高职院校分类退出机制中政府的参与过少，并未建立良好的风险预警机制和相关利益主体的保护措施。

（一）民办高职院校分类退出法律政策有待完善

从目前的制度设计来分析，我国民办高职院校分类退出最主要是以 2018 年《民促法》为法律依据，其他法律政策为补充的法律保障体系，但是《民促法》中对民办学校退出仅有宏观政策，缺乏具体细化的实施细则，因此一些具体问题并不能得到充分的解释和指导。

第一，对《民促法》颁布前的历史遗留问题缺乏准确的预判和准备。民办高职院校分类退出机制显然是以民办学校分类管理制度充分落实为前提，但是就现阶段而言，很多关键问题并未得以解决，这会影响政策的落实。例如现在仍然有一些民办高职院校办学资产不清，这就产生了环环相扣的问题。根据《若干意见》规定，"民办学校举办者应依法履行出资义务，将出资用于办学的土地、校舍和其他资产足额过户到学校名下"。长期以来，我国民办高职院校办学经费主要依靠举办者出资，也有学费积累、捐赠人捐资和政府财政资助等，很难划分清楚具体的办学经费所属和现有财产的权属，在没有进一步的政策指导下已经影响了学校法人财产权，甚至有一部分举办者并不急于过户，因为有部分地区规定的登记注册过渡时间还没有到，还想继续观望。现阶段，这些遗留问题没有得到解决使得真正意义上的分类退出机制难以落实。

第二，相关政策表述的口径不一致和模糊化难以指导实际操作。正如前文所

述，民办高职院校分类退出机制有着不同的法律政策依据，但是各法律条文之间存在着口径不一的问题，例如营利性民办高职院校出现合并行为，这将是这类学校经常发生的商业行为，《民促法》仅提到"合并"，但是《公司法》中将"合并"进一步明确到"吸收合并或新设合并"，那么营利性民办高职院校出现此类行为，到底应该依照哪一个法律执行？再如《民促法》和《若干意见》提到退出问题时，前者用"非营利性民办学校"，后者用"捐资举办的民办学校"。这两者之间是不是指一个类型的学校？对于"清偿后的剩余财产"，前者要求用于"其他非营利性学校办学"，后者要求"统筹用于教育等社会事业"。那么到底依照哪一个来执行？除此之外，相关法律条文中经常出现"决定其他重大事项""其他滥用职权、徇私舞弊的""其他重大事项变更"等。其具体内容到底是什么？在具体执行中这种模糊政策指导性不强，应当具体化。

（二）民办高职院校分类退出的制度环境不健全

民办教育分类管理制度是对民办教育体系的一次深层次改革，但是分类管理的顶层设计完成并不代表其他配套机制就会自然生成，相反在过渡阶段很多问题会暴露出来，其中就包括分类退出机制需要的制度环境。

第一，民办高职院校退出的风险预警机制有待完善。对我国现行民办高职院校退出机制进行分析后不难发现，我国最为重视的是事后处置，尤其是财产清算部分，但是完整的退出机制应该包含事前预警、事中干预和事后处置三个部分，尤其是事前预警是一些发达国家最为重视的环节。风险预警通常与营运风险指标结合在一起，一旦学校办学临近营运风险指标，政府就应对学校营运情况进行评估定级，再确定政府干预方式。我国的年度检查制度和水平评估所建立的指标体系主要按照公办学校的运作方式来设计，主要侧重于人才培养质量，一旦出现办学风险，通常也有政府兜底，因此学校对营运风险重视不够。即使是财务资产状况的指标，也侧重于是否存在违法违规行为，办学资金安全和现金流并不是重点。因此，政府从年度检查制度中很难筛查出临近"退出风险"的民办高职院校。

第二，民办高职院校退出的政府干预有待增强。所谓政府干预，并不是单纯的行政监管，而是为民办高职院校分类退出机制创设科学合理的制度环境。现有对民办学校分类退出机制的法律政策多是原则性的宏观指导，并未形成一套行之有效的专门实施办法、相对独立的退出标准和程序。除法律制度建设外，政府缺少对准备退出的民办高职院校进行专门的辅导措施，即使是非营利性民办学校，政府通常采取要么停办退出，要么政府利用财政经费继续"兜底"，分类退出的制度设计缺少补救措施，这并不符合财政经费的经济效益原则。

（三）民办高职院校分类退出的利益相关者保护措施缺位

民办高职院校涉及众多利益相关者，除师生之外，还包括出资人、债权人，甚至学校周边赖以为生的民众，而《民促法》以及相关的法律政策对这些利益相关者的保护措施还存在不足或缺位。

第一，民办高职院校信息披露的法律保障不足。正如前文所述，《民促法》颁布后，我国民办学校信息公开的制度构建取得了很大的进展，各地方政府相继出台"民办学校信息公开和信用管理办法"，教育部也颁布了《高等学校信息公开办法》《教育部关于公布〈高等学校信息公开事项清单〉的通知》，但是相关制度中并未明确信息公布或公示的时间和方式，重要信息公示仍存在滞后现象。政府也将学校信息公开和学校信用管理结合在一起，的确有一定的奖惩作用，但是如果民办高职院校已经到了退出阶段，这种奖惩就起不到威慑作用，因为对于学校退出信息公布晚一点，学校退出的阻碍就会少一些，甚至债权人在不知情的情况下，民办高职院校已经完成退出程序。因此，政府有必要将学校因为公示滞后而造成他人的经济损失作为行政处罚的事项。

第二，现行法律政策对相关利益者的权益保护不够。《民促法》规定，"民办学校终止时，应当妥善安置在校学生。实施义务教育的民办学校终止时，审批机关应当协助学校安排学生继续就学"。从政策条文理解，审批机构协助安排义务教育阶段的学生继续就学，但是民办高职院校的学生属于非义务教育阶段，并非由审批机构安置，而是交由申请退出的原学校。对于教师的权益保护也仅停留在学校财产清偿中"应发教职工的工资及应缴纳的社会保险费用"，但是如果营利性民办高职院校应该资不抵债而申请破产，那么这笔费用由谁来承担在相关法律政策中并未明确。除师生和债权人之外，相关法规并未过多表述对举办人合法权益的保护，这是有待改进的地方。

三、民办高职院校分类退出机制的完善策略

民办高职院校分类退出机制是一个系统的工作程序，并不是仅有事后的处置工作。除了完善法律保障体系之外，立足我国民办高职院校发展的实际，结合境外私立学校"退场机制"的经验，构建符合我国民办学校分类管理制度改革精神的分类退出机构，是当下制度建设亟待解决的现实问题。

（一）建立民办高职院校分类退出的风险预警机制

无论是哪类民办高职院校退出，都会造成极大的社会影响和经济损失，这关系到众多利益相关者的切身利益，甚至关系到社会的稳定，为此政府必须建立一套行而有效的制度保障和措施，尽可能地避免学校退出。因此，建立民办高职院校退出的风险预警机制是必要的预防工作。

第一，建立多方协同的专门组织机构。建立和实施有效的分类退出风险预警机制，必须依靠政府的统一协调和及时沟通，仅依靠学校自身力量是无法完成及时防控工作的。如果政府缺位，就会产生对学校不规范办学行为采取措施滞后、对学校负责人办学风险防范意识和防范能力指导不够等问题。退出专门组织机构应该包括教育主管部门、退出申请的审核机构、学校退出的辅助机构和退出执行小组等相关部门，它们共同担负起保障民办高职院校有序退出的职责，在此过程中还需要借助第三方机构的专业能力提供咨询意见和监督。因此，建立多方协同的专门组织机构是实施民办高职院校科学有序退出的组织保障。

第二，将年度检查制度与风险预警指标相结合。在民办学校分类管理制度改革的大背景下，我国年度检查制度的指标体系应该依据营利性与非营利性民办高职院校的办学特点制定科学的指标体系，以起到学校营运风险预警的效果。我国台湾地区就专门对私立学校设计了 12 项营运风险评价指标。结合我国民办高职院校的实际需要，建议在现有年度检查的 10 项指标之外加入"风险评价与预警"的一级指标和二级指标，加入学生学业成就、报到率、常态现金结余率、企业满意度等内容。

第三，形成"政府、学校、社会"三方共同监管体系。民办高职院校分类退出风险预警机制涉及范围广，任何环节出现问题都不能真实地反映学校的问题和

未来可能的危机，因此不仅需要政府的外部监督，也需要学校的内部预警，更需要第三方监管机构参与到监督体系之中，引入社会的专业资源和人力，形成"政府、学校、社会"三方共同监管体系，并且加大信息披露的力度，畅通评估结果或动态跟踪结果的对外发布。

（二）完善民办高职院校分类退出的政府干预措施

在民办高职院校分类退出机制中，政府的干预绝不限于宏观政策指导或直接行政监管，在及时发现民办高职院校办学存在风险时，政府的辅助与纾困行为很可能降低或消除学校的办学风险，即使最终民办高职院校仍需退出，政府也应尽可能帮助其成为续存型退出，这样可以最大限度地挽回损失，减少对相关利益者的伤害。

第一，根据年度检查的评级来科学确定风险预警等级。正如前文所述，民办高职院校分类退出风险预警机制应该充分利用现有检查和评估的系统，将"风险评价与预警"作为一级指标，再以此科学适用地设计二级指标，并将其充分融合到政府年度检查制度中，通过年度检查的评级"合格""基本合格""不合格"来分别确定被检查对象的风险预警等级。"合格"代表学校运行状态正常；"基本合格"代表学校运行存在一定的风险；"不合格"代表学校运行存在重大问题，有退出风险。结合不同的风险预警等级，政府应采取不同的辅助措施。

第二，提供多样化的退出辅助机制。根据年度检查报告，政府应采取多元的退出辅助机制，而不是仅采用"限制招生"或"停止招生"的行政手段。对于年度检查报告评为"合格"的民办高职院校，政府应在财政资助或税收优惠方面给予奖励，并加大宣传；对于评定为"基本合格"的学校，政府应组织专业的第三方组织对学校各方面进行重新评估，找出学校运行中的实际困难，有针对性地提供政府帮扶措施，并提出具体的整改方案和整改过程监督；对于评定为"不合格"的学校，政府应给予学校一定的"缓冲期"，对还可以挽回的学校提供实质性辅助，如提供税收减免、学校发展风险基金、财政补贴等。如果学校已经难以为继，政府应搭建平台有序引导有发展需要的其他学校通过收购、并购或重组等形式来进行续存型退出。即使学校仍然采取终止型退出，政府也应建立工作小组，以监督和规范学校遵守退出程序。

（三）完善民办高职院校分类退出的师生权益保障机制

对师生权益的保障措施是民办高职院校分类退出机制中最为重要，也是最为困难的问题，既需要合理科学地设计保障方案照顾到整体利益，又需要有差别地满足师生的合理诉求。

第一，充分保障学生财产权益和继续受教育的权益。在学校退出机制中，很多国家将学生权益保护放在第一位来进行设计，这里的学生权益主要划分为财产权和受教育权。对于学生的财产权而言，在民办高职院校退出进入财产清算阶段，应该首先弥补学生在经济上的损失，因此应鼓励地方政府设立学费补偿储备金和完善学校保险的金融措施。《民促法》颁布后，不少经济发达地区已经对民办学校采取风险保证金制度，这在一定程度上可以防范民办学校的运行风险。但是，维护学生的继续受教育权是一项艰难的工作。根据《民促法》的规定，政府可以协助义务教育阶段的学生享有继续受教育的机会，但是对于非义务教育阶段的学生还没有明确的法律依据。这就是保障学生权益中最困难的一个问题，政府应该建立学生受教育权的司法救济机制，通过法律手段维护学生的合法权益。另一个障碍是我国教育体系还没有建立学分互认机制，学校与学校之间往往存在学分隔离，另外由于办学资源问题，其他学校接收学生的意愿也不强烈。因此，政府应加快建设学分互认机制，这在一些西方国家已经相当成熟，转校过程中产生的费用应由原退出学校承担。

第二，灵活处理教师的安置诉求。对于弥补经济损失方面的诉求仅是教师安置的一个方面，更主要的是对教师的就业安置问题，我国现行法律中并未对此明确提出。就业安置才是解决矛盾的主要内容，教育主管部门应根据教师的实际情况，将符合条件并有意愿继续从教的合格教师优先推荐到同类同级别的学校就职；对于不符合要求的教师，政府应提供再就业培训机会或为其推荐其他就业机会，产生的费用也应由原退出学校承担。

第三，科学合理地保障举办者的权益。民办教育分类管理实施以来，对于举办者的财产权认定一直是一个悬而未决的遗留问题，由于没有上级部门的统一规定，各地方政府对此采取的标准也不尽相同。根据《若干意见》的规定，对捐资举办的非营利民办学校，2016年11月7日前终止的，对剩余资产进行分配时，可以给予出资者相应的补偿或者奖励。但是，相关法律和政策都未对"补偿或奖励"给出具体标准，因此这就成了保障举办者财产权益的最大障碍。研究者建议可以参考上海市的做法，"补偿金额为出资金额与该出资的历年折算利息之和，在扣除出资者历年取得的合理回报与合理回报相应的历年折算利息后的金额，但不得超过剩余财产扣除财政扶持和社会捐赠形成资产后的金额"。[1]

---

[1] 董圣足，等. 民办学校分类管理推进策略研究. 上海：华东师范大学出版社，2019：194.

结　语

　　民办学校分类管理制度改革的实施标志着我国民办教育将进入一个新的发展阶段，将从追求总量增长转向结构布局优化调整，实现"分类管理、差别化扶持"是民办学校分类管理整体设计的目标，各项配套政策都必须以优先发展学校"公益性"为导向，这也是两类民办高职院校耦合发展的基础。民办学校分类管理配套政策中分类准入机制、分类扶持政策、教育经费分类筹措体系、分类监管体系以及分类退出机制并不是单一的政策，而是一个有机结合的整体，其核心价值取向就是要实现两类民办高职院校公益化发展。

　　收益权和财产权的区别使得两类民办高职院校将获得不同的政策支持，非营利性民办高职院校必将逐渐抚平与公办学校的政策差异，获得更多的政府直接财政扶持和社会公益资源，政府应该加强财政扶持项目与绩效评估的关联性，多采用竞争性资助来调动民办学校的办学活力，尤其应该加强财务监管以防止出现关联交易或自我交易等违规行为。对于营利性民办高职院校而言，政府也应当重视利用间接资助来引导其扩大"公益属性"，并加强对办学规范、学生学业成就以及财务风险等方面监督，尤其培育第三方组织参与是实现多元主体监管机制的关键，防止营利性民办学校在产业化和市场化发展过程中盲目追求经济利益而损害其本应具备的公益性。

　　分类管理制度改革已经进入到落实阶段的关键期，这更需要各项配套政策的出台、调整和支持。在预期的未来，我国民办高职教育必将更加体现公益性事业的特征，更加契合人民对优质教育的向往，更加满足不同举办者的发展诉求。构建更加完善的营利性与非营利性民办职业院校分类管理配套政策体系是实现这一切的制度保障。

参考文献

别敦荣，石猛. 2020. 民办高校实施分类管理政策面临的困境及其完善策略. 高等教育研究，
    2020（3）：68-76.

陈金秀. 2014. 民办高等职业教育管理体制研究——以山东省为例. 山东师范大学博士学位论文.

陈学恂. 2001. 中国近代教育文选. 北京：人民教育出版社.

陈英杰. 2007. 中国高等职业教育发展史研究. 郑州：中州古籍出版社.

崔爱林. 2011. 二战后澳大利亚高等教育政策研究. 保定：河北大学出版社.

董仁忠，杨丽波. 2015. 澳大利亚职业教育与培训系统演变——基于政策的分析. 外国教育研
    究，（2）：108-116.

董圣足. 2013. 民办学校分类管理的制度框架：国际比较的视角. 教育发展研究，（9）：14-20.

董圣足，等. 2018. 从有益补充到共同发展——民办教育改革发展之路. 上海：华东师范大学出
    版社.

范跃进，王玲. 2019. 国际视域下的民办（私立）高等教育经费政策研究. 北京：中国社会科
    学出版社.

付海涛，段玉明. 2019. 民办高职院校分类管理的历史沿革、困境与策略. 教育与职业，（24）：
    89-93.

高时良，黄仁贤. 2007. 中国近代教育史资料汇编——洋务运动时期教育. 上海：上海教育出版社.

郭伟，齐征. 2015. 让社区学院帮助每一个美国人实现梦想——奥巴马在田纳西州推动社区学院
    免费政策的讲话. 世界教育信息，（17）：22-23.

国家发展改革委社会发展司，上海市教育科学研究院. 2015. 中国职业教育发展战略及制度创新
    研究. 北京：中国计划出版社.

何晓芳. 2008. 澳大利亚高等教育市场化进程中的大学、政府、市场关系研究. 东北师范大学博
    士学位论文.

胡赤弟，田玉梅. 2010. 高等教育利益相关者理论研究的几个问题. 中国高教研究，（6）：15-19.

姜大源. 2013. 当代世界职业教育发展趋势研究. 北京：电子工业出版社.

教育部发展规划司. 2009. 中国教育统计年鉴（2008）. 北京：人民教育出版社.

匡建江，李国强，沈阳. 2015. 英国私立教育及其财税扶持政策. 世界教育信息，（2）：18-23.

李会军, 席酉民, 葛京. 2015. 松散耦合研究对协同创新的启示. 科学学与科学技术管理, （12）: 109-118.

李继延, 等. 2014. 中外职业教育体系建设与制度改革比较研究., 上海: 复旦大学出版社.

李虔. 2019. 民办高校分类管理政策的可接受性研究. 广州: 广东高等教育出版社.

刘丽彬. 2013. 高等职业教育战略联盟形成机制研究. 国家教育行政学院学报, （9）: 25-30.

刘时英. 2017. 民国时期私立职业学校发展研究. 华东师范大学博士学位论文.

刘艳春. 2018. 民国时期职业教育经费政策研究. 南京邮电大学硕士学位论文.

刘永林, 周海涛. 2019. 统筹破解民办高校用地用房的制度性瓶颈. 复旦教育论坛, （2）: 27-32.

吕达. 2000. 陆费逵教育论著选. 北京: 人民教育出版社, 2000.

米靖. 2009. 中国职业教育史研究. 上海: 上海教育出版社.

潘懋元, 邬大光, 别敦荣. 2012. 我国民办高等教育发展的第三条道路. 高等教育研究, （4）: 1-8.

璩鑫圭. 2007. 中国近代教育史资料汇编: 鸦片战争时期教育. 上海: 上海教育出版社.

阙明坤, 谢锡美, 董圣足. 2018. 民办学校分类管理: 现实挑战与突围路径. 中国教育政策评论, （1）: 194-213.

宋仲福, 徐世华. 1995. 中国现代化史（上）. 北京: 中国档案出版社.

孙毓棠. 1957. 中国近代工业史资料（1840—1895）, 第一辑（下）. 北京: 科学出版社.

汤志钧, 陈祖恩, 汤仁泽. 2007. 戊戌时期教育. 上海: 上海教育出版社.

屠良章. 1988. 中华工商专科学校//中国人民政治协商会议上海市委员会文史资料工作委员会. 上海文史资料选辑第 59 辑（231-254）. 上海: 上海人民出版社.

王炳照, 等. 2007. 简明中国教育史. 北京: 北京师范大学出版社.

王刚. 2010. 英国私立高等教育机构类型及其质量保障体系探析. 中国高教研究, （7）: 55-57.

王继平. 2016. 中国教育改革大系·职业教育卷. 武汉: 湖北教育出版社.

王连伟, 夏文强. 2021. 新公共治理理论的形成、演进及进路探析. 北方论丛, （1）: 88-96.

王先明, 邵璐璐. 2008. 清末实业教育述论. 晋阳学刊, （3）: 90-96.

文东茅. 2004. 论民办教育公益性与可营利性的非矛盾性. 北京大学教育评论, （1）: 43-48.

吴丹丹, 马海泉, 张雷生. 2018. 浅析科学研究与高等教育的耦合机制. 中国高校科技, （1）: 7-10.

吴高岭. 2013. 高等职业教育多元化办学体制研究. 武汉: 华中科技大学出版社.

吴霓, 等. 2019. 中国民办教育发展报告——民办高等职业教育. 北京: 社会科学文献出版社.

吴玉伦. 2009. 清末实业教育制度变迁. 北京: 教育科学出版社.

西蒙·马金森. 2008. 教育市场论. 高莹等译. 杭州: 浙江大学出版社.

谢安邦, 曲艺. 2003. 外国私立教育. 北京: 中国社会科学出版社.

谢长法. 2011. 中国职业教育史. 太原: 山西教育出版社.

尹德伟, 秦小云. 2015. 高等教育与区域经济发展的耦合协同机制研究. 中国成人教育, （8）: 8-10.

余子侠. 1995. 近代中国职教思潮的形成演进与意义. 华中师范大学学报（人文社会科学版）, （3）: 61-70.

曾燕. 2009. 民国时期私立职业学校述论. 西南大学学报（社会科学版）, （3）: 196-199.

张燕军. 2010. 美国高等教育资助问题及奥巴马政府应对政策. 现代大学教育, （2）: 66-72, 113.

赵硕. 2015. 欧洲私立大学高等教育的发展嬗变. 北京: 中央编译出版社.

中国蔡元培研究会. 1997. 蔡元培全集（第 2 卷）. 杭州: 浙江教育出版社.

中华职业教育社. 1994. 黄炎培教育文集（第 1 卷）. 北京：中国文史出版社.

周海涛，等. 2016. 民办学校分类管理政策研究. 北京：北京经济科学出版社.

Beaver W. 2012. Fraud in For-Profit Higher Education. Society, (3): 274-278.

Bolino A. C. 1973. Career Education: Contributions to Economic Growth. New York: Praeger.

Center for Community College Student Engagement. 2010. The Heart of Student Success: Teaching, Learning and College Completion. The University of Texas at Austin, Community College Leadership Program.

Cohen A M, Brawer F B. 2003. The American Community College. San Francisco: Jossey-Bass.

Cremin L A. 1980. American Education: The National Experience, 1783-1876. New York: Harper and Row.

Geller H A. 2001. A Brief History of Community Colleges and a Personal View of Some Issues. George Mason University.

Hamilton W J. 1958. The Regulation of Proprietary Schools in the United States. University of Pennsylvania.

Helland P C. 1987. Establishment of Public Junior and Community Colleges in Minnesota 1914-1983. Saint Paul, MN: Minnesota Community College System.

Juszkiewicz J. 2016. Trends in Community College Enrollment and Completion Data, 2016. American Association of Community Colleges.

Kinser K. 2006. From Main street to wall street: The transformation of for-profit higher education. ASHE Higher Education Report, 31(5): 1-155.

Lee J B, Merisotis J P. 1990. Proprietary Schools: Programs, Policies, and Prospects. School of Education and Human Development, George Washington University.

Moore R W. 1995. The Illusion of convergence: Federal student aid policy in community colleges and proprietary schools. New Directions for Community Colleges, (91): 71-80.

Shah M, Hai Y V, Stanford S A. 2019. Trends in private higher education in Australia. Perspectives: Policy and Practice in Higher Education, 23(1): 5-11.

Shah M, Lewis L. 2010. Private higher education in Australia: Growth, quality and standards. Journal of Institutional Research South East Asia, 8(2): 80-95.

Shah M, Nair C S. 2016. A Global Perspective on Private Higher Education. North Mankato: Chandos Publishing.

Simons M. 2014. Educational leadership in Australian private VET organisations: How is it understood and enacted? Research in Post-Compulsory Education, (7): 245-260.

Steven B, Karabel J. 1989. The Diverted Dream: Community Colleges and the Promise of Educational Opportunity. New York: Oxford University Press.

Tierney W G, Hentschke G. 2007. New Players, Different Game: Understanding the Rise of For-Profit Colleges and Universities. Baltimore: The Johns Hopkins University Press.

Vaughan G B. 1985. The Community College in America: A Short History. American Association of Community and Junior Colleges.

附　　录

民办高职院校举办者访谈问卷

问卷说明：

您好！可能要耽搁您 1 个小时时间，谈谈您对民办学校分类管理政策及其配套政策的看法。您的回答我们保证不会外泄，在使用时，我们会采用匿名处理，对受访者所处地区和单位也会进行相应处理。请您根据实际情况回答，谢谢合作！

下面为您的基本情况介绍：

您学校所在的省（自治区、直辖市）是_____，学校的层级是_____（小学、初中），所处位置是_____（农村、城市），学校的级别是

_____（一般学校、重点学校）。

学校已创办多少年：_____

A. 5 年以内　　　　　B. 5—10 年　　　　C. 10—15 年

D. 15—20 年　　　　E. 20 年以上

学校办学属性：_____

A.非营利性民办高等职业学院　　　　B.营利性民办高等职业学院

一、对民办学校分类管理制度的认识

1. 实施民办学校分类管理之后，您作为学校的举办者有没有感受到学校办学的制度环境的变化？具体有哪一些变化？

2. 现在政府正在实施民办学校分类登记注册，您是否已经完成了重新登记注册？您选择是营利还是非营利？影响您做出决定的主要影响因素是什么？

3. 按照政策要求，重新注册登记需要将举办人的资产权和管理权移交给学校，您是否已经移交？如果没有移交，您最大的顾虑是什么？

4. 学校所在地政府是否设立了民办学校专项发展经费？或者其他的政府财政扶持经费？申请需要什么条件？

5. 您所在学校除了参加年度检查和水平能力评估之外，是否还参过其他的外部或内部评估活动？

6. 您所在学校办学经费除了学费收入之外，还有没有其他来源渠道？所占比例大概是多少？

7. 据您所知，学校在招生宣传、信息发布方面以及重大事项变更等方面，政府是否会干预？怎么干预的？

8. 如果您所在学校准备退出，据您所知新政策有哪些变化？

二、民办学校分类管理制度改革对民办高等职业院校会产生的影响

1. 民办学校分类管理实施之后，您作为举办者是否感觉办学的积极性提高了？请举例说明。从长期来看，我国民办高等职业院校会产生哪些变化？

2. 《民促法》取消了对举办者的"合理回报"这项优惠政策，您觉得是否合理？合理的理由？不合理的理由？

3. 营利性民办学校合法化之后，您觉得会对民办教育体系产生哪些变化？有没有隐患？国家应该出台哪些监管政策？

4. 营利性民办高等职业院校是否也应该获得政府的扶持政策？您认为应该怎么来扶持？

5. 根据您的经验，政府对非营利性民办高等职业院校的扶持政策，除了土地划拨、税收优惠、直接财政支持等扶持措施之外，学校发展更需要什么样的支持？

6. 您认为在民办学校分类管理改革之后，民办学校的师生应该获得哪些合理权益？

7. 您觉得国家现行政策是否能更大地吸引捐资办学？还应该采取哪些措施？

8. 据您所知，现在政府正在大力推行集团化办学和探索混合制办学，您觉得会对您所在的学校产生什么样的影响？请举例说明。

9. 如果您所在学校准备终止退出，您觉得现有政府保障措施是否能够起到安置效果？政府有没有相关政策能够防范学校的运行风险？

据您所知，如果学校终止退出，政府对师生的安置会采取哪些管理措施？是否能够满足学校利益相关者的诉求？请举例说明。